USA
Südstaaten

Text und Fotos   Manfred Braunger

Bruckmann

Vorsatz: Lange Zeit hatte »König Baumwolle« die Wirtschaft des amerikanischen Südens in seinem unerbittlichen Griff. Und lange Zeit dauerte es, bis sich die Region von dieser Dominanz erholte. Wer glaubt, daß die flauschige Ware heute ganz aus dem Landschaftsbild verschwunden ist, täuscht sich. Vor allem im südlichen Texas und in Alabama existieren noch riesige Kulturen.

Nachsatz: Wie eine auf modern getrimmte Bienenwabe sieht die Fassade des Hilton-Hotels in San Antonio bei Nacht aus. Die Nobelherberge steht nicht weit vom berühmten Riverwalk entfernt im Stadtzentrum und repräsentiert das neue Stadtbild – ein reizvoller Kontrast zur historischen Architektur im spanischen Missionsstil.

Seite 1: 1 Ashton Villa aus dem Jahr 1859 in der texanischen Küstenstadt Galveston macht glauben, das French Quarter von New Orleans sei zu Besuch gekommen. Schmiedeeiserne Gitter und Balustraden im viktorianisch-italienischen Stil verleihen dem stimmungsvollen Bau, der für einen Colonel der amerikanischen Armee errichtet wurde, Leichtigkeit und Flair.

Seite 2/3: 2 Kein Fluß der USA ist in so vielen Liedern verewigt, in so vielen Hymnen gepriesen und so vielen Versen zum Mythos gemacht worden wie der mächtige Mississippi River. Schlammbraun schleppt »Ol' Man River« Tag für Tag seine gigantischen Wassermassen an der Promenade von New Orleans vorbei, der längsten Freilichtbühne der Stadt für Straßenmusikanten.

3 Eine wäßrige Verführung ist der Lake Lure in den Blue Ridge Mountains von North Carolina. An sonnigen Sommerwochenenden wird der See zum »Pilgerziel« von Wassersportlern, die mit ihren Flitzern an die entferntesten Ufer vorstoßen, wo es kein Touristengedränge gibt.

Gedruckt auf total chlorfrei gebleichtem Papier

– Die Deutsche Bibliothek – CIP-Einheitsaufnahme

Braunger, Manfred:
USA – Südstaaten / Text und Fotos Manfred Braunger. –
München : Bruckmann, 1995
ISBN 3-7654-2759-4
NE: HST

Produktion und Layout: Verlagsredaktion Knut Liese

© 1995 F. Bruckmann KG, München
Alle Rechte vorbehalten
Gesamtherstellung: Bruckmann, München
Druck: Gerber + Bruckmann, München
Printed in Germany
ISBN 3-7654-2759-4

Inhalt

7 Vorwort

8 Der Süden der USA – Wo die Vergangenheit noch nicht vergangen ist

10 Konturen und Kontraste
15 Plantagenromantik und Rassendünkel – *Treffpunkt von vorgestern und übermorgen*
16 Zwischen Atlantik und dem Golf von Mexiko – *Geographische Einblicke*
21 Mit Tornados ist nicht zu spaßen – *Das Klima*
22 Gospel, Geld und Gastfreundschaft – *Religiosität und traditionelle Werte bestimmen den Bible Belt*
27 Die unbewältigte Vergangenheit – *Wie der Süden seine Bürgerkriegshelden feiert*
28 Traum und Wirklichkeit – *Die schwarze Bürgerrechtsbewegung*
33 Marsch der Tränen – *Das Schicksal der Indianer*

34 Stetson, Sand und Superlative – Der Riesenstaat Texas

36 Annäherung an einen Mythos
41 Gigantomanie aus Prinzip – *Die exzentrische Millionenstadt Houston*
47 Das »andere« Texas – *Multikulturelles San Antonio*
53 Kunst und Kultur im alten Komantschenland – *Die Hauptstadt Austin*
61 Im Reich der Rinderbarone und Ölmilliardäre – *Die »Doppelstadt« Dallas/Fort Worth*
69 Amerikas deutscher Akzent – *Reise durchs Texas Hill Country*
70 Subtropischer Bogen am Meer – *Die Golfküste von Port Arthur bis nach South Padre Island*

84 Amerikas französischer Zungenschlag – Lockeres Leben in Louisiana

86 Endstation Sehnsucht – *Traumstadt New Orleans*
95 In der Hitze der Nacht – *Nach Sonnenuntergang im French Quarter*

96	Schlangen, Schrumpfkopf und Schamanen – *Der Voodookult*	143	Mit Raketenschub in die Vergangenheit – *Viktorianische Ära und Raumfahrt in Huntsville*
96	Spurensuche unter Flüchtlingen – *Reise durch das exotische Cajun Country*	143	Heimliche Pracht unter Palmen – *Alabamas schönste Stadt Mobile und die Golfküste*
105	Feuerschluckende Trendsetter – *Die Cajun-Küche macht im Süden Furore*		
105	Sumpfiges Märchenland – *Abenteuertrip ins Reich der Alligatoren*	148	**Aufsteiger mit olympischem Lorbeer – Georgia symbolisiert den »neuen« Süden**
106	Nostalgie am »Ol' Man River« – *Berühmte Plantagen am Mississippi*	150	Wie der Phönix aus der Asche – *Der unaufhaltsame Aufstieg der Metropole Atlanta*
		154	Augenblicke auf dem »Antebellum Trail« – *Eine Reise durch die Vergangenheit*
112	**Malerisches Armenhaus mit Patina – Der Magnolienstaat Mississippi**	159	Inseln wie Sand am Meer – *Die Atlantikküste*
114	Touristische Randerscheinung Mississippi	160	Die alte Hochburg von »King Cotton« – *Die malerische Hafenstadt Savannah*
117	Scarlett O'Hara läßt grüßen – *Historische Feste haben in Mississippi Hochkonjunktur*	164	**Die ungleichen Zwillinge – North und South Carolina**
118	Beschaulicher Ritt auf »Teufels Rücken« – *Fahrt auf dem historischen Natchez Trace Parkway*	166	Heimliche Hauptstadt mit Charme und Eleganz – *Das aristokratisch-vornehme Charleston*
122	Zu Besuch bei zwei Berühmtheiten – *Stippvisite bei William Faulkner und Elvis Presley*	169	Zentrum im Zentrum – *South Carolinas Hauptstadt Columbia und Umgebung*
128	Sand wie Puderzucker – *An den Stränden der Golfküste*	170	Auf Indianerpfaden durch die Appalachen – *Der Blue Ridge Parkway*
128	Lockruf des Geldes – *Der Boom der schwimmenden Spielkasinos*	175	Salziges Gras und sandige Strände – *Abenteuer Atlantikküste*
132	**Raketentriebwerke auf Baumwolle gebettet – Alabama zwischen gestern und morgen**	182	Wettlauf der Großstädte – *Raleigh, Durham, Winston-Salem und Charlotte*
134	Das warme Herz des tiefen Südens – *Abwechslungsreiches Alabama*	188	**Anhang**
139	Kratzer im glattpolierten Image – *Die Metropolen Montgomery und Birmingham*	188	Chronik des Südens/Der Süden auf einen Blick
		189	Praktische Hinweise 190 Karte 192 Register

Vorwort

Amerikas Süden zeigt sich gerne traditionsverbunden, bodenständig, vielleicht auch ein bißchen altmodisch. Das hat weniger mit der ausgeprägten »Oldtimer«-Liebe zu tun, mit der Amerikaner vielen alltäglichen Dingen des Lebens begegnen. Der Grund ist eher die Mentalität der Menschen in den südlichen Bundesstaaten. Die geschäftsmäßige Hektik, die den Puls der nördlichen Metropolen treibt, ist den »Southerners« fremd und unangenehm. Sie lieben es, mit Freunden auf den Veranden ihrer Holzhäuser zu sitzen und den Job eine Zeitlang Job sein zu lassen. Sie blühen auf, wenn sie von der Vergangenheit erzählen, als die Baumwollfelder noch groß und die Kinder noch wohlerzogen waren, die Damen Reifröcke und die Herren königsblaue Uniformen trugen…

Aber seit Margaret Mitchells Herz-Schmerz-Epos »Vom Winde verweht«, zeitlich eingebettet in die waffenstarrende Kulisse des Bürgerkriegs und in die Südstaatenlandschaft mit grünen Eichenalleen, weißen Plantagenresidenzen und schwarzen Heerscharen von Sklaven, ist weder in New Orleans noch in Atlanta die Zeit stehengeblieben. Und schon gar nicht in Houston und Dallas. Diese beiden Großstädte nahmen sich vor, mit ihren Wolkenkratzern den Himmel im Sturm zu erobern. Beim genaueren Hinschauen könnte man meinen, sie hätten es bereits geschafft. Trotzdem hat sich selbst das erfolgverwöhnte und ölreiche Texas viel von seinem gestrigen Charme bewahrt. Auf einem riesigen Wandgemälde in Fort Worth treiben Cowboys eine Herde von Longhornrindern über den historischen Chisholm Trail, als gehe es darum, die altbewährte Vergangenheit auf jeden Fall in die Gegenwart herüberzuretten. Und selbst Dallas, das nur allzugern schon den einen oder anderen Blick ins 21. Jahrhundert hinüberwirft, hat den gehörnten Vierbeinern mitten im Stadtzentrum mit bronzenen Artgenossen ein Denkmal gesetzt, um ja nicht die Geschichte aus den Augen zu verlieren.

Dabei wären solche künstlerischen Reminiszenzen eigentlich gar nicht notwendig. Denn sowohl im »Lone-Star«-Staat als auch in dessen Nachbarschaft hat sich die Region viel Typisches bewahrt, was noch nicht dem Zeitenwechsel geopfert wurde. Vielleicht besteht der große Unterschied zu anderen Teilen der USA eben darin – in der Anhänglichkeit der Menschen alten Zeiten gegenüber. Daß damit auch Probleme verbunden sind, liegt auf der Hand. Nicht von ungefähr gilt der amerikanische Süden als diejenige Region, die sowohl mit der Bewältigung der Bürgerkriegsvergangenheit als auch mit Rassenproblemen Schwierigkeiten hat.

4 Über 500 Jahre sind vergangen, seit Christoph Kolumbus auf seiner ersten Fahrt die Küste der Neuen Welt erreichte. Heute liegen die Nachbauten der Flotte des Genuesers in spanischen Diensten in der texanischen Küstenstadt Corpus Christi vor Anker.

Der Süden der USA
Wo die Vergangenheit noch nicht vergangen ist

Konturen und Kontraste

Eine Allee mächtiger Eichen säumt den Schotterweg. Das grüne Blätterdach ist so dicht, daß die Sonne Mühe hat, ihre Strahlen auf die blühenden Azaleenbüsche zu werfen, die wie rote Farbtupfer zwischen den Riesenbäumen stehen. Hier und da hängen graugrüne Moosbärte von den wuchtigen Ästen, auf denen sich über die Zeiten winzige Flechten und Pflänzchen angesiedelt haben. Der steinige Fahrweg endet vor einem schmiedeeisernen Tor, durch das der Blick auf die Fassade der Plantagenresidenz fällt. Das Dach wird von elfenbeinfarbenen Säulen getragen, die so gewaltig sind, daß die Eingangstür und die Fassadenfenster einem wie in einem Puppenhaus vorkommen. Wären nicht zwei Arbeiter in neonroten Monturen dabei, mit modernen Spritzpistolen kleine Schäden zu überdecken – man käme sich unwillkürlich ins 18. oder 19. Jahrhundert versetzt vor.

Selbst der hartgesottenste Romantikmuffel fühlt sich im Süden der USA an Margaret Mitchells Bürgerkriegsepos »Vom Winde verweht« erinnert, an die bittersüße Liebesgeschichte von Scarlett O'Hara und Rhett Butler, die im amerikanischen Bürgerkrieg und den Jahren danach spielt. Die Handlung dieses größten Romanbestsellers, der jemals in Amerika veröffentlicht wurde, ist eingebettet in den alten Süden der Pflanzerdynastien, die einen aussichtslosen Kampf für ein überkommenes Wirtschafts- und Gesellschaftssystem führten, das schließlich zum Scheitern verurteilt war. Das Geschehen spielt in einer Kulisse von typischen Südstaatenlandschaften mit Menschen, deren typische Eigenschaften als ritterlich gegenüber Frauen, ausgestattet mit guten Manieren, hilfsbereit, traditionsverbunden, gastfreundlich, der guten Lebensart zugetan und mit einer gehörigen Portion Heimatliebe ausgestattet beschrieben wurden. Vieles von dem prägt den Süden heute noch. Die Vergangenheit ist nur zu einem Teil vergangen.

Gestriges ist im Riesenland zwischen New York und San Francisco, zwischen der kanadischen und der mexikanischen Grenze schon seit geraumer Zeit in Mode. Ob es sich um die Relikte ehemaliger Bergbausiedlungen handelt, die unter dem Namen »ghost towns« Karriere gemacht haben, um Erzeugnisse aus Großmutters Küche oder um Tand und Trödel, der auf jedem Flohmarkt Absatz findet: die Bezeichnung »old-fashioned« (altmodisch) hat in den Ohren vieler Amerikaner einen geradezu magischen Klang. Kein Wunder, daß sich das Image der Südstaaten der USA, die sich en bloc auch gerne als »Alten Süden« anpreisen, seit vielen Jahren großer Attraktivität erfreut – und nicht nur in Amerika.

Vor dem geistigen Auge tauchen bis an den Horizont reichende Baumwollfelder auf, wenn von Louisiana, Mississippi und Alabama die Rede ist, verschwiegene Bayous, an deren Ufern riesige Eichen ihre Moosbärte im Wasser baden. Wird Texas ins Spiel gebracht, sind die Klischees in der Regel nicht weniger abgedroschen – Cowboys in Stiefeln, ausgedörrte Weidegründe, über denen kleine Windhosen den trockenen Staub tanzen lassen, Straßen, die nirgendwo anfangen und erst recht nirgends enden. Die Frage ist nur, ob der amerikanische Süden tatsächlich solche Züge trägt oder ob er sich nicht längst von den Stereotypen der Vom-Winde-verweht-Ära und bodenständigen beziehungsweise konservativen Werten und Mentalitäten befreit hat.

Kein anderer Teil Amerikas wurde in der Vergangenheit so romantisierend und verklärend dargestellt und gleichzeitig wegen seiner menschenverachtenden Rassenpolitik so schonungslos der Kritik ausgesetzt wie dieser. Nirgends treffen die Kontraste zwischen Armut und Reichtum, zwischen traditioneller Landwirtschaft und High-Tech-Industrie, zwischen Gastfreundschaft und Fremdenfeindlichkeit, zwischen toleranter Weltoffenheit und bigotter Bibelfestigkeit so unmittelbar aufeinander wie in dieser Gegend. Das muß allerdings schon im vergangenen Jahrhundert so gewesen sein. Die Spuren der alten Plantagenkönigreiche und der städtischen High-Societies des 18. und 19. Jahrhunderts einerseits, der ausgebeuteten Sklaven und am Existenzminimum knabbernden Siedler andererseits dokumentieren diesen Kontrast auf teils brutale Weise.

Stärker als in den meisten anderen Regionen Amerikas reicht die Vergangenheit im

Vorhergehende Abbildung:

5 Oak Alley Plantation am Mississippi River ist ein nostalgischer Traum. Nicht von ungefähr spielte die historische Plantage in zahlreichen Filmen und Werbespots als romantische Südstaatenkulisse eine Hauptrolle. Die Pflanzerresidenz hätte auch Scarlett O'Hara und Rhett Butler gut zu Gesicht gestanden – aber Margaret Mitchells Roman »Vom Winde verweht« wurde in den Kulissen der Traumfabrik Hollywood gedreht.

6 Die aus dem Jahr 1731 stammende Mission Conception bei San Antonio besitzt die älteste nicht restaurierte Steinkirche von Texas. Der heute noch gute Zustand des Gotteshauses beruht nach Ansicht von Fachleuten darauf, daß der Bau auf gewachsenem Fels errichtet wurde und deshalb kaum unter tektonischen Erdbewegungen zu leiden hatte.

Folgende Abbildung:

7 Neogriechische Schönheiten reihen sich an der East Battery in Charleston (South Carolina) auf wie Starmodels auf einem Laufsteg. Mediziner, Kaufleute und Banker ließen sich entlang dieser Luxusmeile im 19. Jahrhundert nieder. Ihre ehemaligen Residenzen prägen heute den aristokratisch-vornehmen Charakter großer Teile des historischen Stadtzentrums.

Süden sichtbar in die Gegenwart hinein und beeinflußt spürbar die Lebensweise der Menschen. Das wird im Umkreis der riesigen Baumwollplantagen deutlich, auf denen früher die schwarzen Sklaven buckelten, ehe aus ihnen freie Landarbeiter wurden. Heute wohnen viele von ihnen in teilweise sehr bescheidenen Dörfern, in denen sich in den letzten hundert Jahren rein äußerlich wahrscheinlich nicht allzuviel verändert hat, von der Fernsehantenne auf manchen Hausdächern und ein paar schrottreifen Autokarossen einmal abgesehen. Vergangene Zeiten werden einem aber auch in den Städten bewußt. Etwa in New Orleans, wenn die alte, stilvolle Dame am Ufer des Mississippi River bei Sonnenuntergang ihre glitzernde Abendrobe mit den abgewetzten Säumen überstreift, um bis ins Morgengrauen auf junggebliebenen Beinen nach den Rhythmen des Südens zu tanzen. Sie tut dies im *French Quarter*, wo längst Neonreklamen ihr Licht auf alte kreolische Fassaden werfen und Striptease-Lokale in Quartiere eingezogen sind, in denen im vergangenen Jahrhundert bei geheimnisvollen Voodoo-Zeremonien das Hühnerblut noch in Strömen floß. Das untrennbare Nebeneinander von gestern und heute hat die Metropole Louisianas zu einem der attraktivsten Touristenziele im ganzen Süden gemacht. Doch auch anderswo geben sich die Großstädte modern und traditionsverbunden, weil die Wurzeln ihrer Wolkenkratzerkerne und Bankenviertel tief in vergangenen Jahrhunderten stecken.

Plantagenromantik und Rassendünkel *Treffpunkt von vorgestern und übermorgen*

Die Frage, ob oder inwieweit sich der alte Süden der USA in den zurückliegenden Jahrzehnten verändert hat, ist schnell beantwortet, wenn man etwa durch Cities wie Dallas in Texas oder Atlanta in Georgia flaniert, von der Ölhochburg Houston einmal ganz abgesehen. Diese Großstädte weisen mit ihren wolkenkratzenden Skylines, die nationalen Großkonzernen und internationalen Bank- und Handelshäusern zur Heimat geworden sind, nachdrücklich darauf hin, daß die Region in den vergangenen Dekaden einen riesigen Sprung in Richtung Modernisierung getan hat und in vielem dem als fortschrittlicher gepriesenen Norden in nichts mehr nachsteht. Fährt man übers Land, relativiert sich dieser Eindruck schnell angesichts ausgedehnter Landschaften, in denen sich seit Ende der Sklavenzeit rein optisch wohl nicht allzuviel verändert hat außer den gigantischen Erntemaschinen, die wie technisierte und ferngesteuerte Saurier durch die Baumwollfelder stapfen. Spätestens in den kleinen Dörfern Alabamas, an den unmerklich dahinfließenden Bayous von Louisiana und vor den märchenhaften Antebellum-Palästen am Mississippi-Ufer holt einen unweigerlich der verwehte Wind des alten Südens mit all seinen tausendfach wiederholten und abgegriffenen Plattheiten ein – wahrscheinlich auch deshalb, weil manche Klischees der Wirklichkeit entsprechen.

Verglichen mit typischen Nordstaaten wie etwa denen des Mittleren Westens, die schon lange im harten, metallenen Rhythmus der modernen Industrialisierung marschieren, herrschen in den Südstaaten moderatere Töne vor, hat man den Eindruck, daß neben (oder vor) dem Job oder Geschäft Werte wie Familiensinn, Traditionsbewußtsein, Heimatliebe und Hilfsbereitschaft von Bedeutung sind. Es fällt auf, daß der Lebensstil der »Southerners« sich merklich von dem der nördlichen oder westlichen Nachbarn unterscheidet und etwa andere Eßgewohnheiten ebenso beinhaltet wie von traditioneller Etikette geprägte Umgangsformen und Kleiderordnungen.

Auffallend ist aber auch, wie oft man seitens weißer Südstaatler im Tonfall von Entschuldigungen zu hören bekommt, sie hätten durchaus gar nichts gegen ihre schwarzen Dorfnachbarn einzuwenden. Auf vielfältige Weise schlägt die Vergangenheit des Südens bis in die Gegenwart durch, wenn es sich um Fragen der Rassenproblematik handelt. Das Unbehagen weißer Einwohner ist spürbar, wenn sie Ausländer durch die Exponate im Civil Rights Museum in Birmingham führen, weil die in den fünfziger und sechziger Jahren im Zuge der schwarzen Bürgerrechtsbewegung beigebrachten Wunden erst unvollständig vernarbt sind. Und neue Wunden werden hie und da aufgeris-

8 Rendezvous zweier gängiger Klischees: der Träger eines typischen Cowboyhutes und das legendäre texanische Longhorn auf einem Wandbild am Sundance Square im Zentrum von Fort Worth. Den Riesenstaat Texas auf Cowboyromantik und staubige Rinderweiden zu reduzieren, hieße heute, ihn ins falsche Licht zu rücken.

sen, wenn die Medien von borniert-brutalen Aktionen des wie eh und je existierenden Ku-Klux-Klan berichten. Oder wie 1994 von einem Direktor in Alabama, der eine Schulfeier absagte, weil auf andere Weise der über Rassenschranken hinausgehende Kontakt zwischen Schülern nicht hätte verhindert werden können.

Atlanta in Georgia, die Metropole des »Neuen Südens«, mag als Beispiel für die heutige Situation im schwarz-weißen Verhältnis herhalten. Der Bauboom in der zu olympischen Ehren gekommenen Stadt ist ungebrochen; Investitionen strömen und schaffen Arbeitsplätze und Wachstumsraten – und dennoch vegetiert ein Drittel der Bevölkerung unterhalb der offiziellen Armutsgrenze, eine große Mehrheit davon mit schwarzer Hautfarbe. Bemerkenswert ist in diesem Zusammenhang, daß die politische Macht in der Stadt über lange Zeiträume in den Händen der schwarzen Bevölkerungsmehrheit lag, seit Maynard H. Jackson 1973 als erster Schwarzer zum Bürgermeister in einer bedeutenden Metropole des Südens gewählt wurde. Das 1989 wiedergewählte Oberhaupt der Stadtverwaltung hatte mit Andrew Young, dem UNO-Botschafter unter Präsident Carter, einen prominenten Vorgänger. Ihm gelang es zwar, das Mißtrauen der weißen Businesswelt teilweise abzubauen, doch blieben auch unter seiner Administration die Formen einer subtileren Rassentrennung bestehen, die für weite Teile des amerikanischen Südens auch in der Gegenwart Gültigkeit hat.

Dieser Eindruck drängt sich auf, wenn man beobachtet, wie etwa weiße und schwarze Kirchengemeinden sonntags streng getrennt zum Gottesdienst kommen oder Stadtfeste nicht selten in zwei nach Hautfarbe getrennte »Feten« aufgesplittet sind. In allen Großstädten bilden sich zusehends ethnische oder rassische Gettos heraus, die sich von anderen eher abzugrenzen suchen als daß sie nach Gemeinsamkeiten auf der Suche wären.

Weißer Rassendünkel richtete sich in der Vergangenheit nicht nur gegen die schwarzen Mitbürger, die sich heute als Afro-Amerikaner bezeichnen, sondern auch gegen die Indianer, die für sich die Bezeichnung *Native Americans* in Anspruch nehmen. Über den gesamten Süden der USA verteilten sich vor 200, 300 Jahren indianische Stammesgruppierungen, die vielen europäischen Entdeckern und Einwanderern zu Beginn halfen, in der ihnen unbekannten Welt Fuß zu fassen. Die Kooperation dauerte nicht lange. Bald schon nutzten die Europäer Feindseligkeiten zwischen einzelnen Stämmen aus, schmiedeten Allianzen und führten die Indianer in Kriege, mit denen die amerikanische Urbevölkerung im Grunde genommen nichts zu tun hatte. Später wurden die Indianer, die nicht eingeschleppten Infektionskrankheiten zum Opfer gefallen waren, versklavt und über den Mississippi nach Westen verdrängt, um die alten Stammesgebiete für Plantagen oder Rohstofförderung freizumachen.

Zwischen Atlantik und dem Golf von Mexiko
Geographische Einblicke

Geographisch umfaßt der Süden der USA insgesamt sieben Staaten (North und South Carolina, Georgia, Alabama, Mississippi, Louisiana und Texas) und dehnt sich von der mittleren Atlantikküste bis zur mexikanischen Grenze aus. Dieses mit einer Fläche von rund 1,44 Millionen Quadratkilometern etwa so große Territorium wie Deutschland, Frankreich, Großbritannien und Italien zusammen ist durch unterschiedliche Oberflächenformen gekennzeichnet. Die nordöstlichen Südstaaten werden in erster Linie durch den langgestreckten Bergzug der *Appalachen*, das vorgelagerte Hügelland *Piedmont* und die sich am Atlantik entlangziehende flache Küstenebene gekennzeichnet, die aus Sedimenten mariner Herkunft aufgebaut ist und zu großen Teilen aus Sümpfen und Marschen besteht. Geologisch ist das Piedmont an der Ostflanke der Appalachen mit seinen paläozoischen und mesozoischen Gesteinen Teil des Mittelgebirges, das von Neufundland in Kanada bis nach Alabama reicht und kaum höher als 2000 Meter wird. Zu den bekanntesten Appalachenregionen gehören die vielbesungenen und vor allem von Eichenwäldern bestandenen *Blue Ridge Mountains*, die mit dem 2037 Meter hohen *Mount Mitchell* in North Carolina ihre höchste Erhebung erreichen.

9 Die Nächte im French Quarter sind häufig nicht nur klimatisch heiß – die Musik an der Wiege des Jazz trägt ihren Teil dazu bei. Schon vor Sonnenuntergang beginnt im alten Stadtzentrum das pulsierende Nachtleben, das bekannte und weniger bekannte Musiker auf die Bühnen bringt, auf denen schon der legendäre Louis Armstrong seine Erfolge feierte.

Folgende Abbildung:

10 Wie die Architekturbrösel einer längst vergangenen Epoche liegen die Türmchen neoromanischer Bauten zwischen den anonymen, vieläugigen Wolkenkratzerfassaden im Stadtzentrum von Atlanta.

Im Westen der Appalachen schließen sich die Appalachischen Plateaus an, deren Kohlelagerstätten seit dem vergangenen Jahrhundert ausgebeutet werden. Die südlicheren Teile der Region vor allem entlang der Küste des Golfes von Mexiko sind größtenteils von vielen Gewässern durchzogen. Im *Cajun Country* von Süd-Louisiana etwa besteht das Gebiet zu etwa 60 Prozent aus Wasser. Vor allem östlich der Mississippimündung macht sich der legendäre Riesenstrom mit seinen gigantischen Ablagerungen bemerkbar, welche die Wasserqualität stark beeinflussen. An der texanischen Golfküste hingegen findet man wunderbare Sandstrände und ein trockeneres Hinterland. Der Westen von Texas macht zu weiten Teilen einen fast wüstenhaften Eindruck, der sich subjektiv noch verdichtet, wenn man etwa die Riesendistanz zwischen Dallas und El Paso in einer zwölfstündigen Autofahrt absolviert.

Anders als der Westen des Landes verfügt der Süden über nur einen einzigen Nationalpark, nämlich den *Great Smoky Mountains National Park* im Grenzland zwischen Tennessee und North Carolina. Das soll nicht heißen, daß die Südstaaten von den »Smokies« abgesehen über keine attraktiven Landschaften verfügen. Als sich in der zweiten Hälfte des 19. Jahrhunderts in den USA aber die Nationalparkidee durchzusetzen begann, waren große Teile des Südens schon lange Siedlerland oder Rohstoffreservat wie viele Waldregionen und konnten deshalb nicht so ohne weiteres aus Naturschutzgründen der Nutzung entzogen werden. Um so reicher ist die Region mit sehenswerten historischen Nationalparks ausgestattet, die sich mit der Geschichte der USA befassen – der Besiedlung, dem Unabhängigkeitskampf gegen die Briten und dem grausamen Bürgerkrieg, der Nord- und Südstaaten vereinigen sollte und doch einen Keil zwischen beide trieb.

Mit Tornados ist nicht zu spaßen
Das Klima

Wenn man in Europa die Weltnachrichten verfolgt, ist häufig von Naturkatastrophen wie Hurrikans, Tornados, riesigen Waldbränden und flächendeckenden Überschwemmungen die Rede. In der Tat spielt das Wetter in den USA nicht selten verrückt, vor allem im Süden des Landes, wo gewaltige und gewalttätige Unwetter eine lange Tradition haben. Im Jahr 1900 fegte ein verheerender Hurrikan über *Galveston Island* und verwandelte die damals schon existierende Stadt Galveston am Golf von Mexiko in ein Ruinenfeld. Der über 200 Stundenkilometer schnelle Orkan baute eine über sechs Meter hohe Flutwelle auf, die mit Urgewalt über die Küste hereinbrach. 6000 Menschen fanden in dieser Katastrophe den Tod; Hunderte von Gebäuden wurden zerstört.

Der Ursprung dieser gewaltigen Wirbelstürme liegt in der Regel in einer Tiefdruckrinne, die der amerikanischen Atlantik- und Golfküste südöstlich vorgelagert ist. In der Zeit zwischen August und Oktober erwärmt sich dort das Meerwasser maximal, was zu verstärkter Kondensation führt, was wiederum das Entstehen gigantischer Wirbel in der Atmosphäre zur Folge hat. Im Jahre 1953 begannen die Wetterstationen, diesen Naturkatastrophen weibliche Namen in der Reihenfolge des Alphabets zu geben. Aus emanzipatorischen Gründen waren die Wetterfrösche schon vor geraumer Zeit dazu gezwungen, Hurrikans auch auf männliche Vornamen zu taufen.

Um der Bevölkerung einen möglichst weitgehenden Schutz zu gewähren, wurden vor allem in jüngster Vergangenheit ausgeklügelte Warnsysteme eingerichtet. Darüber hinaus gibt es in den besonders gefährdeten Küstengebieten, wie etwa auf den Barriereinseln vor den Carolinas, auf den *Golden Isles* in Georgia, aber auch etwa in küstennahen Regionen entlang dem Golf von Mexiko, sogenannte Evacuation Routes. Dabei handelt es sich um gut ausgeschilderte Fluchtstraßen, auf denen die Bevölkerung im Notfall Schutz im Landesinneren suchen kann. Viele Amerikaner haben diesen Naturbedrohungen gegenüber über die Zeiten hinweg eine fatalistische Einstellung angenommen, wie man sie etwa aus den erdbebengefährdeten Gebieten Kaliforniens kennt. Hoteliers schließen ihre Häuser zwar, Privatleute verzichten jedoch recht häufig darauf, Haus und Hof unbewacht den Stürmen zu überlassen. Eine Einwohnerin von

11 Die City der texanischen Metropole Dallas macht ihrem Ruf als »Manhattan des Südwestens« alle Ehre. In den vergangenen 10 bis 15 Jahren ist der Kern der Millionenstadt hoch in den Himmel gewachsen.

South Padre Island, die vor einigen Jahren einen solchen Orkan hautnah miterlebte, berichtete, daß das Dach ihres Hauses abgedeckt wurde und daß sie in ihrem Schlafzimmer nach dem Sturm sechs Telefonapparate vorfand, über die sie zuvor nicht verfügt hatte. Gleichzeitig hatte sich ihre Garderobe in einem Gebiet von der Größe des Saarlandes verbreitet.

Von Hurrikans und Tornados abgesehen, ist das Klima in den amerikanischen Südstaaten im Sommer durch Hitzeperioden mit teilweise weit über 30 Grad Celsius gekennzeichnet. Was das Leben in den betreffenden Monaten zu einem geradezu exotischen Erlebnis macht, ist ferner die hohe Luftfeuchtigkeit. Sie verwandelt vor allem das südwestliche Texas sowie die südlichen Teile von Louisiana, Mississippi und Alabama in ein riesiges Treibhaus. Dadurch, daß die Bergkette der Appalachen in Nordsüdrichtung angelegt ist, gelangen feuchtheiße Luftmassen in den Längstälern in Richtung Norden teilweise bis an die Grenzen Neuenglands. Im Gegenzug findet Kaltluft aus Kanada und dem amerikanischen Nordosten Raum, in diesen Tälern in der kalten Jahreszeit bis weit nach Süden vorzudringen. Selbst im entfernten Florida hatten darunter in der Vergangenheit einige Male die Orangenplantagen zu leiden.

Das Zusammenspiel von Regen, Temperaturen und Höhenlage bestimmt die Wachstumsperiode der Pflanzen. In Asheville im Bergland von North Carolina liegt sie bei 194, in Wilmington an der Küste bei 239 Tagen durchschnittlich. Im südlichen Georgia steigt sie sogar bis auf etwa 280 Tage an.

Gospel, Geld und Gastfreundschaft
Religiosität und traditionelle Werte bestimmen den Bible Belt

Sterndeuter und Kartenleger, New-Age-Anhänger und Meditationskünstler, kosmische Kulte und Voodoosekten sind im amerikanischen Süden keine Seltenheit. Zwar befindet sich der *Bible Belt* in erster Linie in der Hand der Baptisten. Doch haben sich zwischen North Carolina und Texas über die Jahrhunderte hinweg teils abstruse Glaubensgemeinschaften und Sekten etabliert. Sucht man nach den Ursprüngen dieser Vielfalt, findet man Erklärungen in der frühen Besiedlungsgeschichte des Landes. Zu den ersten Einwanderern, die sich von Europa auf den Weg in die Neue Welt machten, gehörten viele Individuen und Gruppen, die vor der religiösen Intoleranz und Verfolgung in ihrer Heimat über den »großen Teich« flohen. Von einem Leben im noch weitgehend unzivilisierten Amerika versprachen sie sich nicht nur eine materielle Besserstellung, sondern auch Freiheit in der Ausübung ihrer jeweiligen Religionen. Kirche und Staat sind in den USA seit der Unabhängigkeitserklärung von 1776 getrennt. Das soll aber nicht heißen, daß Kirchen und Sekten über keinen Einfluß etwa auf Politik und Gesellschaft verfügten. In den zurückliegenden Jahrzehnten sind in den Südstaaten vor allem erzkonservative Baptistenkreise dadurch hervorgetreten, daß sie versuchten, ihre Vorstellungen bezüglich Sexualerziehung in den Schulen, Homosexualität oder Abtreibung durchzuziehen.

Bei der Verfolgung ihrer Ziele schrecken Gläubige auch vor Gewalttaten nicht zurück, was zahlreiche Angriffe auf Andersdenkende etwa in der Abtreibungsdiskussion in letzter Zeit bewiesen. Ein besonderer Fall machte im Jahre 1993 Schlagzeilen in der Weltpresse. Ein Heer von mehreren hundert Polizisten und FBI-Agenten belagerte tagelang die Zentrale der fanatischen Sekte von David Koresh in Waco, Texas. Als die Belagerer sich schließlich zum Sturm entschlossen, ging die Farm in Flammen auf. Bei der Durchsuchung wurde im nachhinein ein ganzes Waffenarsenal entdeckt.

Eine neuzeitlichere Entwicklung macht im Bible Belt und anderswo in den USA seit einigen Jahrzehnten von sich reden. Über die Medien Radio und Fernsehen sind Prediger und solche, die sich dafür halten, zu nationalen Berühmtheiten aufgestiegen. Das »Pray TV« wurde Anfang der sechziger Jahre von einem gewissen Pat Robertson in Virginia erfunden. Seit damals haben ernsthafte Priester und geldgierige Scharlatane den elektronischen Weg in die sonntäglichen Stuben der Amerikaner beschritten. Das Fernsehpredigertum hat sich inzwi-

12 Der unbestreitbar schönste See im Süden der USA ist der Caddo Lake auf der Staatsgrenze zwischen Texas und Louisiana – ein entrücktes Naturparadies aus Sumpfzypressen, Teichrosen und Lotusblumen. Am leichtesten ist er von Jefferson zu erreichen, einem viktorianischen Landstädtchen in Texas.

13|14

13–16 Das exotische Gesicht des amerikanischen Südens wird durch viele Sumpflandschaften geprägt, in die der Mensch nur per Boot vordringen kann. Reiher staksen auf der Suche nach Beute durch die seichten Bayous, an deren Rand sich Schlangen in der Sonne wärmen und Alligatoren wie vermoderte Baumstämme im Wasser treiben.

15 | 16

schen zu einem lukrativen Markt entwickelt, auf dem sich schwarze Schafe wie etwa Jimmy Bakker und Jimmy Swaggert tummeln. Diesen beiden Vertretern ihrer »Zunft« wurden in den letzten Jahren schwere Verfehlungen, Korruption und Unterschlagung nachgewiesen. Längst hat die durch die Medienresonanz aufgewirbelte Bigotterie auch Teenager in ihren Sog gezogen. Tausende junger Amerikaner geloben in »Keuschheitsclubs« feierlich, ihre Unberührtheit bis in die Ehe hinüberzuretten. Auch die amerikanische Post profitiert von diesen Kampagnen. Im Rahmen von großangelegten Postkartenaktionen werden einschlägige Gelöbnisse verschickt, die unterschrieben bei großen Keuschheitskundgebungen präsentiert werden.

Wer im Süden an einem Sonntagvormittag in eine x-beliebige Stadt kommt, wird sich über die leergefegten Straßen wundern. Bis auf ausgesprochen wenige »Ungläubige« nutzt die Bevölkerung diesen Tag zum Kirchgang. Auffallend dabei ist, daß »Schwarz und Weiß« nur in den allerseltensten Fällen gemeinsam die Gottesdienste besuchen. Allein in Mobile, Alabama, existieren mehrere hundert Kirchen, die als solche teilweise gar nicht erkennbar sind, weil es sich um Wohnungen handelt, in denen sich die Anhänger von Kleinkirchen und Miniatursekten treffen. Auf dem Lande keiner Religion anzugehören, bedeutet im Bible Belt, mit einem gesellschaftlichen Makel behaftet zu sein.

Die unbewältigte Vergangenheit
Wie der Süden seine Bürgerkriegshelden feiert

Auf der *Grand Army Plaza* in Manhattan, wo der Central Park beginnt, steht die Reiterstatue von General William Tecumseh Sherman – imposant, geschichtsträchtig und vor lauter Bronze glänzend wie Gold. Das Denkmal erinnert an einen der bedeutendsten Feldherren der Nordstaatentruppen im amerikanischen Bürgerkrieg. Auf dem Staatsgebiet von Georgia wäre dieses Monument nie errichtet worden – im Gegenteil: man hätte es sicher schon klammheimlich entfernt. Sherman rückte im Jahre 1864 in das damals 10000 Einwohner zählende Atlanta ein, das bis dahin einer dreimonatigen Belagerung standgehalten hatte. Auf den Befehl des Generals wurden etwa 90 Prozent sämtlicher Gebäude dem Erdboden gleichgemacht.

Der »Fall« William T. Sherman veranschaulicht, wie unterschiedlich die ehemaligen Kriegsgegner, das heißt Nord- und Südstaaten, auch heute noch ihre damalige kriegerische Auseinandersetzung und deren militärische Führer beurteilen. Während Sherman im Norden ob seiner Fähigkeiten und seiner Kompromißlosigkeit noch heute als historische Figur geehrt wird, gilt er in den Südstaaten wie eh und je als Schlächter und Brandstifter. Selbst offizielle Tourismusbroschüren machen aus ihrer Verachtung für den Kriegsherrn der Nordstaaten in der Regel keinen Hehl.

Über die blutgetränkten Schlachtfelder des Bürgerkrieges ist längst Gras gewachsen. Die damals aufgerissenen Wunden sind verheilt, zurückgeblieben sind aber Narben, die heute noch schmerzen. Die breite Bevölkerung des Südens hadert immer noch mit ihrem Schicksal und führt die Niederlage 1865 mehr oder weniger auf einen »dummen Zufall« zurück. In Texas oder Louisiana, Georgia oder Alabama gibt es keine Amtsstube, in der nicht gleichberechtigt neben *Stars and Stripes* die ehemalige Fahne der Konföderierten hinge. Konterfeis von Südstaatengeneral Robert E. Lee und dem damaligen Präsidenten der Konföderation Jeferson Davis hängen scheinbar einträchtig neben den Fotos der heutigen politischen Prominenz aus Washington D.C. Eindeutigere Anzeichen für immer noch schwärende Wunden sind Hinweistafeln an historischen Stätten. Die Erklärungen, die man dort zu lesen bekommt, lassen häufig keinen Zweifel daran, wie ungerecht sich der Süden durch das Bürgerkriegsschicksal behandelt fühlt.

Um so erstaunlicher klingt es, daß sich Jahr für Jahr Konföderierte und Unionstruppen in historischen Uniformen auf den Schlachtfeldern der Vergangenheit wiedersehen. Die Lehren von Sigmund Freud mögen sich in Erinnerung bringen. Ein Trauma wird dadurch zu bewältigen versucht, indem es Jahr für Jahr im Pulverdampf wiederholt wird.

17 Im Zentrum des French Quarter in New Orleans liegt der Jackson Square mit der St. Louis Cathedral. Im Frühjahr schmückt sich der kleine Park, der früher als Exerzierplatz diente, mit den Blüten von Azaleen und Hartriegelbäumen.

Traum und Wirklichkeit
Die schwarze Bürgerrechtsbewegung

Die Geschichte der Besiedlung Amerikas in nachkolumbianischer Zeit war eine Geschichte der Masseneinwanderung aus Europa. Als sich die ersten Immigranten an der südlichen Atlantikküste niederließen, waren sie auf Arbeitskräfte zur Kultivierung ihrer Felder angewiesen. Seit dem beginnenden 17. Jahrhundert brachten Sklavenschiffe zwangsweise rekrutierte Schwarze aus Afrika nach Amerika, um dem Arbeitskräftemangel abzuhelfen. Der Menschenhandel nahm in den folgenden Jahrzehnten und Jahrhunderten gigantische Ausmaße an. Schätzungen zufolge wurden bis zur Zeit des amerikanischen Bürgerkrieges zwischen zehn und zwölf Millionen Schwarze über den Nordatlantik in die Neue Welt verschleppt.

Von diesen Sklaven stammt die heutige afro-amerikanische Bevölkerung der Vereinigten Staaten ab. Sie unterscheidet sich zahlenmäßig in den einzelnen Bundesstaaten merklich und weist im Süden, wie etwa in Mississippi, die höchsten Prozentzahlen auf. Während der Anteil von Schwarzen an der Gesamtbevölkerung etwa in den Neuenglandstaaten Maine und New Hampshire fast zu vernachlässigen ist, beträgt er im Staat Mississippi ungefähr 36 Prozent.

Im Gegensatz zu der indianischen Urbevölkerung, die erst in den zwanziger Jahren die amerikanischen Bürgerrechte zugebilligt bekam, erhielten die Schwarzen diese Rechte schon früher. Das bedeutet jedoch nicht, daß sie als rassische Minderheit gesellschaftlich und wirtschaftlich deutlich bessergestellt waren. Zwar wurde mit dem amerikanischen Bürgerkrieg die Sklaverei abgeschafft, aber das alte System von weißer Vorherrschaft und Unterdrückung der Schwarzen wurde damit nicht grundsätzlich aufgehoben.

Seit den fünfziger Jahren des 20. Jahrhunderts begann sich nach und nach die schwarze Bürgerrechtsbewegung herauszubilden, deren zentrales Ziel die Gleichberechtigung war. Der Funken, der schließlich einen wahren Flächenbrand auslöste, entzündete sich in der Hauptstadt Mississippis, Montgomery. Die Straßen glänzten im Schein der vorweihnachtlichen Lichtergirlanden, als sich die Näherin Rosa Parks 1955 weigerte, ihren Sitzplatz in einem öffentlichen Bus einem weißen Fahrgast anzubieten. Gemäß den Statuten der Stadt wäre sie dazu verpflichtet gewesen, ihren Platz freizumachen. Angesichts dieses Vergehens wurde sie wegen der Verletzung des Rassentrennungsgesetzes der Stadt verhaftet und bestraft. Die Welt war damals durch straffe Segregationskodes in Weiß und Schwarz aufgeteilt, weshalb der Fall Rosa Parks auf beiden Seiten für Aufruhr sorgte. Die schwarze Bevölkerung von Montgomery reagierte mit dem *Montgomery Bus Boycott* auf den Vorfall. 386 Tage lang hielt sie den Boykott der öffentlichen Transportsysteme aufrecht, organisierte Fahrgemeinschaften und zog sogar Maulesel heran, um zur Arbeit zu gelangen.

Schon damals kristallisierte sich als Führer der Bewegung der aus Atlanta stammende Prediger Martin Luther King heraus. Dutzende Male wurde er ins Gefängnis geworfen, obwohl er die Gleichstellung der Schwarzen mit den Weißen über passiven Widerstand erzwingen wollte: »Gewaltlose direkte Aktion will in dem Maße eine Krise schaffen und Spannungen erzeugen, daß eine Gemeinde, die Verhandlungen fortgesetzt ausgeschlagen hat, gezwungen ist, sich mit der Sache auseinanderzusetzen.« Diese Direktive wurde, auf Zeitungsränder und Toilettenpapier geschrieben, aus dem Gefängnis von Birmingham geschmuggelt, wo King 1963 einsaß. In dieser Großstadt im Herzen von Alabama ging Polizeichef Eugene Connor »nach gutem altem Brauch« mit Schlagstöcken und Wasserwerfern gegen die demonstrierende schwarze Bevölkerung vor. Sogar Kinder wurden unter seiner Regie in die überfüllten Gefängnisse geworfen, so daß sich bald in den Nordstaaten und selbst im Ausland der Protest gegen dieses unmenschliche Verhalten formierte. Während Martin Luther King von einer Gefängniszelle in die nächste umzog, zeichnete ihn Stockholm im Jahre 1964 mit dem Friedensnobelpreis aus, und die neuenglische Universität Yale verlieh ihm die Ehrendoktorwürde.

Aus den Südstaaten begannen sich die Schwarzenproteste in den folgenden Jahren

18 Vater und Tochter auf der Fähre von Port Bolivar über die Galveston Bay ins texanische Galveston. Während die schwarze Bevölkerungsgruppe in Texas ebenso wie in Louisiana eine kleine Minderheit bildet, macht sie im Bundesstaat Mississippi über ein Drittel der Gesamtbevölkerung aus.

19 Im historischen Dorf Vermilionville in Lafayette scheint die Zeit im frühen 19. Jahrhundert stehengeblieben zu sein. Der malerische Museumsort liegt an einem kleinen Wasserlauf und zeigt seinen Besuchern, wie die Cajuns nach ihrer Flucht aus Kanada in ihrer neuen Wahlheimat Louisiana lebten.

20 Selbst regnerisches Wetter vermag der Stimmung bei historischen Festen im Staate Mississippi keinen Abbruch zu tun. Alljährlich im Frühjahr, wenn die Hartriegelbäume weiß und rosa blühen, kleiden sich die Bewohner von Port Gibson in wallende Kostüme und verblichene Uniformen, um alte Zeiten aufleben zu lassen.

21–24

21 Chief Henry aus Cherokee in North Carolina ist mit Sicherheit der meistfotografierte Indianer der USA. Seit Jahrzehnten präsentiert er sich am Rande der Cherokee Reservation als lebendes Wahrzeichen seines Stammes, dem von den Weißen in der ersten Hälfte des 19. Jahrhunderts übel mitgespielt wurde.

22 Für die kostümierten Einwohner des Constitution Village in Huntsville ist die Zeit im Jahre 1819 stehengeblieben, als Alabama als 22. Staat in die amerikanische Union aufgenommen wurde. Seit der Eröffnung des Museumsdorfes können dort auch Besucher einen Blick in das beginnende 19. Jahrhundert werfen.

23 Für die Sicherheit auf den Straßen der legendären Stockyards in Fort Worth sorgen auch Polizistinnen, denen selbst in Uniform die texanische Herkunft deutlich anzusehen ist.

24 Stars & Stripes auf dem rundlichen Leib, die Zigarre in der Hand und ein Gewinnerlächeln im Gesicht: so stellt sich die »Außenwelt« den erfolgreichen texanischen Geschäftsmann vor.

auch in andere Landesteile auszubreiten. Die Hymne der Bürgerrechtsbewegung »We shall overcome« (wir werden siegen) wurde von rivalisierenden Schwarzenbewegungen wie den *Black Muslims* in »We shall overrun« (wir werden euch überrennen) umgedichtet. Im April 1968 holte die Gewalt auch Martin Luther King ein. Auf der Veranda des Lorraine-Motels in Memphis, Tennessee, stehend, wurde er von einer tödlichen Kugel getroffen. Die Unterkunft wurde inzwischen in den neugebauten Komplex des *Civil Rights Museum* integriert. In den dortigen Ausstellungen wird die Geschichte der Bürgerrechtsbewegung auf dramatische und drastische Weise dokumentiert.

Marsch der Tränen
Das Schicksal der Indianer

Keine Minderheit in den USA wurde in den vergangenen 500 Jahren durch Verfolgung, Versklavung und Unterdrückung so barbarisch dezimiert wie die Ureinwohner des nordamerikanischen Kontinents, die Indianer. Seit geraumer Zeit nennen sie sich selbst *Native Americans* (eingeborene Amerikaner). Sie versuchen, mit diesem neugeprägten Begriff sich als Teil der amerikanischen Gesellschaft darzustellen – in der historischen Dimension betrachtet ein Neuanfang. Ehe sie im Jahre 1924 die US-Staatsbürgerschaft verliehen bekamen, wurden sie von der amerikanischen Regierung als Ausländer behandelt. Wenngleich sich die USA gerne als Schmelztiegel der Völker und Kulturen sehen, spielten die Native Americans bis heute im Integrationsprozeß nur eine Außenseiterrolle.

Als die ersten europäischen Entdecker und Seefahrer an den Küsten Amerikas vor Anker gingen, lebten auf dem Kontinent schätzungsweise eine Million Indianer. Wie viele davon auf die nördliche Hälfte des Erdteils entfielen, läßt sich kaum sagen. Dennoch spricht die Statistik Bände, die davon ausgeht, daß am Ende des 19. Jahrhunderts in Nordamerika noch höchstens 230 000 Indianer am Leben waren. In den ersten Jahrzehnten nach der Ankunft der ersten Siedler spielte die Urbevölkerung in der Funktion von Pfadfindern, Bauern und Medizinmännern eine wichtige Rolle bei der Fußfassung der Europäer in der Neuen Welt. Schnell breiteten sich aber Infektionskrankheiten aus, gegen welche die Indianer keinerlei Abwehrkräfte besaßen. Rasch machte sich auch die Praxis breit, Indianer an der Seite spanischer, britischer oder französischer Truppen in den Krieg maschieren zu lassen. Über die Jahrhunderte hinweg wurde die Urbevölkerung systematisch versklavt und unterdrückt und in die Rolle einer Randgruppe der Gesellschaft gedrängt, aus der sie sich bis heute noch nicht befreien konnte.

Als sich im amerikanischen Süden die Siedler auszubreiten begannen und der Platz für Farmen und Kulturen immer enger wurde, schob man die unterschiedlichen Indianerstämme teils mit Waffengewalt über den Mississippi nach Westen ab. Ein besonders drastisches Beispiel für die menschenverachtende Politik den »roten Brüdern« gegenüber war das Verhalten im Falle der Cherokees. Schon Mitte des 17. Jahrhunderts bildeten sie mit etwa 22 000 Menschen im Bergland von Georgia, Tennessee und den Carolinas den bevölkerungsstärksten Indianerstamm im Südosten. Bis ins 18. Jahrhundert hinein lebten sie friedlich Seite an Seite mit weißen Siedlern und paßten sich weitgehend deren Lebensweise an. Im Jahre 1820 formten sie eine Nation, der sie eine erstaunliche Verfassung nach amerikanischem Vorbild gaben.

Eine Wende in der weiß-roten Koexistenz trat in den zwanziger Jahren des 19. Jahrhunderts ein. In den Appalachen Georgias war um diese Zeit das erste Gold in Nordamerika gefunden worden. Zudem hatte der Kampf um Grund und Boden damals an Aggressivität bereits stark zugenommen, so daß die Cherokees gezwungen wurden, ihr Stammesterritorium aufzugeben und in Richtung Oklahoma abzuwandern. Die Umsiedlung, die teils mit Waffengewalt erzwungen wurde, ging in die Annalen der Geschichte unter dem Namen »Trail of Tears« (Marsch der Tränen) ein. Sie kostete 4000 Indianer das Leben, einige Hundert konnten in die entlegenen Berglandschaften entkommen und bilden heute die letzten Überreste des einstmals so stolzen Stammes um das Städtchen Cherokee in North Carolina am Fuß der Appalachen.

Stetson, Sand und Superlative
Der Riesenstaat Texas

Annäherung an einen Mythos

Die riesigen Distanzen, die etwa Alaska und Florida, Hawaii und Maine, Kalifornien und Minnesota voneinander trennen, lassen auf große landschaftliche Unterschiede zwischen den amerikanischen Bundesstaaten schließen. Im Falle von Texas existieren solche prägnanten Unterschiede sogar innerhalb der Staatsgrenzen. Die Dimensionen der Landesfläche machen es möglich. Mit 692 400 Quadratkilometern wird der »Lone Star State« (Symbol ist ein einzelner Stern) flächenmäßig nur noch von Alaska übertroffen. Der äußerste Norden des Landes liegt gut und gerne 1600 Kilometer von Brownsville an der mexikanischen Grenze entfernt. Und wer von Port Arthur an der Louisiana-Grenze nach El Paso im äußersten Westen von Texas reist, unternimmt eine Fahrt, die in Europa etwa mit der Route von Berlin nach Mailand vergleichbar wäre.

Lernt man den Lone-Star-State näher kennen, kommt der Verdacht auf, daß die Einwohner des Landes diese schiere Größe ihrer Heimat so verinnerlicht haben, daß sich daraus ein völlig ungebrochenes Verhältnis zu Dimensionen, Superlativen und Selbsteinschätzungen entwickelt hat. Das führte in der Vergangenheit sogar dazu, daß das Kapitol in der Hauptstadt Austin etwa eineinhalb Meter höher gebaut wurde als das Kapitol in der Bundeshauptstadt Washington D.C. Für viele Texaner besteht die Welt aus Texas, ein paar weniger wichtigen US-Bundesstaaten und einer entfernten »Außenwelt«, die für das Wohl der Rinderherden vor der Haustür oder die Dauer des sommerlichen Platzregens von außerordentlich geringem Belang ist – und deshalb auch nur am Rande wahrgenommen wird. Man kann den USA insgesamt schon keine Minderwertigkeitskomplexe im Kreis der internationalen Staaten nachsagen. In Texas hat man damit schon gar nichts zu tun.

Das mag mit der turbulenten Geschichte des Bundesstaates zusammenhängen. Spanische Entdecker waren die ersten, die auf der Suche nach den »Sieben Goldenen Städten von Cibola« von Mexiko auf das Territorium des heutigen Texas vordrangen. Alonzo Alvarez de Pineda kartographierte 1519 die texanische Küstenlinie, während der Seefahrer Cabeza de Vaca neun Jahre später sein Schiff bei Galveston in den Sand setzte und fortan zu Fuß unterwegs war – gezwungenermaßen. 1681 gründeten Patres in El Paso am Rio Grande die erste Missionsstation. 1682 drang der unerschrockene Franzose Robert Cavalier, Sieur de La Salle, auf dem Mississippi River bis nach Louisiana und an die texanische Golfküste vor, wo er bei Matagorda eine kleine, nur vorübergehend existierende Siedlung errichtete. Bis ins 18. Jahrhundert rivalisierten Spanier und Franzosen um den zentralen Süden der USA, wobei die Südeuropäer versuchten, das Territorium durch zahlreiche Missionen und Siedlungsgründungen unter ihre Kontrolle zu bringen.

Bis zur Unabhängigkeit Mexikos blieb Texas Teil des Vize-Königreiches Neuspanien, das von Mexico City aus verwaltet wurde. Von 1821 bis 1836 gehörte es zu Mexiko, doch war schon damals der Strom amerikanischer Zuwanderer in dieses Gebiet nicht mehr aufzuhalten. In den USA hatte die heute mythisch verklärte Westwärtsbewegung eingesetzt. Das gesamte Territorium westlich des Mississippi kam nach und nach unter US-Kontrolle – durch Kauf, Landnahme, Annexion oder Krieg. Spannungen zwischen amerikanischen Zuwanderern und spanisch-mexikanischen Bevölkerungsgruppen nahmen 1830 schärfere Formen an. Der demokratisch gewählte mexikanische Präsident Guerrero wurde gestürzt und sehr zum Mißbehagen der »Yankees« durch den Diktator General Anastasio Bustamante ersetzt. Anfang Oktober 1835 kam es schließlich zum ersten Waffengang, bei dem die Amerikaner einen Sieg über die regulären Truppen Mexikos davontrugen. Als sie ihren Erfolg rund ein halbes Jahr später mit der Proklamation der unabhängigen Republik Texas auch politisch ummünzten, sah sich Mexico City zu einer militärischen Reaktion gezwungen.

Unter General Antonio López de Santa Ana marschierten 1836 rund 5000 mexikanische Soldaten nach San Antonio, um Vergeltung zu üben und wieder die alten Zustände im Lande herzustellen. In der Mission The Alamo hatten sich 187 Texaner verschanzt, die ihre Verteidigungsstellung zwölf Tage lang gegen die Mexikaner behaupten

Vorhergehende Abbildung:

25 Wie ein tropischer Traum von vorgestern präsentiert sich die historische Mission Conception in Texas inmitten von grünen Palmen und wildwuchernder Vegetation. San Antonio ist die einzige amerikanische Stadt, die fünf von Spaniern gegründete Missionen besitzt. Heute sind die altehrwürdigen Gemäuer in einem historischen Nationalpark zusammengefaßt.

26 Die Stockyards von Fort Worth verloren zwar mit dem Entstehen einer modernen Transportinfrastruktur im 20. Jahrhundert viel von ihrer ehemaligen Bedeutung. Aber noch immer finden dort wöchentliche Viehauktionen und Rodeos statt, an die eine lebensgroße Bronzeskulptur erinnert.

27 Die Zeit der großen Viehtriebe über den legendären Chisholm Trail, der mitten durch Fort Worth führte, sind längst vorbei. Heute werden die Rinder per Lastwagen oder Bahn in die großen Marktzentren gebracht. Eine nostalgische Erinnerung prangt über einem Parkplatz am Sundance Square im Zentrum von Fort Worth, wo ein Wandmaler eine historische Viehtriebszene in Farben und Formen faßte.

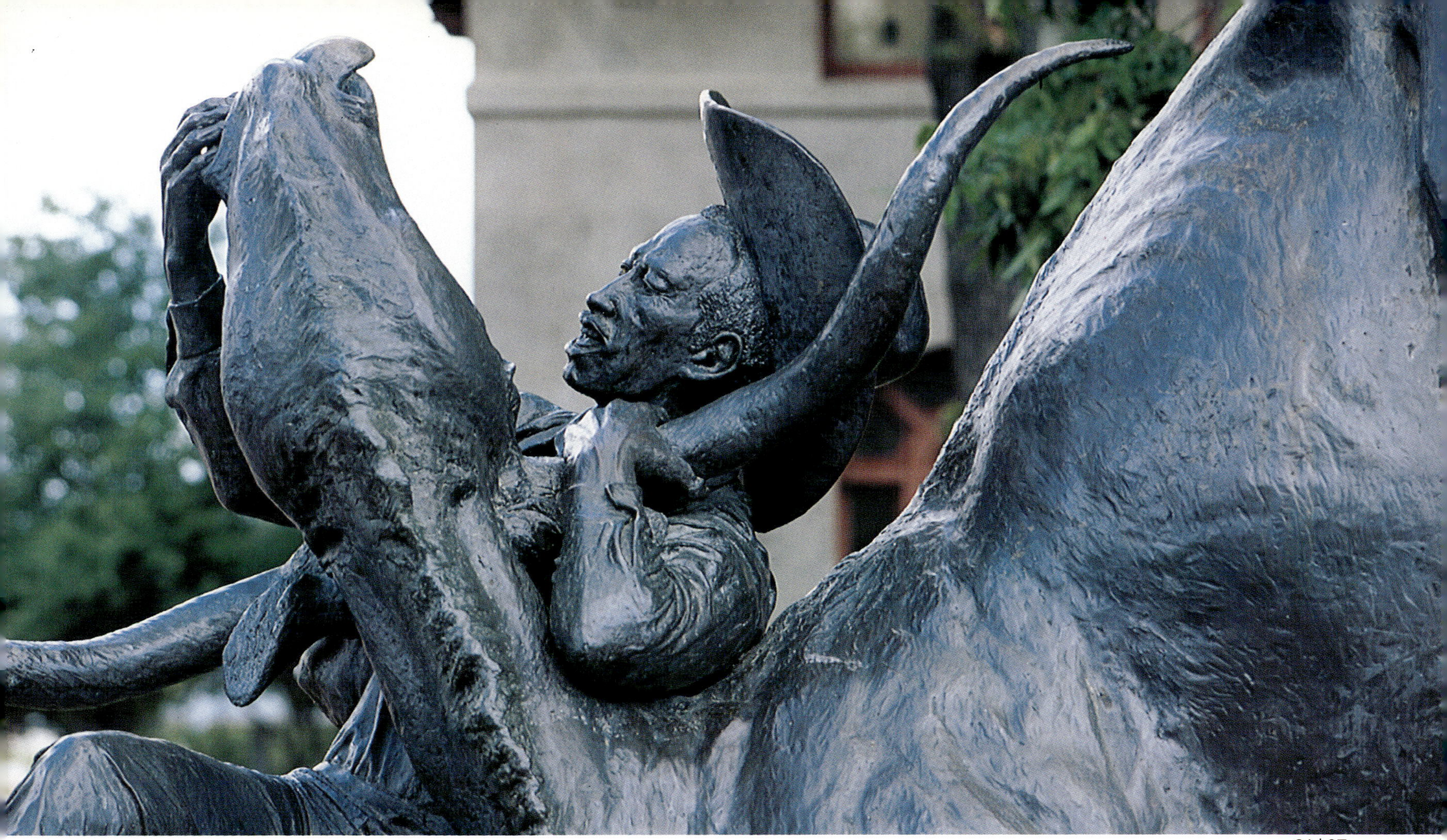

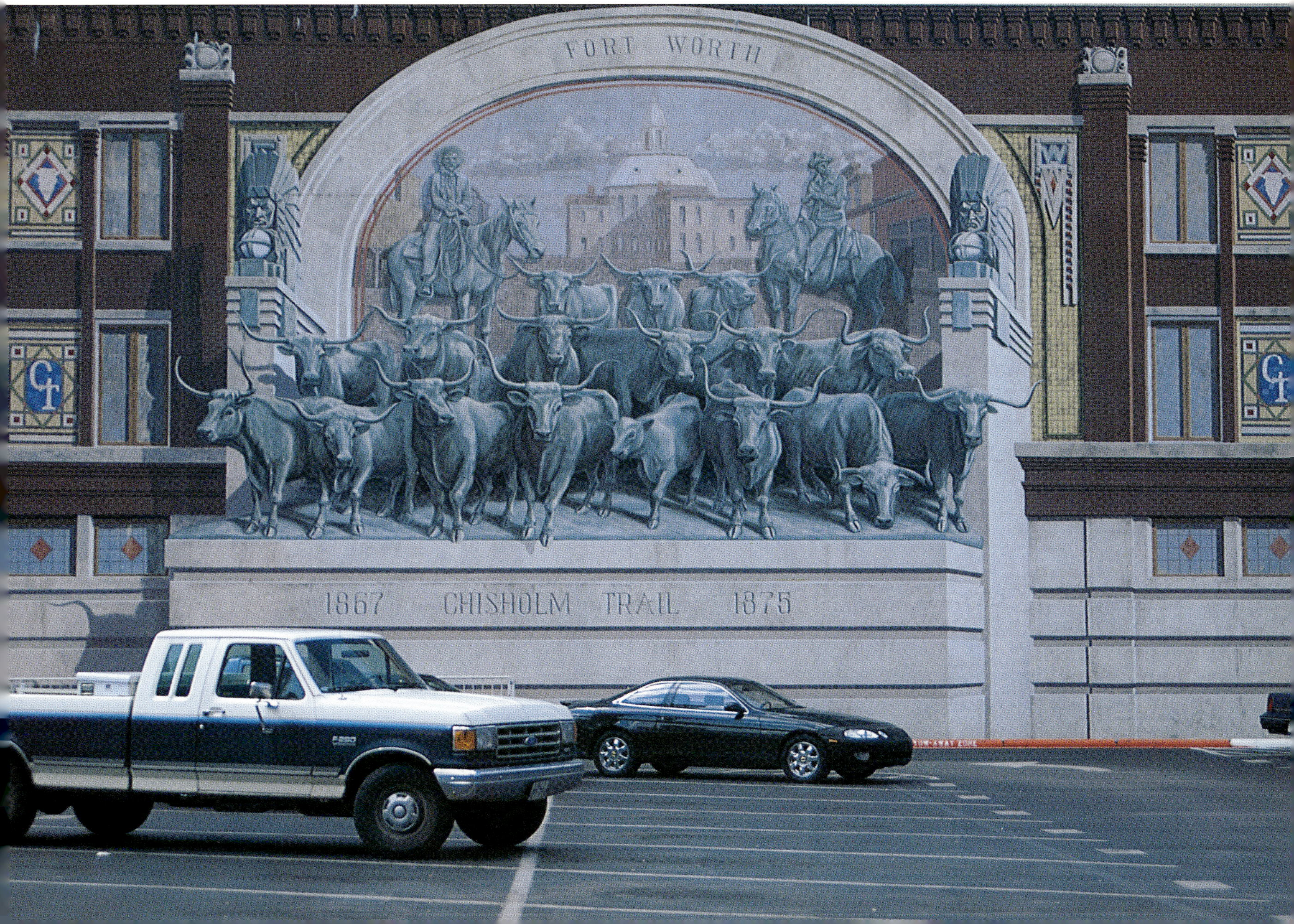
FORT WORTH
1867 CHISHOLM TRAIL 1875

28 Was heißt schon »Rinderstaat Texas«? Das Zentrum der Ölmetropole Houston präsentiert sich kulturbeflissen mit Skulpturen und Kunstwerken selbst so renommierter Künstler wie Jean Dubuffet.

29 Von der Cowboyromantik ins Zeitalter der modernen Architektur sind es nur ein paar Schritte – jedenfalls in Fort Worth. Im Stadtzentrum recken sich die spiegelnden Glasfassaden von Wolkenkratzern in den Himmel, neben denen die älteren Gebäude aus der Zeit um die Jahrhundertwende wie Spielzeug wirken.

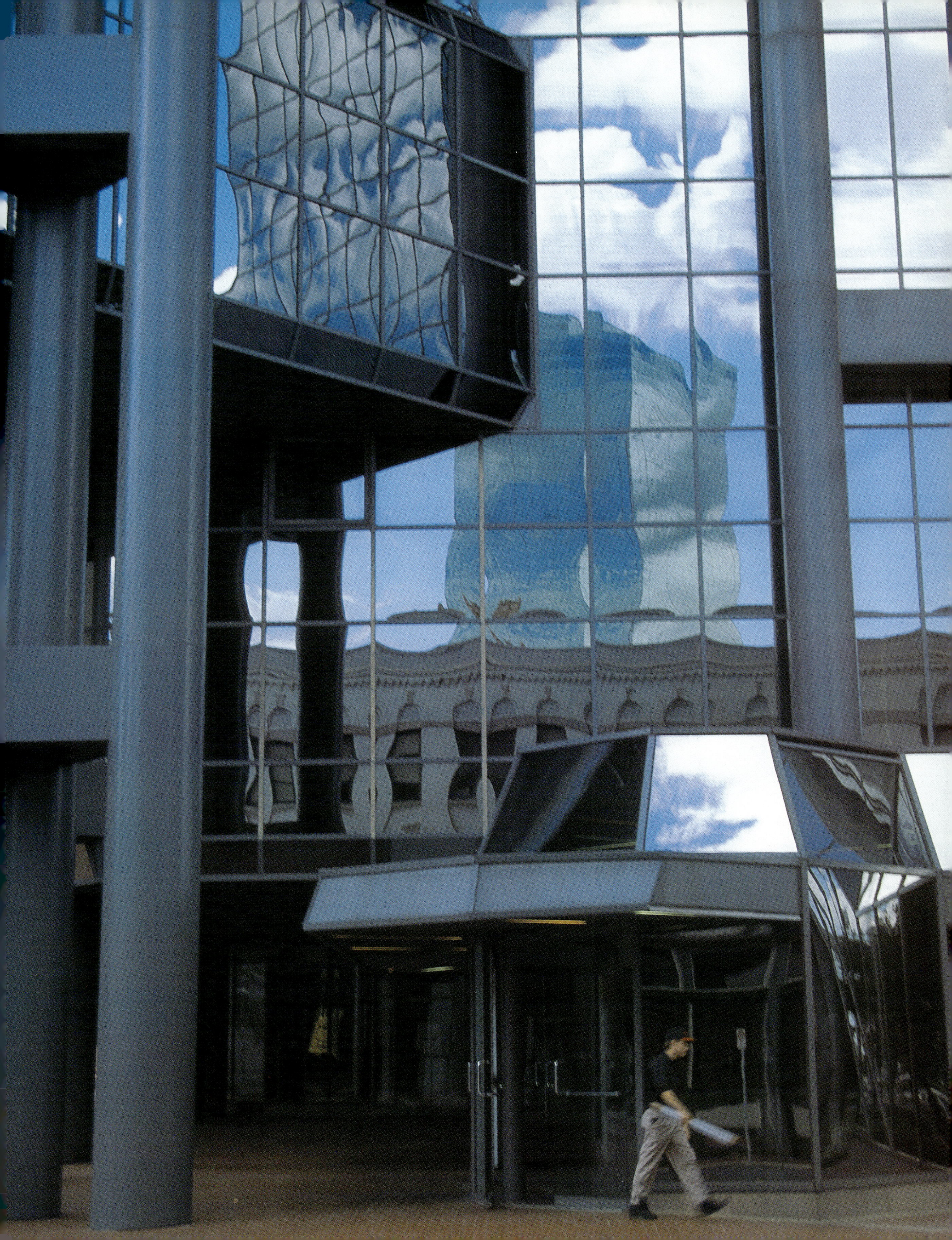

30–32

konnten. Dann hielten die Mauern der Mission nicht mehr stand. Santa Anas Truppen machten sämtliche Verteidiger bis auf den letzten Mann nieder. Kein Ereignis der texanischen Geschichte wurde inzwischen zur Legendenbildung so gründlich herangezogen wie die legendäre Schlacht von Alamo. Und in keinem Ereignis gipfelt der texanische »Nationalstolz« so ungebrochen wie in diesem. Wenig später stellte sich die 800köpfige texanische Freiwilligenarmee unter Sam Houston den Truppen von Santa Ana mit dem Schlachtruf »Remember The Alamo« auf den Lippen und trug einen gloriosen Sieg davon. Selbst Santa Ana fiel den Amerikanern in die Hände.

Noch im selben Jahr wurde die Republik Texas ausgerufen, die fast zehn Jahre existierte. Schon unter dem ersten Präsidenten Sam Houston war die Angliederung des Territoriums an die USA im Gespräch, kam aber nicht zustande. Als Houston nach Mirabeau Lamar wiederum ins Präsidentenamt kam, machte die Regierung in Washington dem texanischen Amtsträger schon unverhohlen Avancen in Sachen Annexion. Es dauerte bis zum 29. Dezember 1845, ehe das Land als 28. Bundesstaat unter die Flagge der Vereinigten Staaten von Amerika kam.

In den Köpfen von Europäern besteht Texas meist aus einer Ansammlung von Klischees. Viele stellen sich das Land als staubige Rinderweide vor, die von Horizont zu Horizont reicht und aus der sich gelegentlich der supermoderne Wolkenkratzerkern einer Millionenstadt erhebt. Fährt man über Land etwa auf Dallas zu, fühlt man sich in solchen Stereotypen sogar noch bestätigt. Überrascht wird jeder Erstbesucher von der Vielfältigkeit der Landschaften – von den weißen Sandstränden und stillen Lagunen am Golf über die Hügellandschaften des Texas Hill Country bis zu den wüstenhaften Ebenen des Westens und Nordwestens, in denen nur Bergparks wie Big Bend und die Guadalupe Mountains sowie die canyonhafte Umgebung von Amarillo für Abwechslung sorgen. Mit 2667 Metern ist der *Guadalupe Peak* nahe der Grenze zum Bundesstaat New Mexico der höchste Punkt im Staate – für eine »flache Rinderweide« ziemlich beachtlich.

Die geographischen Gegebenheiten bedingen natürlich auch stark unterschiedliche klimatische Bedingungen. Grundsätzlich ist es zwischen Dezember und Februar am kühlsten, während wahrlich schweißtreibende Temperaturen im Sommer von Juni bis August das Leben in manchen Regionen zu einem tropischen »Vergnügen« machen. Auf den höchsten Erhebungen fallen im Januar Schneeflocken, und selbst in den flacheren Regionen wie etwa um Wichita Falls sinkt die Quecksilbersäule unter den Nullpunkt. Im Hochsommer wird die gesamte Golfküste von Texas zum Fluchtpunkt für all jene, die sich von der Meeresbrise etwas Abkühlung erhoffen. Was in diesen Monaten das Land schwerer erträglich macht, ist die in vielen Regionen herrschende hohe Luftfeuchtigkeit, die das Backofenklima in Richtung Dampfbadatmosphäre verändert.

Gigantomanie aus Prinzip
Die exzentrische Millionenstadt Houston

Wenn in den USA von den Qualitäten Houstons die Rede ist, geht es in der Regel nicht um Schönheit oder Attraktivität, sondern eher um Kriterien wie Größe und wirtschaftliche Bedeutung. Die mit 1,63 Millionen Einwohnern bevölkerungsreichste Stadt in Texas und viertgrößte Metropole in der Nation hat sich in den vergangenen Jahrzehnten mit beharrlicher Zähigkeit in eines der bedeutendsten Wirtschaftszentren des Landes verwandelt mit über einem Dutzend Hauptverwaltungen riesiger Konzerne, mit Forschungsstätten und Entwicklungslabors, einem potenten Binnenhafen rund 80 Kilometer von der Golfküste entfernt, einer blühenden Filmindustrie, einem der renommiertesten Herzzentren der Welt und nicht zuletzt der Hauptverwaltung der amerikanischen Raumfahrtbehörde NASA. Auch das Ausland zollt der Rolle Houstons Tribut mit über einem halben Hundert Konsulaten, die vor Ort ihre Staaten vertreten, sowie mehreren hundert Firmensitzen.

Wer in Downtown Houston im Hochsommer ein alltägliches Verkehrschaos wie in Manhattan erwartet, sieht sich getäuscht. Die Schluchten zwischen den modernen Wolkenkratzern sind breit und großzügig angelegt, daß sich selbst die Suche nach ei-

---

30–32 Kritiker werfen der Riesenstadt Houston gerne eine sterile Atmosphäre im Cityzentrum vor. Die Stadtväter versuchen indessen, diesem Eindruck dadurch zu begegnen, daß vielerorts Kunstwerke aufgestellt wurden, wie etwa eine überdimensionale Violine oder die »Rote Maus« des schwedisch-amerikanischen Künstlers Claes Oldenburg vor der Public Library. Anderswo, wie etwa im Tranquility Park, rinnt Wasser über hohe Zylinder und schafft eine Oase der Ruhe mitten im hektischen Geschäftsbetrieb der Stadt.

nem Parkplatz weit weniger dramatisch gestaltet als in den meisten anderen amerikanischen Großstädten. Doch haben die für amerikanische Großstadtverhältnisse geradezu paradiesischen Verkehrsverhältnisse in der Sommersaison weniger mit der Stadtplanung als vielmehr mit dem Klima zu tun. Wer in den heißen Monaten Zeit findet, die Stadt hinter sich zu lassen, tut dies auch, weil die Temperaturen in Downtown den Asphalt auf der Straße nicht selten so weich wie Pizzateig machen. Wer zu diesen Zeiten keinen Anspruch auf Urlaub hat und arbeiten muß, hält sich entweder in gut gekühlten Bürogebäuden oder im »Untergrund« auf, den über sechs Kilometer langen unterirdischen Passagen, die kreuz und quer durch Downtown verlaufen.

Der erste Gang vieler Besucher der Stadt gilt der lokalen Vergangenheit – im *Sam Houston Historical Park* nämlich. Von dort hat man die schimmernden Glasfassaden der Wolkenkratzer genau vor sich. Dort stehen aber auch acht historische Bauten, die allesamt um die Mitte des 19. Jahrhunderts erbaut wurden wie etwa das vornehme *Pillot House* von 1868, vor dem zwei bronzene Doggen Wache halten. Als diese kleine Residenz entstand, war die Stadt gerade dreißig Jahre alt – und hatte schon eine herbe Enttäuschung hinter sich. Ursprünglich war sie von zwei New Yorker Brüdern mit dem Ziel geplant worden, aus ihr die Hauptstadt der Republik Texas zu machen. Diese Ehre fiel im Jahr 1839 allerdings Austin zu, während Houston noch bis zur Jahrhundertwende warten mußte, ehe die Entdeckung von Erdöl 1901 den unaufhaltsamen wirtschaftlichen Aufstieg einleitete. In den achtziger Jahren stellte wiederum das Ölgeschäft die wirtschaftlichen Weichen, doch diesmal in Richtung Krise.

Nur ein paar Schritte von dieser grünen Oase des Sam-Houston-Parks entfernt liegt *Tranquility Park*, wie schon der Name sagt, ein Hort der Ruhe. Wasser plätschert über zylinderförmige Säulen in Becken und übertönt den entfernten Verkehrslärm aus dem Stadtzentrum. Man könnte meinen, die Stadtplaner hatten sich einen asiatischen Meditationsgarten zum Vorbild genommen, als sie den »Park der Ruhe« anlegten.

Kulturelles Schaufenster von Houston ist der *Museum District*, in dem sich die bedeutendsten der rund zwanzig Museen konzentrieren, wenngleich sich über das ganze Stadtzentrum zahlreiche Skulpturen und Plastiken berühmter Künstler wie etwa von Jean Dubuffet verteilen. Das *Museum of Fine Arts* zeigt unzweifelhaft die schönsten und wertvollsten Kunstkollektionen der Stadt und verweist mit Stolz darauf, daß diese Schätze alljährlich ein Publikum von mehr als einer halben Million Menschen begeistern. Das antike Ägypten ist ebenso vertreten wie Griechenland und Rom, Renaissancegemälde stammen aus Italien und Spanien, während die Urbevölkerungen von Afrika, Australien und dem südpazifischen Raum mit großartigen Exemplaren ihrer materiellen Kultur vertreten sind. Das *Contemporary Arts Museum* präsentiert in schöner Regelmäßigkeit jedes Jahr neun Wanderausstellungen. Das *Houston Museum of Natural Science* hat sich vor allem mit seinem Butterfly House einen Namen gemacht, einem Tropengarten mit einem über zehn Meter hohen Wasserfall, um den herum über 2000 Schmetterlinge ihre Flugübungen absolvieren.

Seit Mitte der sechziger Jahre ist das Kontrollzentrum der amerikanischen Raumfahrtbehörde NASA 25 Meilen südlich von Houston der zentrale Leitstand, von dem aus alle einschlägigen Unternehmungen in den Orbit geführt wurden. Während das *Johnson Space Center* nur im Rahmen einer geführten Tour besichtigt werden kann, darf sich der Besucher im *Houston Space Center* gleich in der Nachbarschaft von seinen eigenen Interessen durch die einzelnen Ausstellungen führen lassen. In der geräumigen Lobby bildet eine mit allen technischen Raffinessen vorgetragene Multi-Media- und Laser-Show den Einstieg in das Raumfahrtzentrum. Zu den Klängen von »Freude, schöner Götterfunken« steigert sich die Show am Ende zu einem Crescendo der nationalen Selbstbeweihräucherung, das vielen Amerikanern die Tränen der Begeisterung in die Augen treibt.

Neben einem Spaceshuttle sieht man ein lebensgroßes Diarama mit einer Szene von der ersten erfolgreichen Apollo-Mission zum Mond – zwei Astronauten in ihren Raumfahrtanzügen neben ihrem Mondmo-

33/34 Größte Touristenattraktion von Houston ist ohne Zweifel das Space Center der NASA mit seinen unterschiedlichen Raumfahrtausstellungen. Zu den eindrucksvollsten Erlebnissen gehört eine nachgestellte Szene der ersten Mondlandung, vor der sich der Besucher vorkommt wie beim Besuch auf dem Erdtrabanten. Unter den technischen Exponaten befindet sich auch das Modell einer amerikanischen Raumstation.

Folgende Abbildung:
35 Bei Vollmond und nächtlicher Beleuchtung wirkt das alte, brüchige Kalksteingemäuer der Mission The Alamo im Zentrum von San Antonio noch geheimnisvoller als bei Tag. Im März 1836 verschanzten sich hier die Verteidiger eines unabhängigen Texas gegen eine mexikanische Übermacht. Diese legendäre Schlacht, die zum amerikanischen Inbegriff von Durchhalteparolen wurde, machte Alamo zu einem nationalen »Heiligtum«.

33 | 34

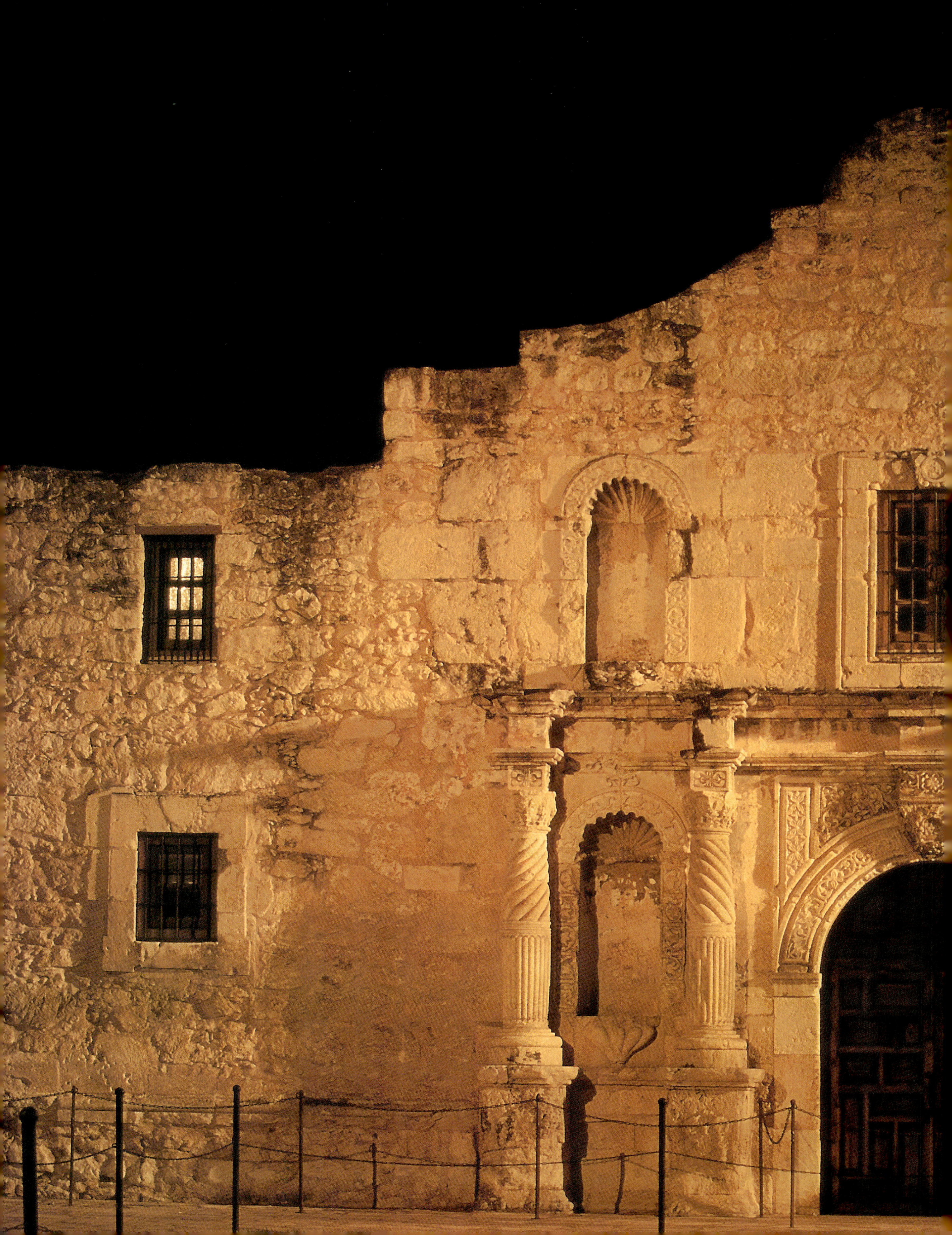

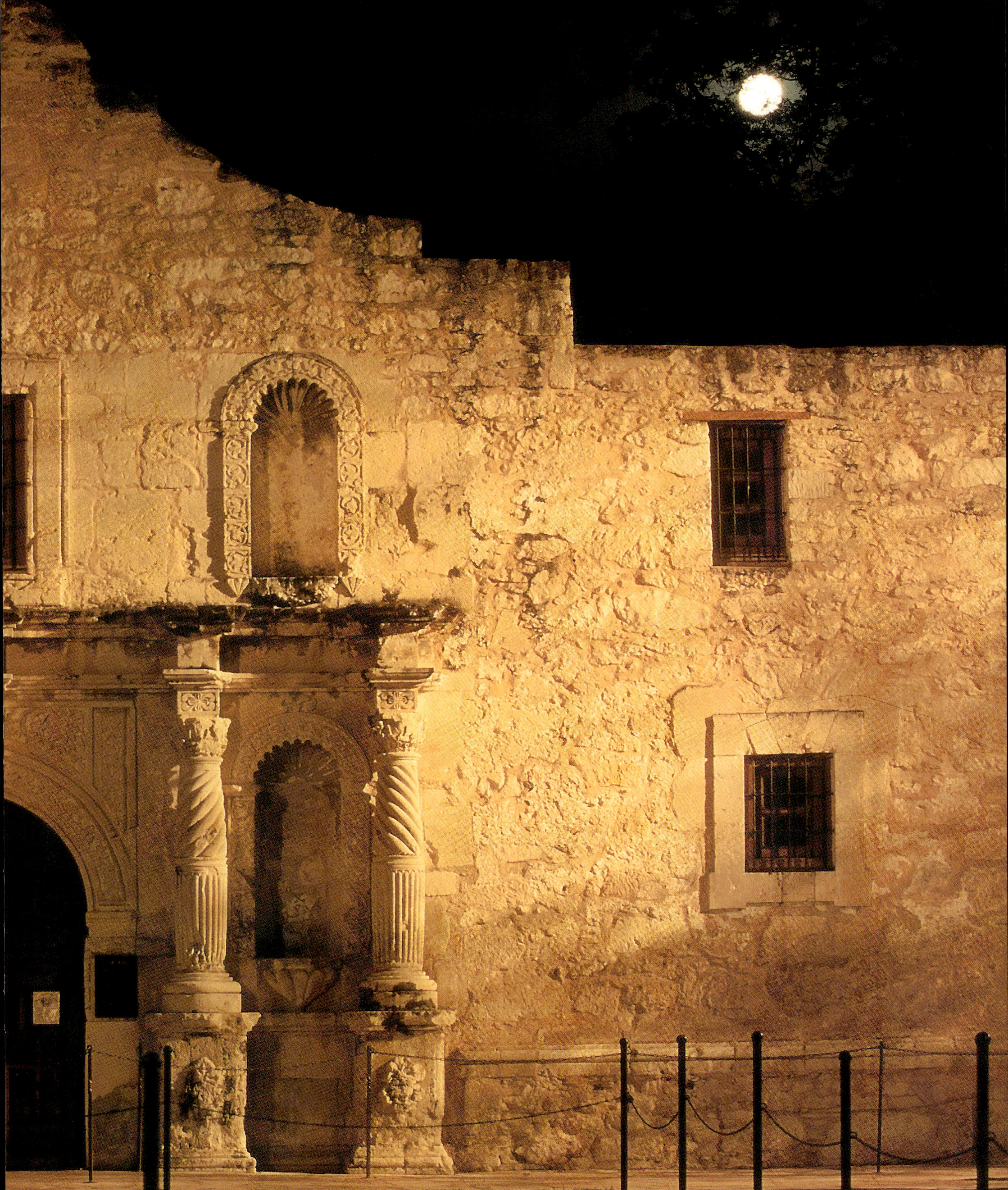

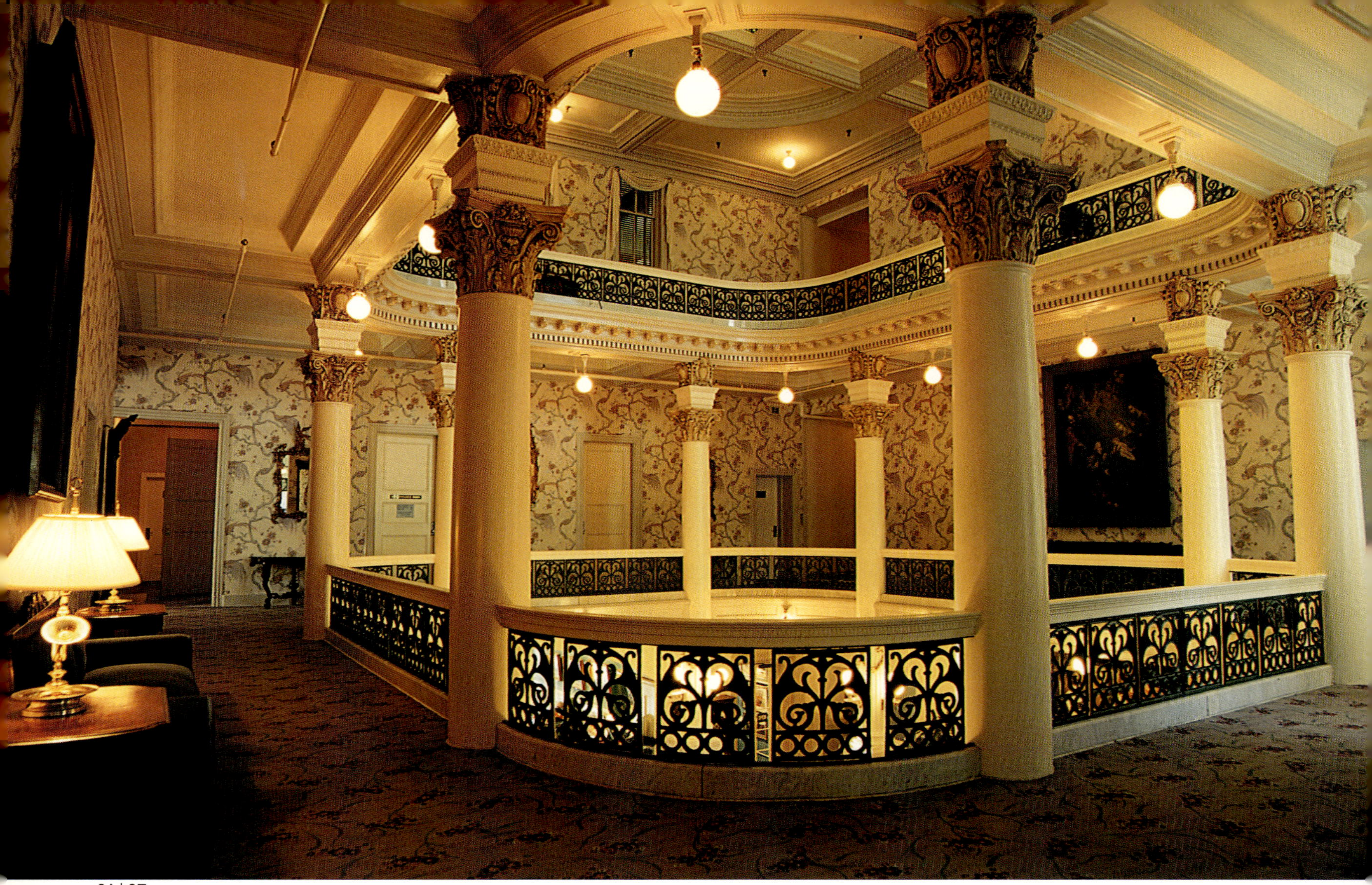

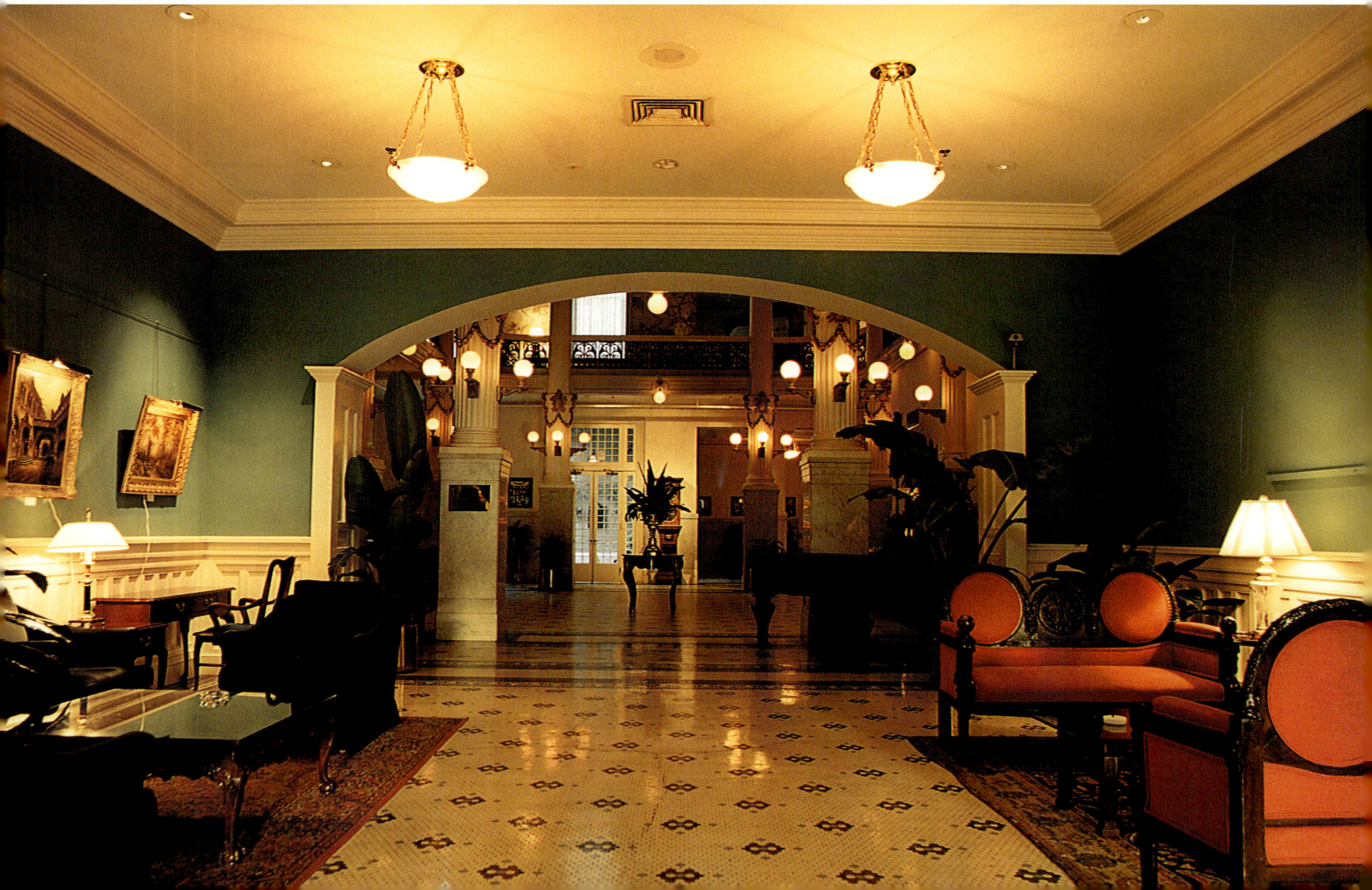

bil in einer wüstenhaft verlassenen Landschaft, über der am schwärzlichen Himmel eben der Planet Erde aufgeht. Fast wähnt man sich als blinder Passagier mit von der Partie bei der Mondlandung in diesem dunklen Ausstellungsraum mit schallschluckenden Teppichböden. Vor einer anderen Wand mit zigtausend Sternchen hängt eine nur sparsam beleuchtete Raumkapsel wie das verlorene Überbleibsel einer Raummission.

Das »andere« Texas
Multikulturelles San Antonio

Im gesamten Riesengebiet des Staates Texas gibt es keine Stadt, die ihre Einmaligkeit mit so sympathischer Freundlichkeit zur Schau trägt wie *San Antonio*. Wer das Klischee von Texas als einer riesigen, im Staub versinkenden Rinderranch vor Augen hat, wird in San Antonio Bauklötze staunen angesichts der gepflegten, lockeren Lebensart in einem geradezu exotisch anmutenden City-Ambiente. Wie von einer Stadt mit 936000 Einwohnern nicht anders zu erwarten, wächst auch hier eine ganze Reihe von Wolkenkratzern in den Himmel, allen voran der 1968 zur Weltausstellung erbaute *Tower of the Americas*, mit 190 Metern Höhe immer noch das höchste Bauwerk der Stadt. In luftiger Höhe drehen sich sowohl ein Restaurant als auch eine Aussichtsplattform, von der man weit ins *Texas Hill Country* hineinblickt. Aber trotz einiger Riesenbauten wie dem nachts angestrahlten achteckigen *Smith-Young Tower* aus dem Jahr 1929 mit seinen Terrakotta-Verzierungen macht die Skyline nicht den Eindruck einer Riesenstadt mit anonymen Monsterbauten und bedrohlichen Häuserschluchten. Ganz im Gegenteil. Selbst in seinem Zentrum ist San Antonio überschaubar und präsentiert sich auf den ersten Blick ganz anders, als man sich eine texanische Fast-Millionenstadt gemeinhin vorstellt.

Dafür verantwortlich ist wahrscheinlich zu einem großen Teil das reiche, historische Erbe der Stadt. Diese Vergangenheit weist sie als eine durch und durch kultivierte Metropole mit zahlreichen historischen Sehenswürdigkeiten und vielen interessanten Museen aus. Auf der Suche nach Gold und anderen Reichtümern drangen spanische Konquistadoren im 17. Jahrhundert auf das Gebiet des heutigen Texas vor. Um 1690 beteiligten sich an diesen Unternehmungen auch die ersten Franziskanerpatres, die mit der Bekehrung der nördlich der mexikanischen Grenze lebenden Indianer begannen. Im Jahr 1718 veranlaßte der spanische Vizekönig in Mexico City die Gründung einiger Missionen auf halbem Weg zwischen den Missionsstationen im östlichen Texas und dem nördlichen Mexiko, Niederlassungen zur besseren Kontrolle des Gebietes. Der erste unter diesen befestigten Posten war die *Mission San Antonio de Valero*, aus der sich die Stadt San Antonio entwickeln sollte.

Von dieser mitten im Stadtkern gelegenen ehemaligen Mission ist nur noch die 1744 begonnene Kirche mit ihrer schönen, häufig abgebildeten Westfassade übrig. Die Front aus groben Kalksteinquadern macht heute noch einen wehrhaften Eindruck und dokumentiert, daß sie sowohl zur Zeit der Spanier als auch der Mexikaner zusammen mit den angebauten Befestigungen den Zweck einer Verteidigungsanlage erfüllte. Keine andere Örtlichkeit in Texas trägt ihre Vergangenheit mit soviel Stolz zur Schau wie diese ehemalige Mission, die im 19. Jahrhundert unter dem Namen *The Alamo* bekannt wurde. Sie verewigte sich in den Annalen der Stadt im Jahr 1836, als das gesamte Territorium des heutigen Texas noch zu Mexiko gehörte und die Regierung in Mexico City daran interessiert war, texanische Unabhängigkeitsversuche im Keim zu ersticken. Im März 1836 verschanzte sich hinter den Alamo-Mauern der legendäre Texanertrupp, der nach zwölftägiger Belagerung bis auf den letzten Mann das Leben ließ.

Hinter der Bilderbuchfassade von The Alamo, die »der« Touristentreffpunkt San Antonios schlechthin ist, dehnt sich ein ummauertes Gartengelände aus, in dem neben vielen historischen Erinnerungsstücken, Fotos und Plaketten auch ein Museum untergebracht ist. Ebenso wie diese Stätte stehen auch die übrigen vier Missionen der Stadt, die in den dreißiger Jahren des 18. Jahrhunderts nach San Antonio verlegt wurden, unter der Verwaltung des National Park Service.

Folgt man der Mission Road in südlicher Richtung, kommt man zunächst zur *Mission Conception*, die eine der ältesten intakten

36/37 Gediegener Südstaatencharme herrscht im historischen Menger Hotel im Stadtzentrum von San Antonio. Die Nobelherberge aus dem Jahr 1859, die einen Innenhof mit einem Tropengarten besitzt, war einst die luxuriöseste Unterkunft westlich des Mississippi. Zu den sehenswertesten Teilen gehört die säulengestützte Lobby im ältesten Teil des Hotels.

Kirchen in den ganzen USA besitzt. Die Westfassade mit den beiden Glockentürmen war früher mit kräftigen Farben bemalt, wovon heute nur noch Spuren übrig sind. In der weiteren Nachbarschaft liegt die *Mission San Jose*, deren geräumiger Innenhof von einer wehrhaften Mauer umgeben ist, an die unterschiedliche Räumlichkeiten wie etwa die Unterkünfte der dort beschäftigten Indianer direkt angebaut sind. Die Westfassade der Kirche ist mit figürlichen Darstellungen so reich dekoriert, daß diese Mission zu Recht auch als »Königin der texanischen Missionen« bezeichnet wird. Noch zu Beginn der zwanziger Jahre lag die gesamte Anlage in Ruinen, ehe sich die *San Antonio Conservation Society* an den Wiederaufbau machte.

Die beiden restlichen Missionen am Stadtrand sind weit weniger gut erhalten oder restauriert als die beiden letztgenannten Kirchen. Die *Mission San Juan Capistrano* besitzt eine Kirche, die nie ganz fertiggestellt wurde. Sie wurde bislang nur in kleinen Teilen wiederhergestellt. Ein ähnliches Schicksal war der *Mission San Francisco de la Espada* beschieden, von der außer einigen Außenmauern nur noch eine kleine Kapelle mit einem Aufsatz für drei Glocken und einem Bogenportal übrig ist.

Eine bedeutende Rolle für die Missionen spielte als Lebenslinie der San Antonio River, in dessen Ufernähe sämtliche Missionen liegen. Darüber hinaus bildete der Fluß aber auch die Voraussetzung für die Entwicklung der nach und nach heranwachsenden Stadt. Die Indianer nannten ihn *Yanaguana*, was »erfrischendes Wasser« bedeutet. Ebendiese Rolle spielte der Fluß für viele spanische Expeditionen und Kolonisten, die in historischen Zeiten in dieses heiße Gebiet vordrangen. Um so mehr erstaunt, daß der Wasserlauf bis zum Beginn des 20. Jahrhunderts zu einer übelriechenden Kloake verkommen war, an der sich baufällige Lagerschuppen und abbruchreife Gebäude aneinanderreihten. Zudem bildete der San Antonio River für seine Anwohner eine ständige Gefahr, da er häufig über seine Ufer trat und die umliegenden Gegenden überschwemmte. Kein Wunder, daß in einer städteplanerischen Studie 1919 vorgeschlagen wurde, den Fluß zu überbauen und in einen unterirdischen Kanal zu verwandeln. Dieses Vorhaben wurde noch aktueller, als 1921 ein katastrophales Hochwasser die ganze Innenstadt drei Meter unter Wasser setzte, fünfzig Menschen ertranken und ein Schaden in Höhe von rund fünfzig Millionen Dollar entstand.

Nur der Weitsicht einiger einflußreicher Bürger war es zu verdanken, daß diese Pläne nicht in die Tat umgesetzt wurden. Statt dessen trat der bekannte Architekt Robert H. H. Hugman mit dem Vorhaben an die Öffentlichkeit, das Flußufer in eine Flaniermeile zu verwandeln, die gleichzeitig das spanische, mexikanische und südwestamerikanische Erbe der Region widerspiegeln würde. Die Stadtväter San Antonios waren von dieser Idee ebenso angetan wie die Bürger, schwebte Hugman doch ein innerstädtischer Bereich etwa fünf Meter unter der Straßenebene vor, der bald den Beinamen »Venedig Amerikas« bekommen sollte. Der Vorteil der von ihm vorgeschlagenen Lösung bestand u.a. darin, daß durch ein ausgeklügeltes Kanalsystem die Gefahr von Überschwemmungen des Flusses im Downtownbereich gebannt war. Am Ufer wurden nach 1938 etwa sechs Kilometer Wege angelegt, 21 Brücken gebaut und über 11 000 Bäume und Sträucher gepflanzt, die den *Paseo del Rio* (Riverwalk) in einen blühenden und duftenden botanischen Garten verwandelten.

Durch den Zweiten Weltkrieg und die danach einsetzende Stadtflucht wurde der Ausbau des Riverwalk zwar jahrelang verzögert. Doch wurden sich in den sechziger Jahren die Geschäftsleute von San Antonio der großen Attraktion der Flußmeile bewußt und setzten auf deren weiteren Ausbau. Heute gilt Einwohnern wie Besuchern gleichermaßen der knapp drei Kilometer lange hufeisenförmige Riverwalk als das unverwechselbare Herzstück der Stadt.

Direkt am Flußufer liegen gemütliche Cafés mit Tischen im Schatten bunter Sonnenschirme. Auf dem zentralen Abschnitt reihen sich Restaurants, Hotels, Galerien und Läden aneinander, so daß man als Ortsunkundiger teilweise in Gefahr gerät, die Orientierung in der vor prallem Leben strotzenden exotischen »Unterwelt« zu verlieren. Flache Motorboote schippern Touristen

38/39 Die Stadtväter von San Antonio erkannten schon vor Jahrzehnten die Zeichen der Zeit. Aus einer Schleife des San Antonio River machten sie den beliebten Riverwalk, die bedeutendste touristische Sehenswürdigkeit der Stadt. Besucher lassen sich auf Booten über den Fluß fahren und genießen dabei die exotische Atmosphäre entlang dem Wasserlauf, der durch viele Bäume und andere Pflanzen in eine Gartenlandschaft mit zahlreichen Cafés und Restaurants verwandelt wurde.

Folgende Abbildung:

40 Zu Beginn des Jahrhunderts war der San Antonio River noch ein unberechenbarer Fluß, der häufig ganze Stadtteile überschwemmte. Durch Umbauten gezähmt, ist er in den vergangenen Jahrzehnten zur beliebtesten Flaniermeile der Stadt geworden.

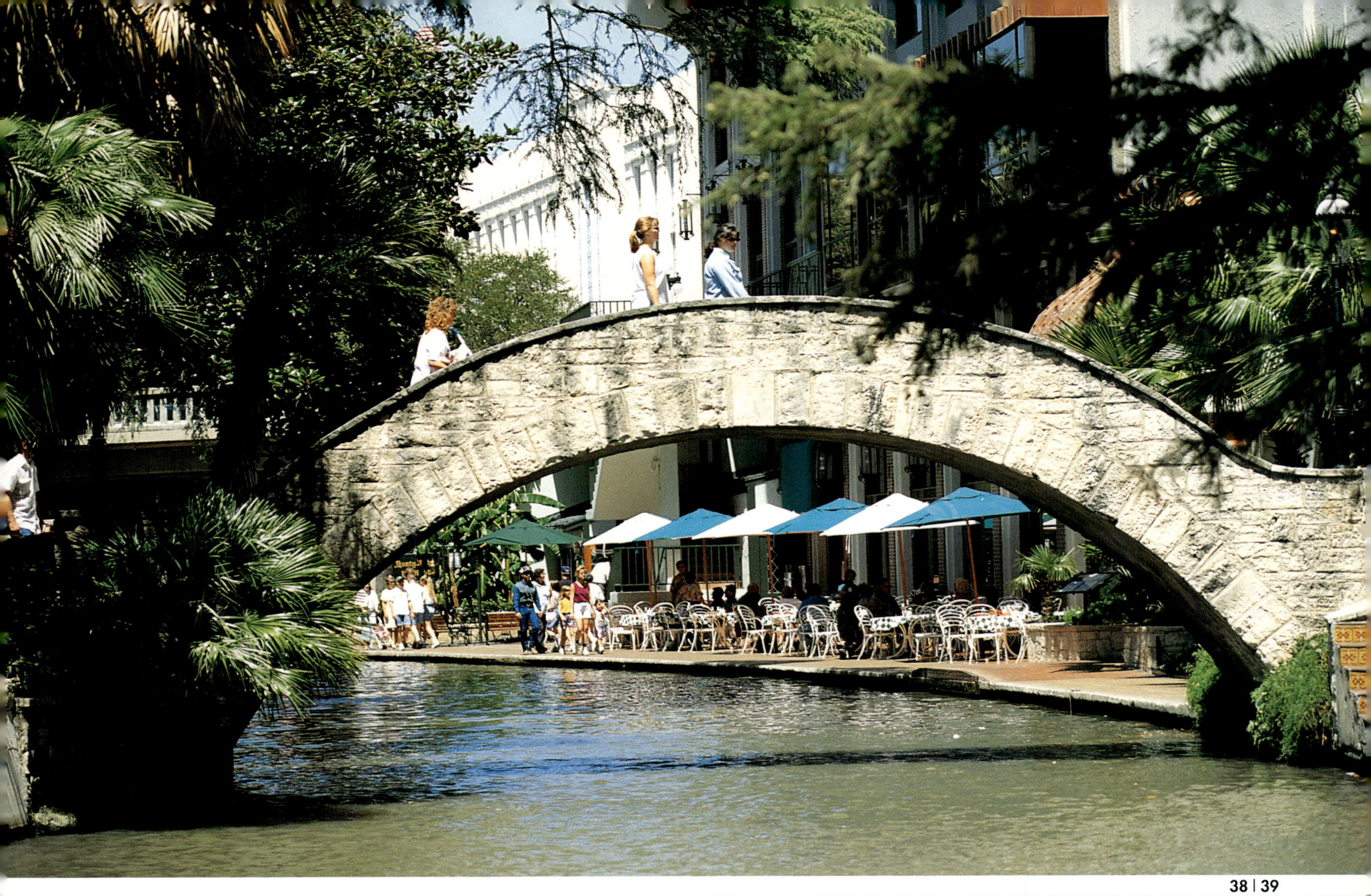

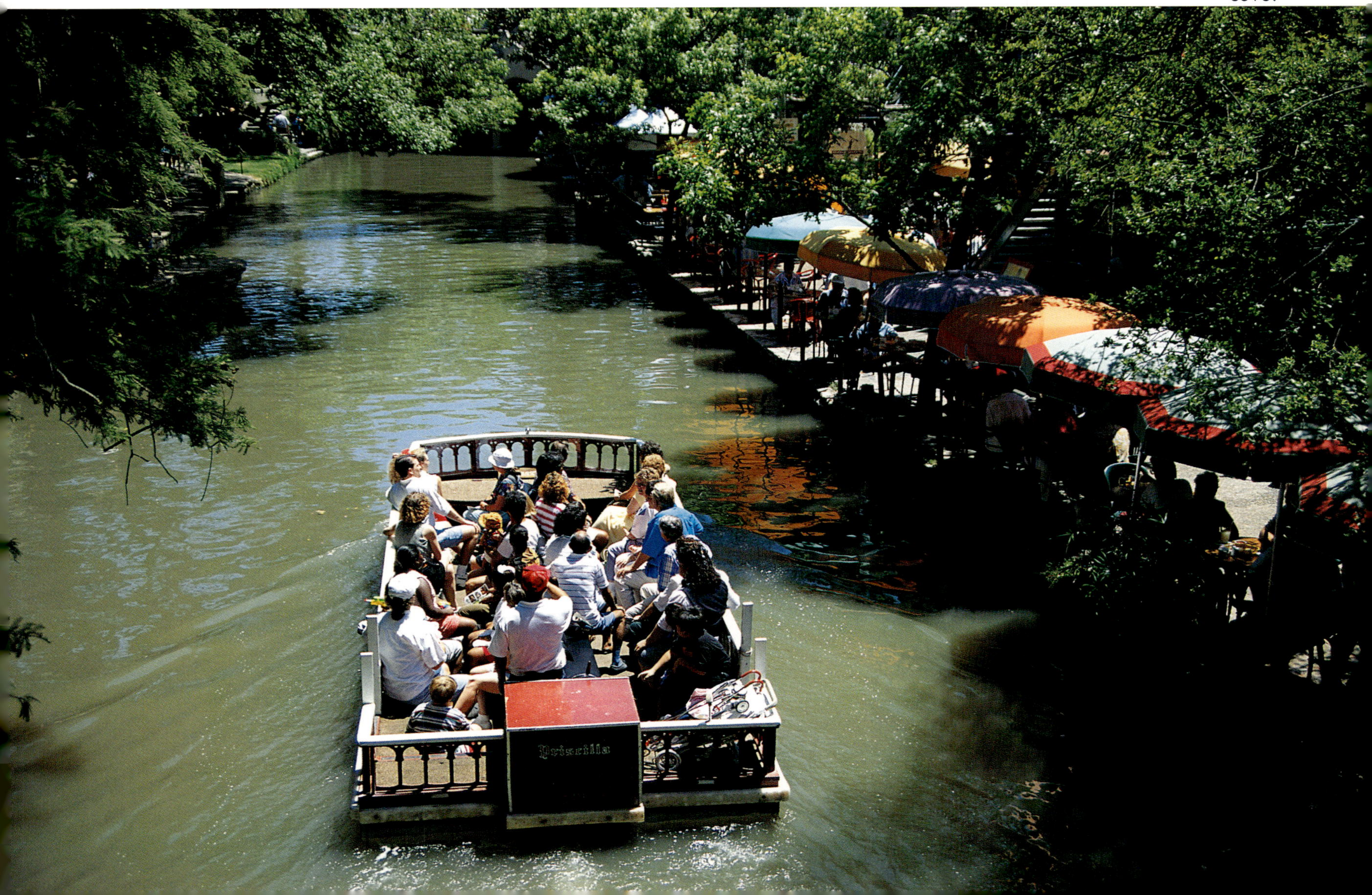

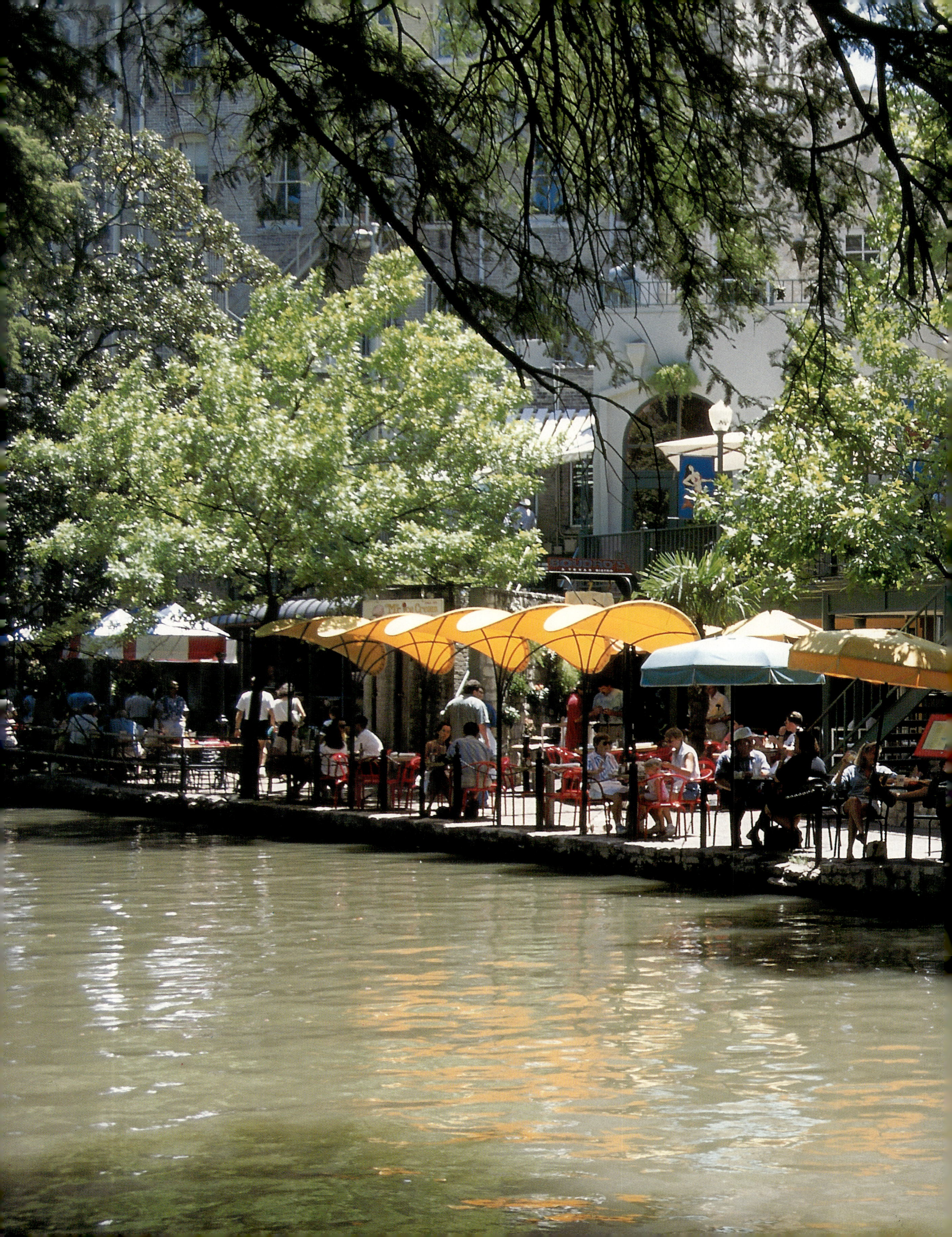

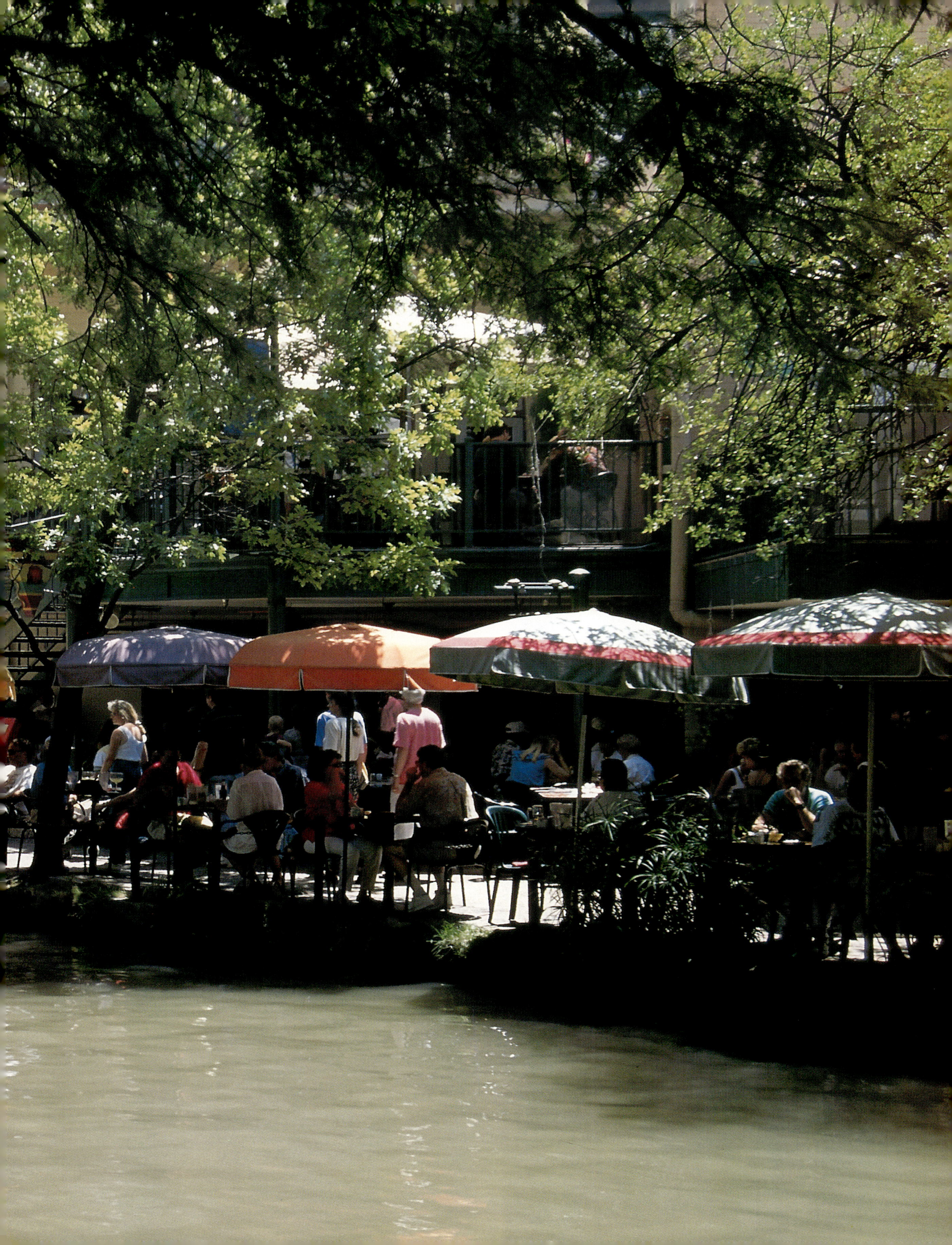

41 | 42

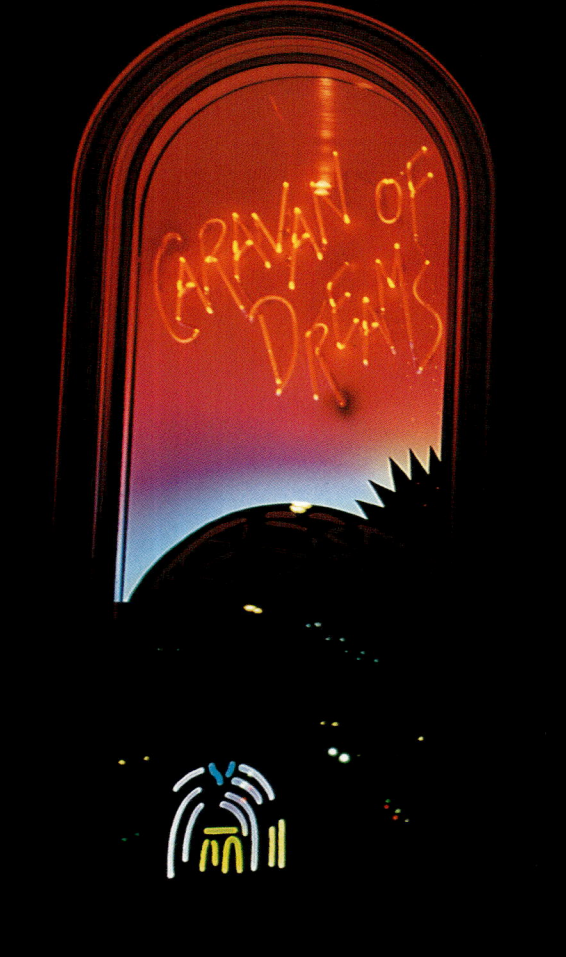

über den Fluß, der auf seinem gewundenen Lauf an manchen fast mediterran wirkenden Ecken vergessen läßt, daß man sich mitten in Texas befindet. Die Boote drehen sogar eine kleine Runde durch das moderne Einkaufszentrum *River Center* mitten im Stadtkern, dessen umbauter Innenhof in den berühmten Riverwalk integriert wurde. Steigt man über die von Rasen bewachsenen Stufen des *Arneson River Theater* vom Riverwalk aufwärts, gelangt man nach *La Villita*, wo die Wiege des heutigen San Antonio stand. Die kleinen Häuser bildeten in der zweiten Hälfte des 18. Jahrhunderts die ersten Wohnungen der Pioniersiedler von San Antonio. Heute findet man dort kunsthandwerkliche Geschäfte, kleine Innenhöfe, in denen Bananenstauden wachsen und Werkstätten, in denen fleißige Frauen Kerzen ziehen.

Nicht weit vom Riverwalk entfernt liegt im Schatten hoher Bäume mit dem *King William District* der bekannteste und von der Architektur her sehenswerteste Wohnbezirk von San Antonio. Die kleinstädtisch wirkenden Straßenzüge sind von Häusern gesäumt, die in der Mehrzahl vom Ende des 19. oder vom Beginn des 20. Jahrhunderts stammen. Gegründet wurde dieser Stadtteil um 1860 von dem deutschen Anwalt Ernst Altgelt, der aus dem Texas Hill Country nach San Antonio zog und dort drei parallel laufende Boulevards mit fünf Querstraßen anlegen ließ. Die zentrale Straße bekam den Namen von Kaiser Wilhelm I., woraus sich die Bezeichnung für das ganze Viertel ableitet. In der ersten Hälfte des 20. Jahrhunderts kam die vornehmlich von deutschen Einwanderern geprägte Wohngegend aus der Mode und verfiel zusehends, ehe in den vierziger Jahren eine lokale Organisation den Erhalt und die Renovierung zahlreicher schöner Häuser betrieb. Das *Oge House* etwa stammt aus dem Jahr 1857 und wird heute als historisches Bed & Breakfast betrieben. Zu den sehenswertesten Residenzen gehört das *Kalteyer House* im neuromanischen Stil mit Türmchen und einer umlaufenden Veranda. Der sehr nobel wirkende Bau entstand in den achtziger Jahren des 19. Jahrhunderts nach den Entwürfen des renommierten Architekten James Riley Gordon, der in Texas zahlreiche Gerichtsgebäude plante. Direkt am Ufer des San Antonio River liegt das *Guenther House* aus gelblichen Kalksteinquadern, in dem eines der besten Cafés der Stadt eingerichtet ist. Der Bau ist Teil eines größeren Komplexes, zu dem auch die benachbarte Mehlfabrik gehört.

Kunst und Kultur im alten Komantschenland *Die Hauptstadt Austin*

Wer zuvor Houston oder Dallas erlebt hat, wird sich in der texanischen Hauptstadt Austin eher wie in einer ambitionierten Provinzstadt vorkommen. Auf gewisse Weise trügt dieser Eindruck, denn innerhalb der Stadtgrenzen lebt beinahe eine halbe Million Menschen. Aber selbst alteingesessene Einwohner heben die Provinzialität ihrer Heimat lobend hervor und finden nichts Ehrenrühriges daran, daß Ausländer ähnlich empfinden.

Eindeutig dominierendes Gebäude im Stadtbild ist das *State Capitol* mit wahrhaft gigantischen Dimensionen. Nach seiner Fertigstellung im Jahr 1888 soll es das siebtgrößte Gebäude der Welt gewesen sein. Wenn man damaligen Aufzeichnungen Glauben schenken kann, wurden 15 000 Waggonladungen rosafarbener Granit herangeschafft, um den auf einem kreuzförmigen Grundriß stehenden Monumentalbau mit seiner dem Renaissancestil nachempfundenen Kuppel zu errichten. Allein 7600 Quadratmeter Kupferblech waren notwendig, um das Dach zu decken. Im Jahr 1994 wurde die gesamte Anlage einer gründlichen Restaurierung unterzogen. Schon in den vorausgehenden Jahren war das zu klein gewordene Kapitol ausgebaut worden, so daß man sich heute in den hinter der Hauptfassade liegenden unterirdischen Gängen fast verirren kann.

Vor dem zentralen Eingang dehnt sich eine Parkanlage aus, durch die man in die vierzig Meter breite Congress Avenue gelangt. Diese zentrale Verbindung führt wie eine Triumphstraße mitten durch das Stadtzentrum und über den Colorado River und den Town Lake hinweg, an dessen Ufern sich Downtown ausbreitet. An der Congress Avenue liegen neben beeindruckenden Gebäuden aus texanischem

41 Die Sommernächte liegen häufig heiß und schwül über Texas, so daß sich mancher Besucher lieber in einen klimatisierten Jazzclub flüchtet, um dort für die nötige Abkühlung zu sorgen.

42 Nach Sonnenuntergang beginnt das wahre Leben entlang dem Riverwalk in San Antonio. Ein Restaurant liegt neben dem anderen, und was an den Tischen direkt am Flußufer serviert wird, läßt häufig die Nähe Mexikos beziehungsweise die mexikanische Vergangenheit des Landes deutlich erkennen.

Kalkstein auch das *Paramount Theatre*, ein Zentrum der darstellenden Kunst, sowie das *Millett Opera House*, auf dessen Bühne bereits die legendäre Lilly Langtry die Beine schwang. Etwas abseits ließ sich im Jahre 1886 der Rinderbaron Jessy Lincoln Driskill im neoromanischen Stil das heutige *Driskill Hotel* bauen. Das dreigeschossige Gebäude mit seiner schönen Fassade, Balkonen und angedeuteten Türmchen gehört heute zu den schönsten historischen Bauten im Zentrum. Seine »politische« Vergangenheit begann schon kurz nach der Fertigstellung, als in diesem Hotel texanische Abgeordnete tagten und übernachteten, weil das Kapitol noch eine Baustelle war. 1964 leitete Lyndon B. Johnson von dort seine erfolgreiche Präsidentschaftskampagne. An den 36. Präsidenten der USA erinnert auch die *Lyndon B. Johnson Presidential Library and Museum* auf dem Campus der Universität von Texas, eine von acht Präsidentenbibliotheken in den USA. Sie enthält 35 Millionen Dokumente, die vorwiegend von Wissenschaftlern benutzt werden. Ein Besuch lohnt sich aber vor allem wegen der zahlreichen Exponate über die Amtszeit Johnsons, in die der Vietnamkrieg fiel. Über diese Ära informiert eine Multimediashow mit beeindruckenden Dokumenten.

Nur drei Straßenzüge von dort entfernt wohnte im ausgehenden 19. Jahrhundert zehn Jahre lang William Sidney Porter (1862–1910). Unter dem Pseudonym *O. Henry* wurde er zum gefeierten Kurzgeschichtenerzähler. Vorher arbeitete er als Bankangestellter und gab die Wochenzeitung *Rolling Stone* heraus. Das viktorianische Cottage ist heute ein kleines Museum mit zahlreichen Erinnerungsstücken an den bekannten Autor. Bei Tage könnte man die benachbarte Sixth Street für ein städtisches Allerweltsviertel halten, nach Einbruch der Dunkelheit verwandelt sie sich aber im Schein von Kneipenreklamen und Neontransparenten in »Austin's Bourbon Street«. Clubs, Musikbühnen, Restaurants, Bierkneipen und Schnellimbisse ballen sich in dieser historischen Straße zu Austins einzigem Amüsierviertel zusammen.

Jahrhundertelang blieben die Hügelflanken und Quellen um das heutige Austin unberührt. Im 18. Jahrhundert durchstreiften die Nomadenstämme der Tonkawa, der Lipan, der Apachen und der Komantschen zusammen mit Wildpferden und Bisons die Region um den Colorado River. Im Jahre 1730 drangen erstmals spanische Missionare in die Gegend vor und gründeten bei *Barton Springs* eine Mission. Die Brüder stellten ihre Bekehrungsversuche aber schon bald ein, weil sich die Indianer als unbekehrbar erwiesen. Der Vizepräsident der Republik von Texas, Mirabeau Lamar, setzte offensichtlich alles daran, in Coloradonähe die texanische Hauptstadt anzusiedeln.

Die ersten Gebäude entstanden 1839. Zwanzig Jahre später hatte die Kapitale bereits 3500 Einwohner. Durch den Bürgerkrieg wurde Austin in seiner Entwicklung zurückgeworfen. Nach 1865 strömten neue Bürger aus den Nordstaaten, aus dem tiefen Süden sowie deutsche und schwedische Immigranten in die Stadt. Das goldene Zeitalter begann im Dezember 1871, als Austin an das Eisenbahnnetz angeschlossen wurde. Ein Großbrand vernichtete zehn Jahre später das Kapitol. Zwei Jahre darauf öffnete die Universität von Texas mit 221 Studenten und acht Professoren. Bis heute entwickelte sich die Hochschule zu einer über die Grenzen des Landes hinaus bekannten Institution mit anspruchsvollen akademischen Programmen und hochqualifizierten Forschungseinrichtungen.

Seit 1893 begann sich die Umgebung von Austin zu verändern. In diesem Jahr wurde am Colorado River der erste Damm errichtet, welcher der Gewinnung von Elektrizität zum Betrieb von Straßenbahnen diente. Sieben Jahre später zerstörte eine Flut den Damm und ließ 22258 Bürger der Hauptstadt im Dunkeln sitzen, die bislang mit der Energie des Staudammes ihre Häuser beleuchtet hatten. Es dauerte aber noch bis in die dreißiger Jahre, ehe dem Colorado River mit sieben Dämmen eine Zwangsjacke angelegt wurde. Durch diese neuen Projekte entstand eine 260 Kilometer lange Kette der sogenannten *Highland Lakes* im bergigen Hill Country. Jedes Jahr im April werden zahlreiche Besucher angelockt, die dem »Highland Lakes Bluebonnet Trail« folgen, der sich durch eine Vielzahl von Wildblumen windet.

Ein lohnender Ausflug führt über die

43 Es versteht sich geradezu von selbst, daß die texanische Hauptstadt Austin das größte Kapitol in den ganzen USA besitzt. Stolz verweisen die Einheimischen darauf, daß die riesige Kuppel sogar über zwei Meter höher in den Himmel ragt als diejenige des Kapitols in Washington D.C.

Folgende Abbildung:

44 In der ersten Hälfte der neunziger Jahre wurde das Kapitol in der Texaskapitale Austin einer gründlichen Renovierung und einem Ausbau unterzogen. Im Annex des Hauptgebäudes glänzt der Marmor wie in einem modernen Fürstenpalast.

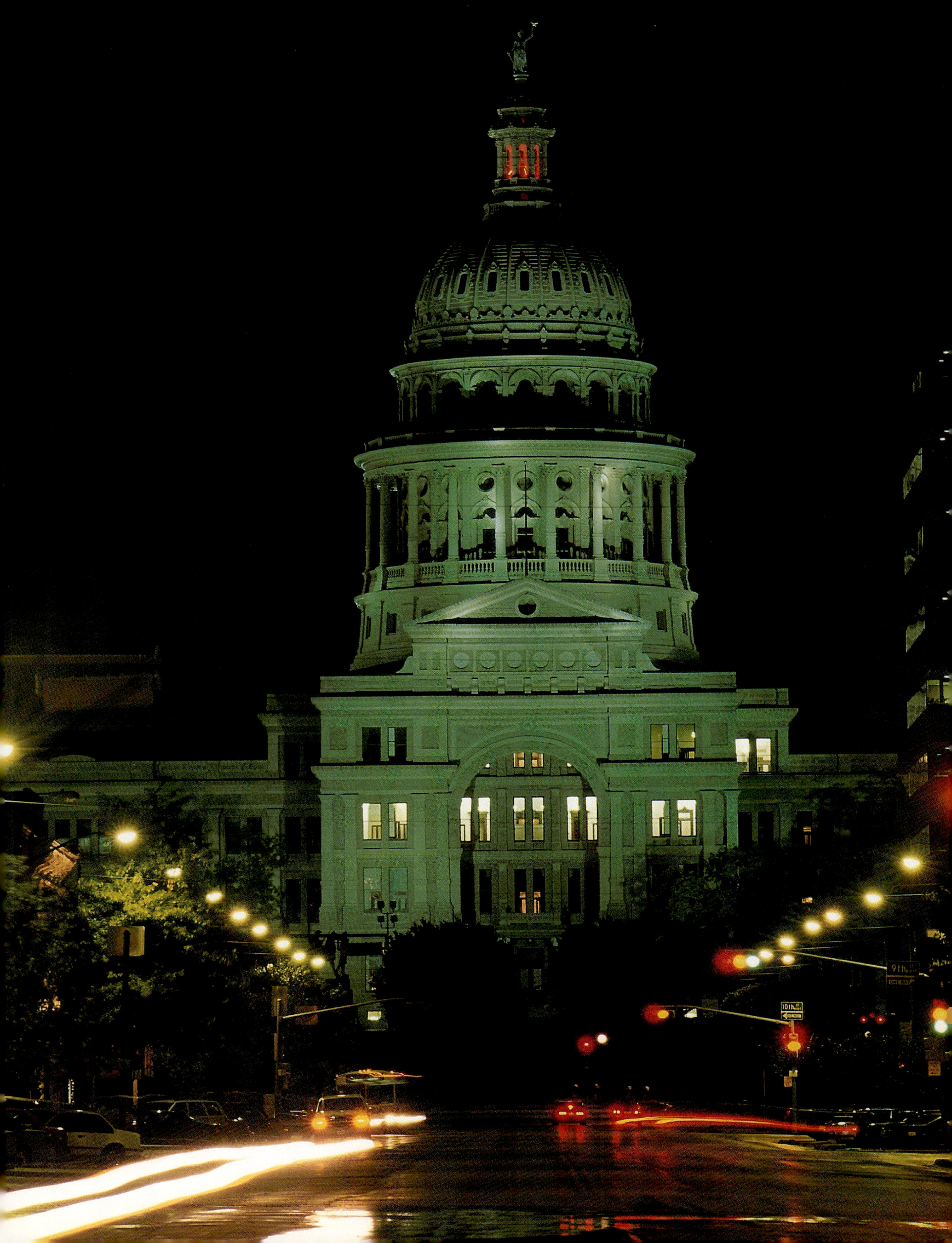

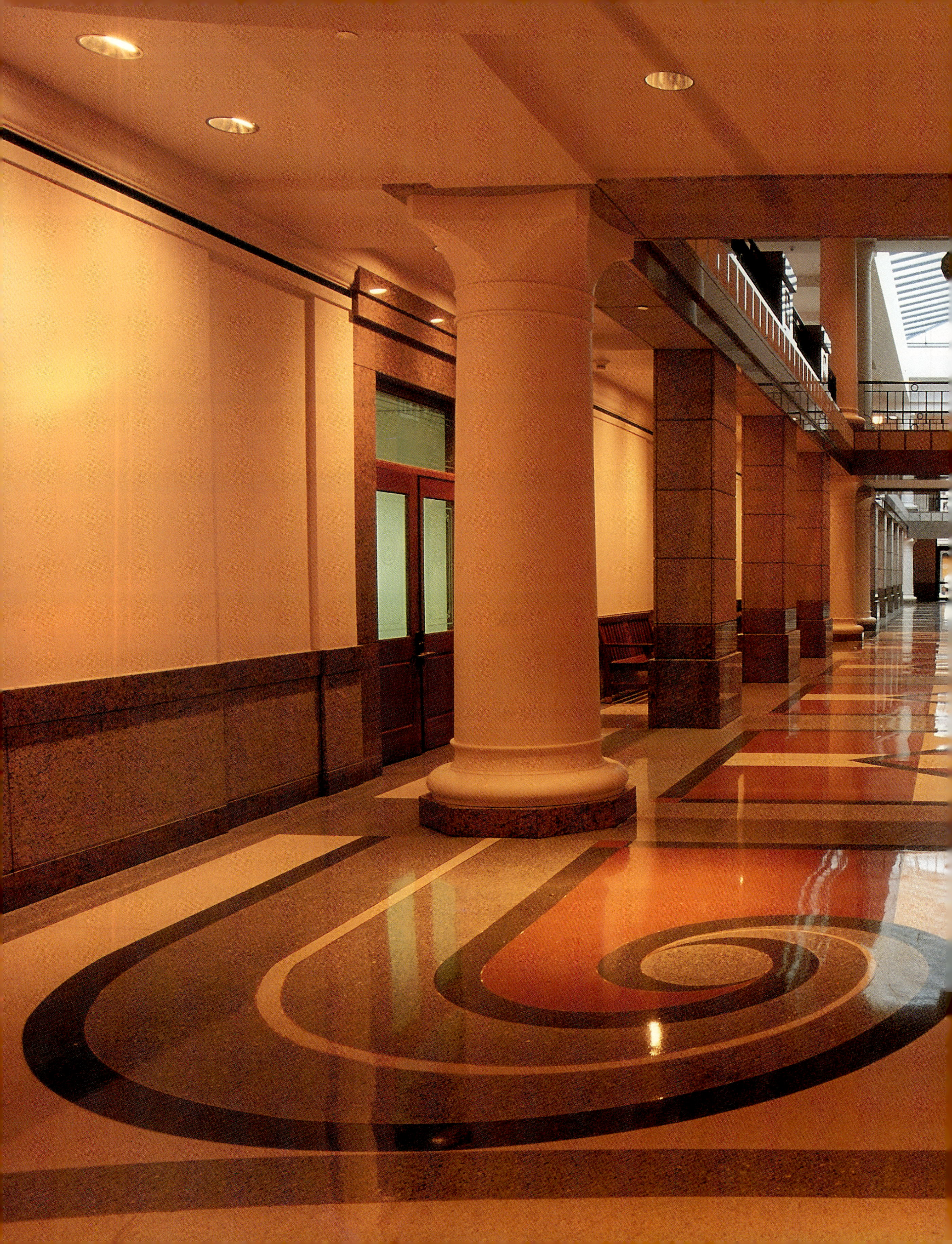

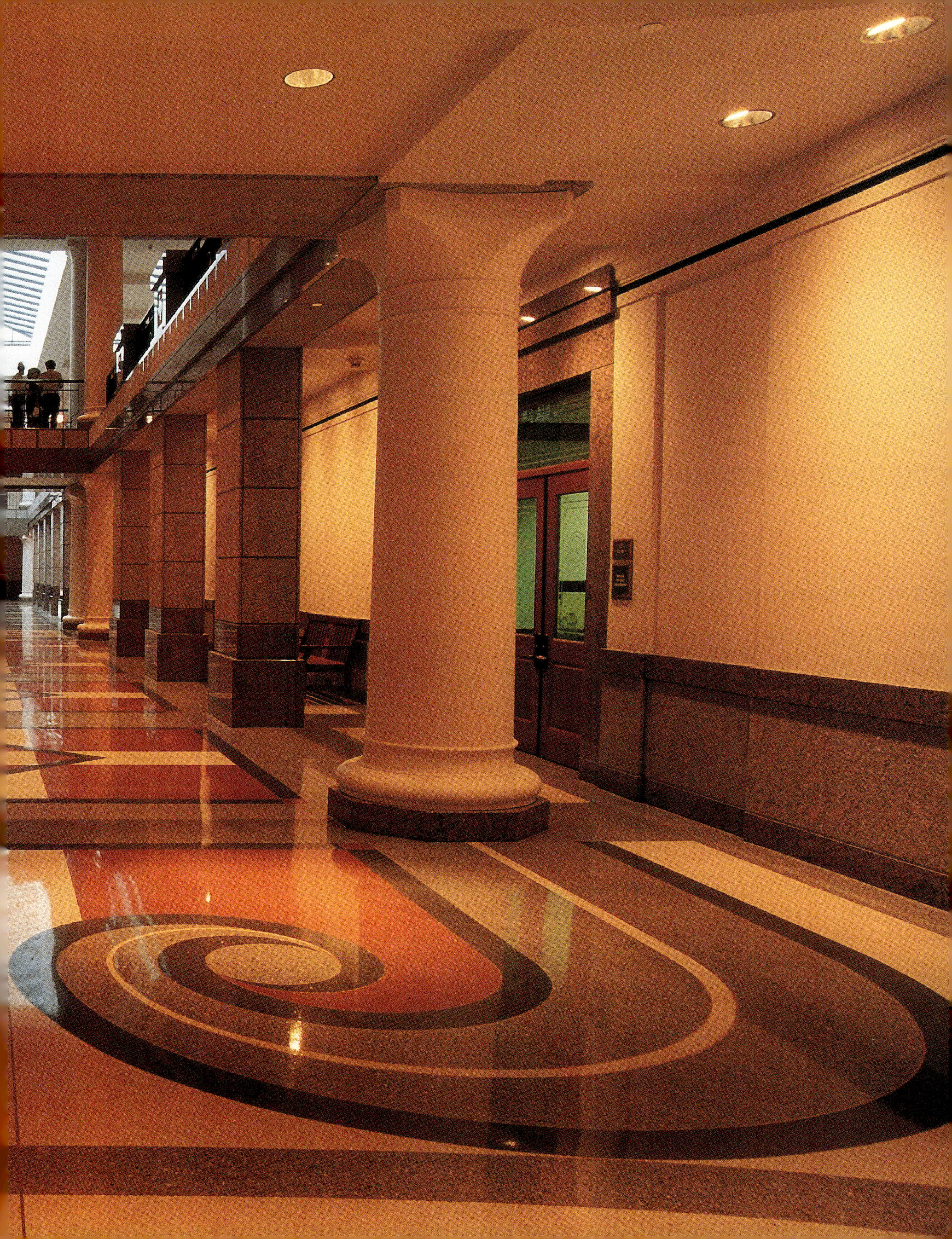

45 | 46

45/46 Im Log Cabin Village in Fort Worth hat sich die gute, alte Pionierzeit ein kleines Refugium erhalten. Ein rundes Dutzend Blockhütten zeigt, daß die frühen Texaner zwar ein karges Dasein fristeten, aber dennoch über alles verfügten, was sie zum Leben brauchten.

47 Einmal in die Rolle eines Cowboys zu schlüpfen auf einer echten texanischen Ranch: die Medway-Gäste-Ranch in der Nähe der Hauptstadt Austin macht's möglich. Reiterferien in den USA sind in den letzten Jahren auch in Europa immer populärer geworden. Wer einmal den Cowboyalltag vor Ort »geschnuppert« hat, weiß warum.

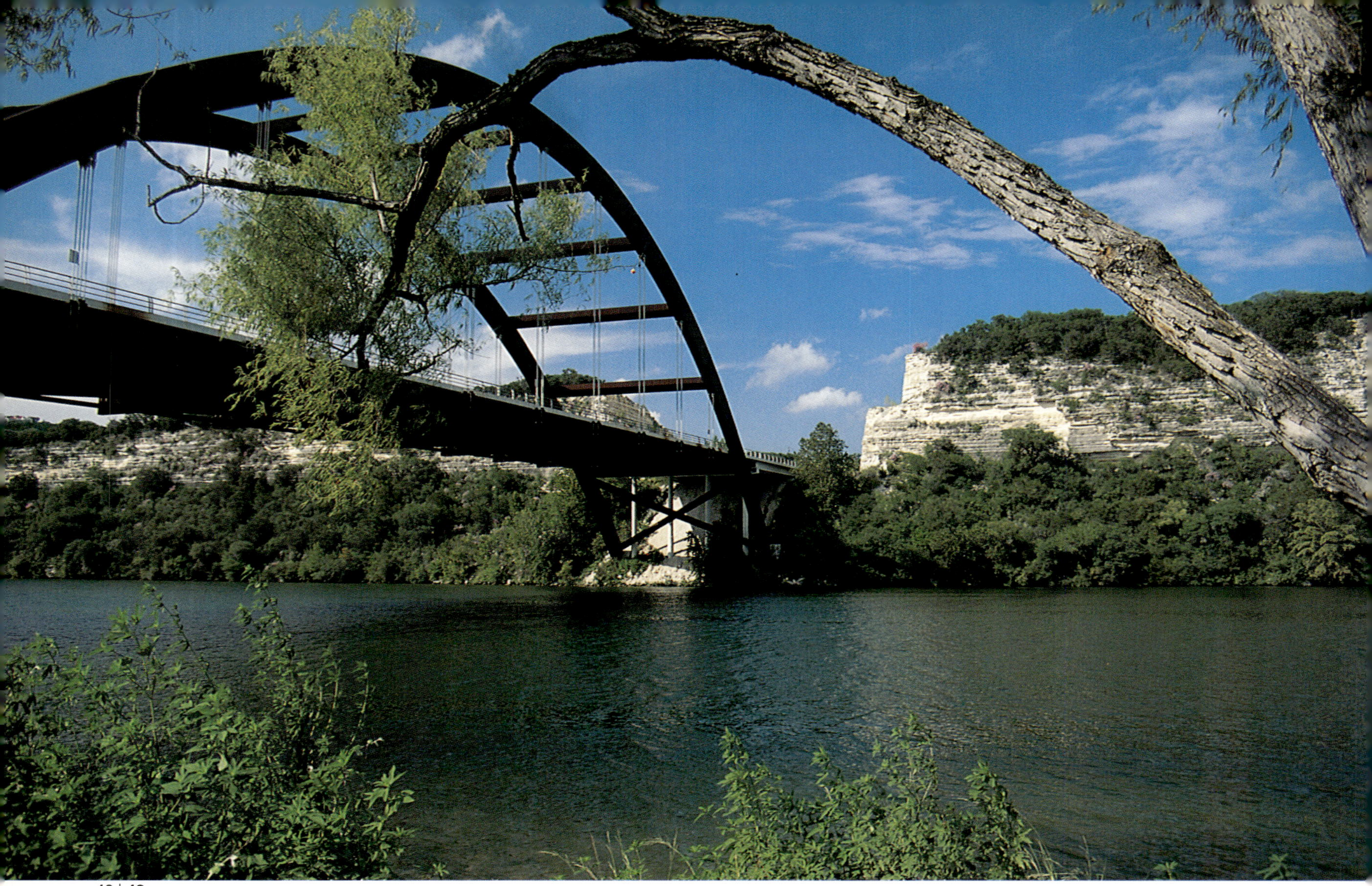

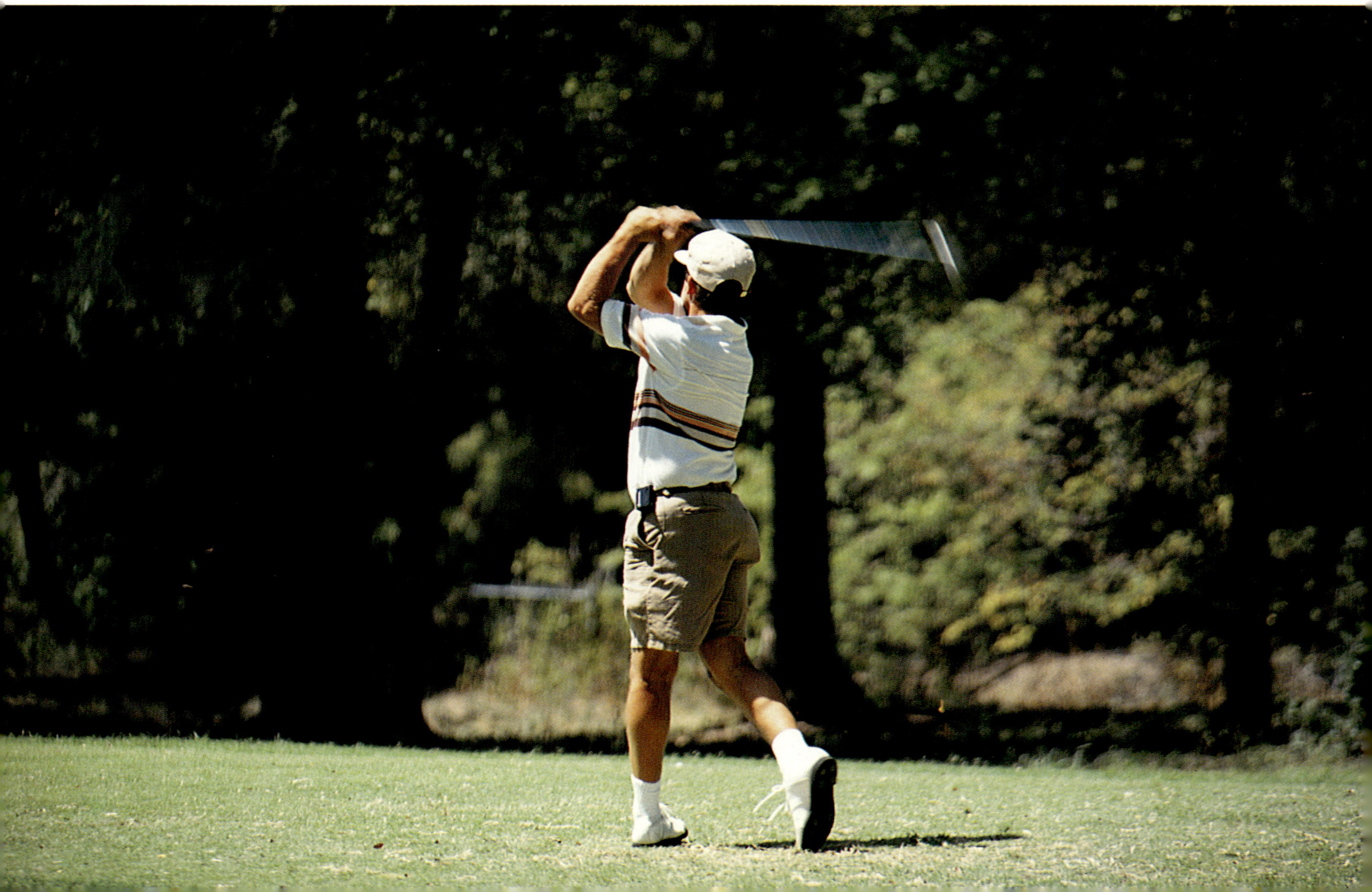

Straße 360 im Westen von Austin in nördlicher Richtung, wo die *Pennybacker Jr. Bridge* einen Bogen über den *Lake Austin* schlägt. Weiter westlich breitet sich als Teil der Highland Lakes der *Lake Travis* aus, der durch den Mansfield Dam aufgestaut wird. Zu den Höhepunkten eines Austinbesuches zählt eine abendliche Stippvisite zum Restaurant *The Oasis* (6550 Comanche Trail). Hoch über dem Steilufer des Sees wurden einfache Holzterrassen in den Hang gebaut, auf denen man riesige Texassteaks und raffiniert zubereitete Seafoodgerichte bekommen kann. Hat man etwas für den Magen getan, bietet sich ein Ausritt mit Pferden auf der *Medway Ranch* an. Das wunderschön am Lake Austin gelegene rustikale Anwesen erinnert in seinem Baustil an eine andalusische Hazienda. Es sind jedoch texanische Cowboys, die den Gästen zeigen, wie Pferde beschlagen oder Rinder eingefangen werden. Auf der Medway Ranch kann man einen zünftigen Westernurlaub machen, der einen voll und ganz in die Geheimnisse des Cowboydaseins einführt. Zudem liegt das idyllische Anwesen sehr günstig für Tagesausflüge in die nähere Umgebung wie etwa das malerische Texas Hill Country.

Austins neueste Attraktion existiert erst seit 1980 und hat eine außergewöhnliche Hintergrundgeschichte. Damals wurde an der Congress Avenue eine neue Brücke über den Town Lake gebaut. In der Folgezeit nutzten nicht nur Autofahrer und Fußgänger das neue Bauwerk, sondern auch Fledermäuse. Die putzigen Tierchen mit ihren Vampirgesichtern siedelten sich in ganzen Kolonien in den Nischen unter der Brücke an; zum Leidwesen vieler Bürger von Austin, die sich durch die Invasion bedroht fühlten. Es bedurfte großer Überzeugungsarbeit seitens der Experten der *Bat Conservation International*, um bei den Bürgern Verständnis für »Batman und Freunde« zu wecken. Inzwischen ist die Fledermaus-Außenstelle Austin zur größten urbanen Fledermauskolonie in ganz Nordamerika mit etwa 1,5 Millionen Exemplaren herangewachsen. Der allabendliche »Ausflug« der Insektenvertilger lockt inzwischen Hunderte von Schaulustigen zwischen März und November zum Sightseeing an das Ufer des Town Lake.

48 In einem kühnen Bogen schwingt sich die Pennybacker Jr. Bridge außerhalb von Austin über das klare Wasser des Austin Lake – eines beliebten Wassersportparadieses ganz in der Nähe der texanischen Hauptstadt.

49 In Texas gibt es Golfanlagen in Hülle und Fülle. Große Hotels besitzen eigene Plätze ebenso wie Vereine und Städte. Kein Wunder, daß Golf längst zu einem beliebten Volkssport geworden ist.

Im Reich der Rinderbarone und Ölmilliardäre *Die »Doppelstadt« Dallas/Fort Worth*

Dallas/Fort Worth hält jeder vernünftige Mensch für eine Doppelstadt, der schon jemals den gleichnamigen internationalen Flughafen angeflogen hat. In Wahrheit stellen sich die urbanen Zwillinge schnell als zwei räumlich voneinander getrennte Städte heraus. Sie liegen nicht nur geographisch auseinander, sondern weisen ganz unterschiedliche Charaktere auf. Auf die Kurzform gebracht: Dallas setzt alle Macht daran, zum Manhattan des Südwestens zu werden; Fort Worth bescheidet sich mit seiner Rolle als historisches Cowboyzentrum von Texas. Wer glaubt, bei Fort Worth handele es sich – wie die Namensfolge vermuten lassen könnte – nur um ein Anhängsel oder einen Juniorpartner von Dallas, sieht sich am Ende positiv überrascht. Trotz der Unterschiede bilden beide Städte zusammen einen Ballungsraum mit einer Bevölkerung von beinahe vier Millionen Menschen.

Dallas

In Europa hat Dallas seinen Bekanntheitsgrad durch die Seifenoper gleichen Namens erheblich gesteigert. Um der Wahrheit die Ehre zu geben, muß man jedoch sagen, daß die Stadt Dallas dem Intrigenschwank Dallas kaum mehr als seine Wolkenkratzerkulisse und die außerhalb gelegene *South Fork Ranch* zu Verfügung stellte.

Mit rund einer Million Einwohnern ist Dallas längst in die Garde der größten amerikanischen Städte aufgestiegen. Was die Besonderheit der Stadt ausmacht, sind die vielen Rollen, welche die Stadt gerne zu spielen bereit wäre. Einerseits pocht sie auf ihre typisch texanische Geschichte als Cowboyhauptstadt des Südwestens. In jüngster Vergangenheit wurde auf der *Pioneer Plaza* im Stadtzentrum ein Denkmal besonderer Art mit drei Dutzend in Bronze gegossenen Longhornrindern errichtet, die von ebenfalls bronzenen Cowboys durch die Landschaft getrieben werden. Andererseits beherbergt sie in ihrem hochaufgeschossenen Zentrum aus Glas und Stahlbeton rund 500 Firmenzentralen und Banken, welche die Stadt zu einem der bedeutendsten Wirtschaftszentren im ganzen Land gemacht haben. Ein Hinweis für die Kaufkraft der Einwohner sind die über 630 (!) Einkaufszentren der Stadt, die damit über mehr Verkaufsfläche pro Kopf verfügt als jede andere Stadt in Amerika. Ein Motto aus der Marketing-Forschung wurde längst zum geflügelten Wort: »Wenn es sich in Dallas nicht verkauft, verkauft es sich nirgends.«

Von Verkaufsflächen und Konzernzentralen darauf zu schließen, daß Dallas außerdem nichts zu bieten habe, wäre falsch. Die Kulturszene glänzt mit einem Symphonieorchester, einer Oper, einem Ballett, einem Theaterzentrum, gebaut nach Plänen des Stararchitekten Frank Lloyd Wright, und literarischen Gesellschaften. Davon abgesehen offeriert Dallas seinen Besuchern einen Stadtkern mit einer Fülle von Sehenswürdigkeiten.

Vom fünfzig Stockwerke hohen *Reunion Tower* hat man einen wunderbaren Blick auf Downtown mit einer supermodernen Skyline. Einen eindrucksvollen Kontrast zu diesen Hochbauten bildet *Bryan Cabin* auf der Dallas County Historical Plaza. An dieser Stelle baute im Jahre 1841 der erste Siedler John Neely Bryan sein Domizil auf. In den folgenden zwei Jahren verdoppelte das junge Dallas seine Einwohnerzahl: 1843 existierten bereits zwei Blockhäuser. Mit dem Anschluß an das Bahnnetz ging die Entwicklung noch rasanter vonstatten, so daß die Stadt bis Mitte der siebziger Jahre des 19. Jahrhunderts bereits zu einem lebhaften Geschäfts- und Marktzentrum herangewachsen war.

Bryan Cabin ist mitnichten das einzige historische Gebäude im Zentrum von Dallas. Das *Old Red Courthouse* entstand 1892 aus roten Sandsteinquadern und sieht aus wie eine guterhaltene Stadtburg im neoromanischen Stil. Nicht weit entfernt dehnt sich der *West End Historic District* aus. Größtenteils wurde in diesem Stadtviertel die alte Bausubstanz erhalten und in ein stimmungsvolles Amüsierviertel mit Restaurants und Geschäften verwandelt. Der *MarketPlace* war früher eine Lagerhalle, heute beherbergt der Komplex aus rotem Ziegelstein ein großes Einkaufszentrum. Zu den besten Geschäften gehört der Cowboyladen von »Wild Bill«. Seine hochkarätige Kundschaft reicht von Arnold Schwarzenegger über die Rolling Stones bis Bruce Willis, die sich hier hochwertige handgearbeitete Cowboystiefel anpassen ließen.

Neben dem neugestalteten MarketPlace zieht sich eine kleine Straße mit dem Namen *Dallas Alley* entlang, die dem Andenken zahlreicher texanischer Musikgrößen gewidmet ist. Hier sind Plaketten angebracht und Gegenstände wie etwa eine Gitarre, die an William Awill »Lefty« Frizzell erinnert (1928–1975), der vor allem in den vierziger und fünfziger Jahren als Countrymusiker bekannt war und das Lied »If you've got the money, I've got the time« schrieb. Eine überdimensionale schwarze Sonnenbrille steht für Roy Orbison (1936–1988), in den sechziger Jahren ein die Szene beherrschender Sänger und Songwriter. Er machte schon früh Karriere mit Pat Boone und verkaufte mit seinem Song »Only the lonely« über eine Million Schallplatten. Ein gelborangefarbener Blitz aus Plastik weist in der Alley auf Sam »Lightenin« Hopkins (1912–1982) hin, der Houston zur Heimat des Texas-Blues machte. Eine Gitarre und ein Koffer aus Blech ist alles, was in Dallas an Spuren von dem berühmten Bluessänger Blind Lemon Jefferson (1897–1929) übriggeblieben ist. Mit Cowboyhut und Violine ist James Robert »Bob« Wills (1905–1975) vertreten, eine prominente Größe der amerikanischen Countrymusik. Als Statue ist schließlich Buddy Holly (1936–1959) verewigt, der seine Karriere in einem ländlichen Winkel von New Mexico begann, später aber mit seiner Musik und seiner Rock-'n'-Roll-Revolution zu einer texanischen Legende wurde.

Berühmtestes Gebäude im Viertel ist das Museum *The Sixth Floor*, eine ehemalige Lagerhalle aus roten Ziegeln. Die Ausstellung hat sich zur Aufgabe gemacht, das Leben, den Tod und das Vermächtnis von US-Präsident John F. Kennedy zu dokumentieren. Er wurde am 22. November 1963 aus dem sechsten Stock dieses Gebäudes während eines Besuches in der Stadt von Lee Harvey Oswald erschossen. Ungefähr 400 historische Fotografien, zahlreiche Artefakte und Dokumentarfilme mit Fernsehausschnitten zeichnen die Ereignisse nach, die seinerzeit die Welt erschütterten.

50 Vom Reunion Tower hat man am Spätnachmittag den besten Blick auf das himmelstürmende Zentrum der Millionenstadt Dallas. In Anbetracht der Wolkenkratzerversammlung ist heute kaum mehr vorstellbar, daß an diesem Ort erst im Jahr 1841 das erste Blockhäuschen erbaut wurde.

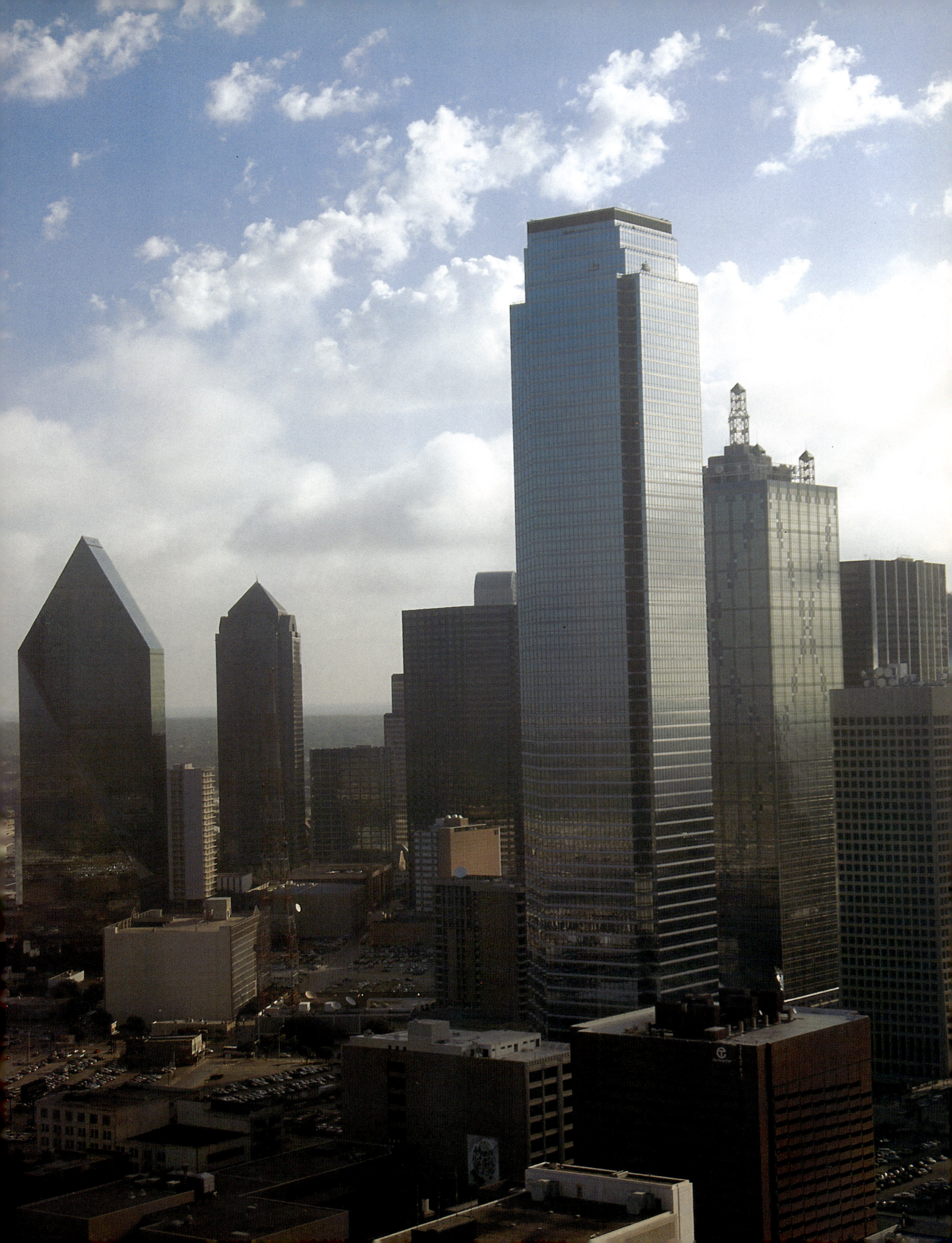

51 Dallas stürzte nach der Ermordung von Präsident John F. Kennedy im Jahr 1963 in eine tiefe Imagekrise, aus der es sich nur langsam herausarbeiten konnte.

52 Wild Bill, der am Market Place in Dallas ein Westerngeschäft betreibt, gehört zu den renommiertesten Stiefelherstellern in den USA. Zu seinen Kunden zählen Kinostars wie Arnold Schwarzenegger und Bruce Willis, aber auch die Rolling Stones und viele andere Prominente.

53 Der Cowboystiefel ist und bleibt das »Markenzeichen« des echten Texaners, der etwas auf seine kulturellen Wurzeln hält.

54 Sattelzeug, Gewehr und Wolldecke gehören nicht nur zu den unverzichtbaren Utensilien von Westernhelden auf der Leinwand. Zwar hat im ländlichen Texas schon längst High Tech auf den riesigen Rinderfarmen Einzug gehalten, aber die Grundausstattung vieler Cowboys hat sich nicht sonderlich verändert.

Folgende Abbildung:

55 Ein System von Terrassen und Wasserläufen bilden die Fort Worth Water Gardens. Wo 1974 diese kühle Oase entstand, befand sich im 19. Jahrhundert »Hell's Half Acre«, ein verrufenes Wildwestviertel.

52–54

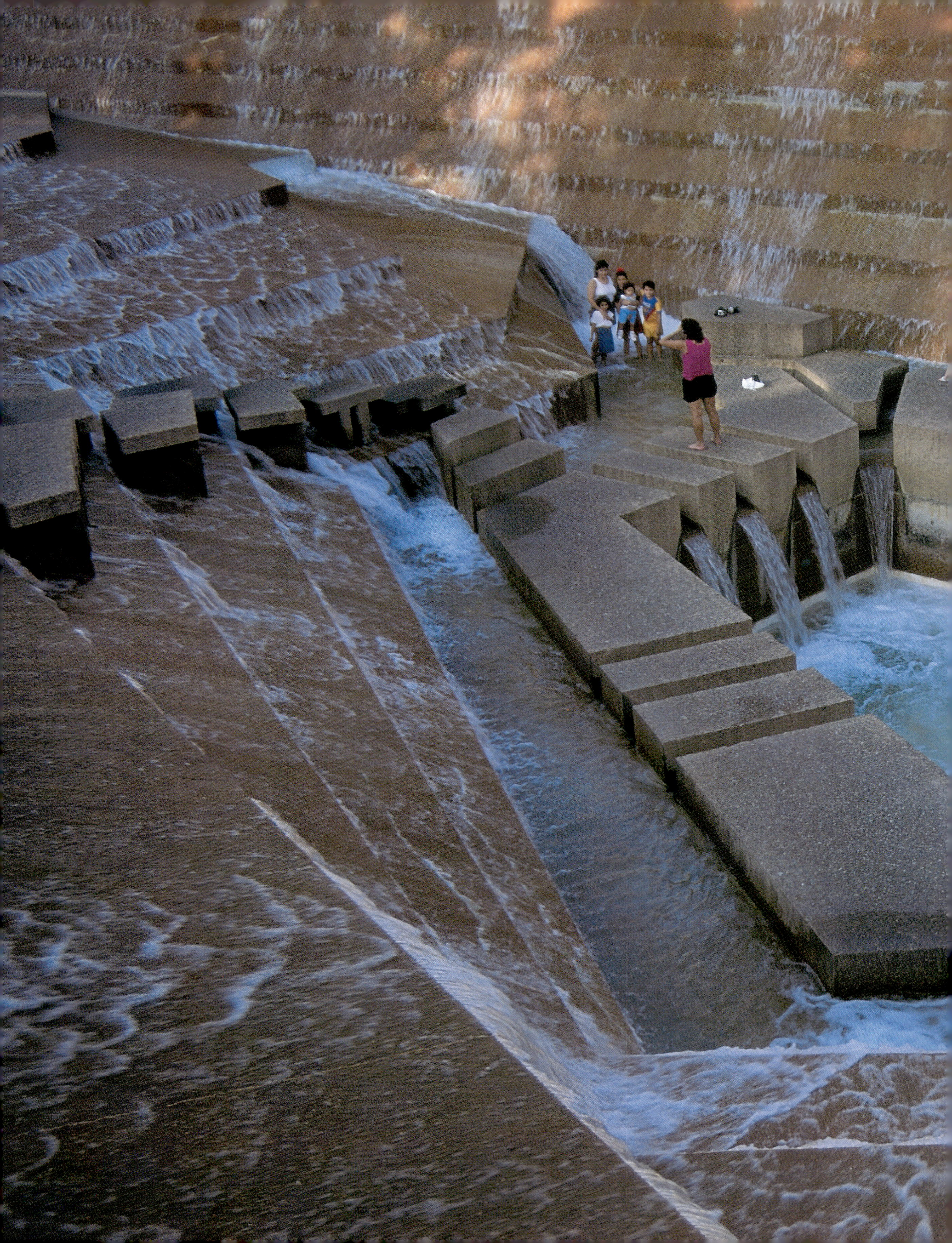

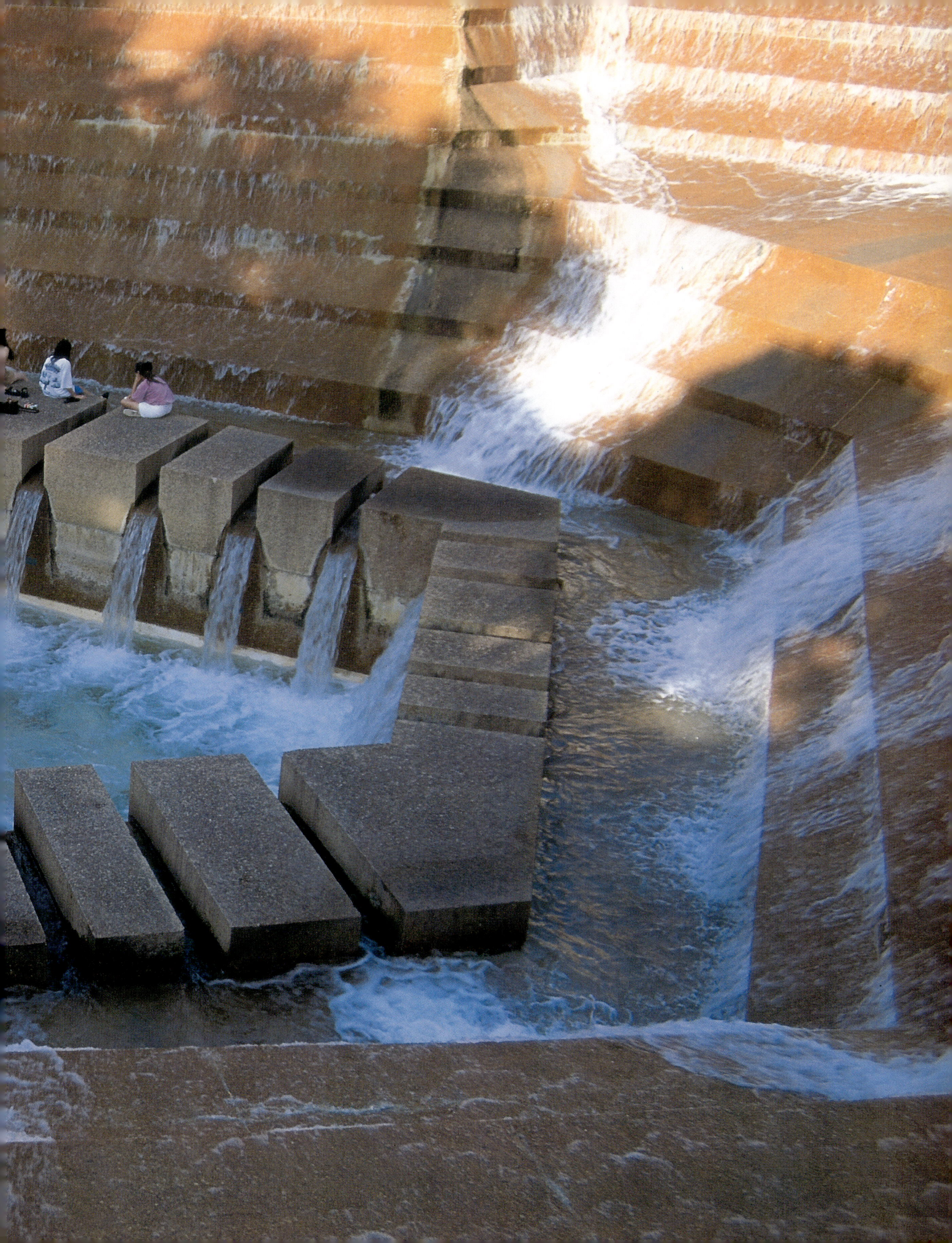

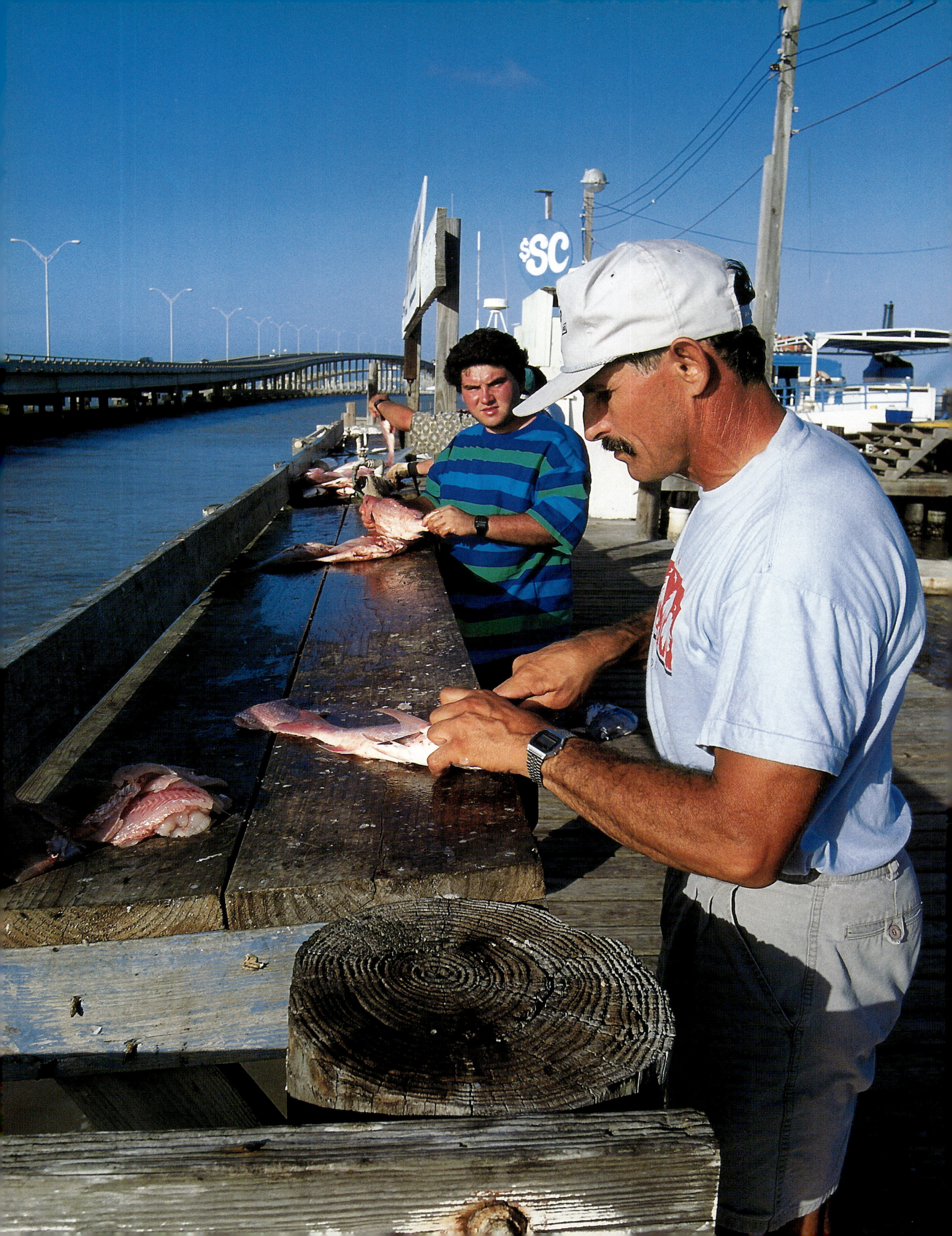
$SC

Fort Worth

Aus einem Militärcamp, das am Ende des amerikanisch-mexikanischen Krieges Mitte des 19. Jahrhunderts eingerichtet wurde, entwickelte sich das 450000 Einwohner zählende Fort Worth. Heute gehört die Großstadt zu den großen urbanen Zentren innerhalb des Bundesstaates. Trotzdem ist der Stadt ein eher historisch-ländliches Flair geblieben, wenngleich um den *Sundance Square* neben älteren viktorianischen Bauten die modernen architektonischen Errungenschaften beträchtliche Höhe erreicht haben.

Der historische Bezug kommt besonders im *Stockyards Historic Area* am nördlichen Stadtrand von Fort Worth zum Ausdruck. Unübersehbar überspannt die *Exchange Avenue* ein fotogenes Transparent mit der Aufschrift »Fort Worth Stock Yards«. Renovierte Geschäftshäuser und Restaurants sowie hölzerne Gehsteige, wie sie in jedem Wildwestfilm zur Kulisse gehören, säumen die Straße. Die im Missionsstil erbaute *Life Stock Exchange* diente früher als Auktionshalle. Heute sind dort unter anderem die Kanzleien und Büros von Anwälten und Architekten untergebracht. Die Viehversteigerungen wurden ausgelagert in ein Areal hinter dem Gebäude, wo jeden Montag und Dienstag bei den Viehauktionen großer Trubel herrscht.

Im *Cowtown Coliseum* nebenan fand 1918 das erste Rodeo in einer Halle statt. Die Tradition wird bis heute mit regelmäßigen Rodeoveranstaltungen fortgeführt. Gelegentlich muß die Anlage auch für Boxkämpfe herhalten, worin niemand in Fort Worth einen Stilbruch sieht.

In die zünftige Westernatmosphäre der Stockyards paßt das kleine *Miss Molly Hotel*, ein gemütliches Bed & Breakfast. Noch vor hundert Jahren war Miss Molly's ein vielbesuchtes Bordell. Die heutige Inhaberin bemühte sich, das »historische Flair« in die Gegenwart herüberzuretten. In den Gästezimmern, die alle von einer zentralen Diele aus erreichbar sind, dominieren gedämpftes Licht, Plüsch, Spitzen und bemalte Waschschüsseln aus Großmutters Zeiten. Anstelle von Rotlichteinrichtungen wie Miss Molly's dienen heute eher Kneipen und Clubs wie etwa *Billy Bob's Texas* dem Entertainment. Wer noch nie einen waschechten »Honky Tonk« gesehen hat, ist bei Billy Bob an der richtigen Adresse. Die Riesenkneipe bietet den dort auftretenden Bands zwei Bühnen an, während sich die in die Tausende gehenden Gäste an rund vier Dutzend Bars, einem Restaurant und einem elektrischen Bullen vergnügen können. An einer Gipswand haben Berühmtheiten aus dem Country-Music-Geschäft die Abdrücke ihrer Handflächen, Nasen und anderer Körperteile hinterlassen.

In die von Fort Worth zelebrierte Cowboykultur paßt das *Cattleman's Museum*. Filme, Fotos und Cowboyutensilien dokumentieren in zahlreichen Ausstellungen die wechselhafte Geschichte der texanischen Ranchindustrie. In dem Museum wurden sprechende Holographien aufgestellt in Gestalt von Cowboys und Farmersfrauen, die aus dem Pionierleben des 19. Jahrhunderts erzählen. Wie es damals im Alltagsleben zuging, erfährt man im *Log Cabin Village*. Ein knappes Dutzend Blockhäuser aus der Mitte des letzten Jahrhunderts ist dort mit originalem Mobiliar und echten Gerätschaften ausgestattet.

Amerikas deutscher Akzent
Reise durchs Texas Hill Country

Bandera ist ein fast verschlafen wirkendes Städtchen in einer Schleife des Medina River etwa eine Autostunde westlich von San Antonio. Schon am Ortsrand fallen einem die *Bandera Downs* ins Auge, eine ausgedehnte Anlage für Windhundrennen. Bandera läßt sich gerne unbescheiden die »Cowboyhauptstadt der Welt« nennen, was einem angesichts des recht kleinen Stadtkerns ziemlich übertrieben erscheinen mag. Allerdings machen die Gebäude in den wenigen Straßenzügen fast allesamt den Eindruck, als hätten sie schon an Ort und Stelle gestanden, als vor über 150 Jahren der Ort gegründet wurde. Hinter verwitterten Holzfassaden verbergen sich zünftige Bars und Restaurants, in denen jene Besucher mit Steaks und Ofenkartoffeln verwöhnt werden, die sich in diesen Winkel des *Texas Hill Country* »verirren«.

Am renommiertesten in dieser hügeligen Gegend sind die zahlreichen Gäste-Ran-

56 Mexikanische Fischer treffen sich allabendlich zum Fischesäubern am Hafen von Port Ysabel, von wo sich die Brücke auf das Ferien- und Badeparadies South Padre Island hinüberschwingt. Nach Mexiko sind es von dort nur noch wenige Meilen.

ches, die dort seit Jahren existieren. Wer rechtzeitig bucht, kann mit echten Cowboys Ausritte durch die Hügellandschaft machen oder sich zumindest am Lagerfeuer mit einem reichhaltigen Frühstück verwöhnen lassen.

Eine Besonderheit des Texas Hill Country ist seine Vergangenheit. Um die Mitte des 19. Jahrhunderts siedelten sich in dem höher gelegenen Gebiet vor allem aus klimatischen Gründen viele deutsche Einwanderer an, deren Geschichte und Traditionen mancherorts bis heute von den Nachfahren gepflegt werden. Eine kleine Gruppe deutscher Siedler ließ sich in der Nähe des *Guadalupe River* nieder und gründete die Ortschaft *Comfort* mit heute etwa 1500 Einwohnern. Der aus Preußen stammende Friedrich August Valtin (1839–1905) kam zwei Jahre später an und eröffnete ein Ladengeschäft, das immer noch existiert. Valtin arbeitete sich zu einem der führenden Händler im Texas Hill Country hoch und dehnte seine Geschäfte schließlich auch auf das Bankgewerbe und die Post aus. Sein unter Denkmalschutz stehendes Haus im viktorianisch-italienischen Stil wurde 1879 erbaut, als die Geschäftstüchtigkeit des Besitzers größere Räumlichkeiten nötig machte. Wenn die Fassade heute auch ziemlich mitgenommen aussieht und sich um Eingang und Zaun Ackerwinden ranken, ist der Laden immer noch als Antiquitätengeschäft in Betrieb.

Unumstrittene Hochburg der deutschstämmigen Siedler ist das 30000-Seelen-Städtchen *New Braunfels*. Die 1845 gegründete Ortschaft profitierte schon damals von ihrer Lage am Comal River und der überreichen Versorgung mit frischem Wasser. Daran hat sich bis heute nichts geändert. New Braunfels liegt zwar mitten im Hügelland, ist aber trotzdem etwa mit seiner *Schlitterbahn* ein feuchtes Vergnügungszentrum, das im Sommer Besucher aus der ganzen Region anzieht. Der Vergnügungspark verfügt über siebzehn Wasserrutschen, diverse Schwimmbecken, einen Riesen-Whirlpool sowie einen sandigen Strand am Flußufer.

Die Spuren der deutschen Lebensart wurden auch nach über hundertjähriger Amerikanisierung nicht völlig verwischt. Das Städtchen renommiert auf vielfältige Weise mit seiner deutschen Vergangenheit. Wer Hunger und Heimweh stillen will, hat dazu reichlich Gelegenheit bei dem zehntägigen »Wurstfest« Anfang November, kann Polka tanzen und die besten Würste probieren. Das *New Braunfels Smokehouse* ist weit über die Stadtgrenzen hinaus als deutscher Gourmettreff bekannt. Bevor man in das Restaurant gelangt, wird man durch den Verkaufsraum geschleust, in dem Hunderte von Würsten von den Decken hängen. Wie eh und je gibt es eine Blasmusikkapelle, die jeden Sonntagnachmittag mit Marschmusik deutsche Gemütlichkeit auferstehen läßt.

Amerikanischer geht es im *Gruene Historic District* außerhalb des Stadtzentrums zu. Im späten 19. Jahrhundert kam dieses Viertel durch die Baumwollverarbeitung zu Wohlstand. Rund ein Vierteljahrhundert später vernichtete eine Käferepidemie das Baumwollgeschäft, und der Ortsteil verfiel zu einer »ghost town«. Vor über zwanzig Jahren kehrte wieder Leben in die alten Gebäude ein, als clevere Unternehmer das historische Viertel in ein sympathisches Ausflugsziel verwandelten. Die *Gruene Hall* zählt zu den ältesten Tanzhallen von Texas und ist auch heute noch »in Betrieb«. Bands bringen von Donnerstag bis Samstag die Atmosphäre zum Kochen und den alten Tanzboden zum Beben.

Subtropischer Bogen am Meer
Die Golfküste von Port Arthur bis nach South Padre Island

Texas besitzt nach Florida und Kalifornien die längste Meeresküste aller US-Bundesstaaten im zusammenhängenden Staatsgebiet. Von *Sabine Pass* im Osten unmittelbar an der Grenze zu Louisiana bis zur Mündung des Rio Grande erstreckt sich die texanische Golfküste auf einer Länge von rund 1000 Kilometern und bildet einen sommerlichen Tummelplatz für zigtausende Einheimische und Besucher gleichermaßen. Bei schweißtreibenden Temperaturen von häufig über 35 Grad Celsius und hoher Luftfeuchtigkeit ist die Popularität der Golfküste als Urlaubsziel kein Wunder. Kilometerlange Strände verwandeln sich an den Wochenenden in Laufstege, auf denen die neueste Bademode spazierengeführt wird.

57 Ein malerischer Platz für Romantiker ist die Wasserstraße zwischen Port Ysabel und South Padre Island unweit der mexikanischen Grenze. An alten Bootsstegen, auf denen sich abends die Freizeitangler treffen, legen Fischkutter an und geben vor der untergehenden Sonne idyllische Postkartenmotive ab.

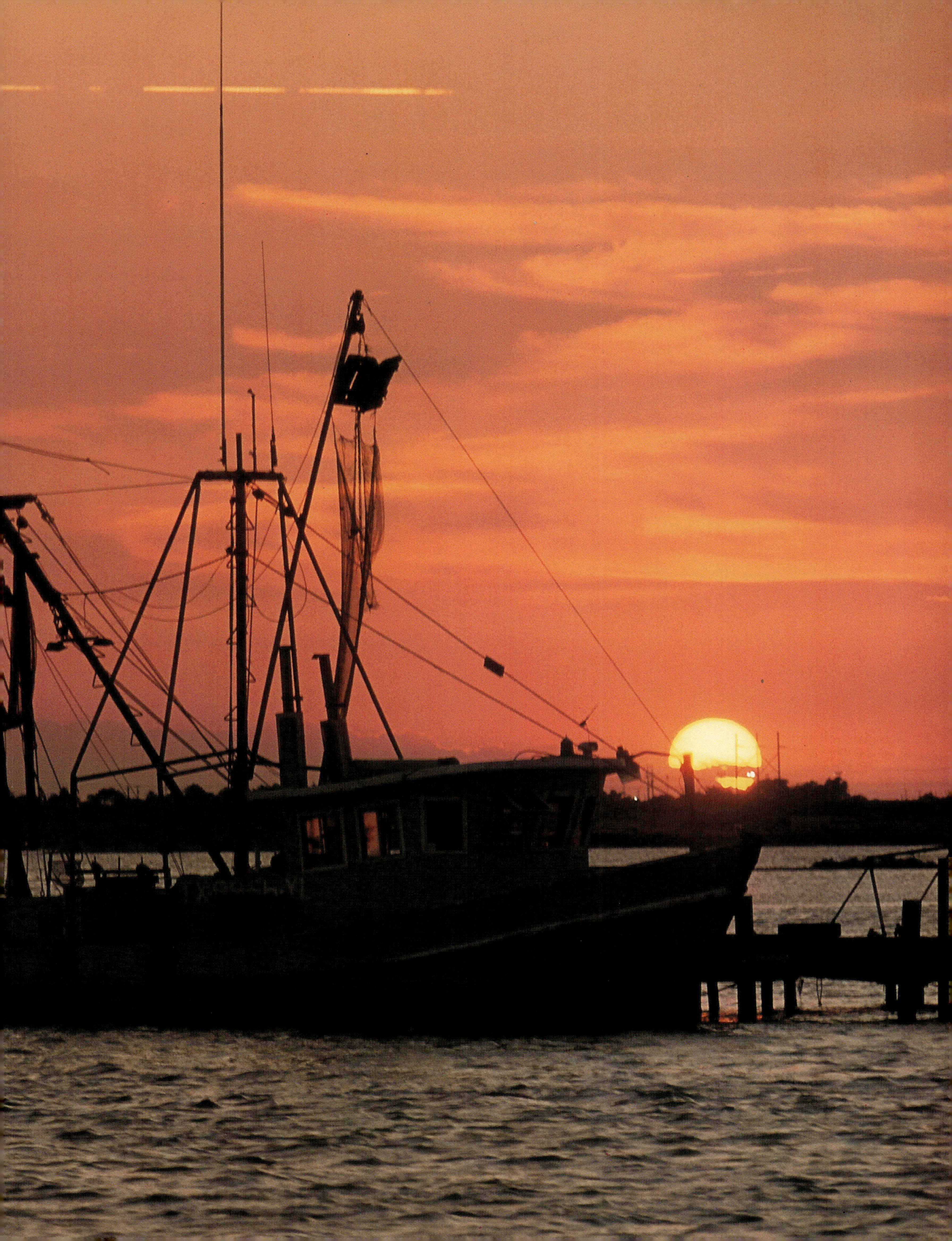

58 | 59

58/59 Wenn in den Sommermonaten drückende Schwüle über das südliche Texas herfällt, wird die Küste des Golfes von Mexiko zum Traumziel vieler Großstädter. Unter den bekannten Sandstränden genießt der Stewart Beach in der Stadt Galveston einen besonders guten Ruf.

60 Tropenatmosphäre herrscht in den Moody Gardens in der Nähe des Flughafens von Galveston. Landschaftsarchitekten legten dort zwei künstliche Lagunen mit importiertem Sand aus Florida an sowie ein kleines, palmenbestandenes Gebirge und ein vielbesuchtes Schmetterlingshaus.

61 | 62

61 Berittene Polizei macht die Straßen in den historischen Stockyards von Fort Worth nicht nur sicher, sondern verschafft ihnen zusätzlich ein sympathisches Westernflair. Für einen kleinen Schwatz mit den Gesetzeshütern bleibt immer Zeit. Hektik bricht vor Ort nur aus, wenn die großen Rodeohelden den Stockyards einen Besuch abstatten oder wenn im Coliseum statt der Bullenreiter berühmte Preisboxer ihre Fähigkeiten unter Beweis stellen.

62 Die Bar des Stockyards Hotel im historischen Viehviertel von Fort Worth ist nicht erst seit kurzem ein beliebter Platz, um sich über ein Bier hinweg mit Freunden und Bekannten auszutauschen. In der stimmungsvollen Herberge stieg schon das berühmt-berüchtigte Gangsterpärchen Bonnie und Clyde ab.

Am Küstensaum verteilt sich ein knappes Dutzend von Schutzgebieten, in denen selten gewordene Pflanzen und Vögel leben. Was bei Amerikanern aber häufig noch höher im Kurs steht, sind die ausgezeichneten Angelmöglichkeiten an vielen Küstenflecken. Wer diesem Sport frönen will, braucht eine Lizenz, die 20 Dollar kostet.

Eine Küstenstraße im eigentlichen Sinne existiert am texanischen Golf nicht. Die Küste ist dafür durch viele Buchten zu stark gegliedert und zudem Stürmen ausgesetzt, die meeresnahe Straßen schon häufig zerstörten. So führt die Route landeinwärts versetzt von Port Arthur bis an die mexikanische Grenze. Die Küstenorte erreicht man in der Regel nur auf Stichstraßen, was die Fahrt zu einem zeitaufwendigen Unternehmen werden lassen kann.

Östlichste Stadt an der Golfküste ist das 60 000 Einwohner große *Port Arthur*, das Ende des 19. Jahrhunderts durch den reichen New Yorker Geschäftsmann Arthur E. Stillwell als Endpunkt einer Eisenbahnlinie auserwählt wurde. Den wirtschaftlichen Durchbruch schaffte die Stadt aber erst einige Jahre später, als das Erdölgeschäft anlief, das den Hafen auch heute noch auslastet. Von einer für Besucher gebauten Aussichtsplattform kann man den Ladebetrieb verfolgen, wie die Aktivitäten von »Big Arthur«, einem riesigen Kran mit einer Hebekapazität von 75 Tonnen. Im Süden zieht sich ein Ring von Depots und Raffinerien um das Downtowngebiet, das seit Jahren fast verwaist ist. Um die Ninth Avenue liegt ein Viertel, das von Vietnamesen bewohnt wird, die etwa ein Zehntel der Stadtbevölkerung ausmachen. Im Mittelpunkt dieser auch »Areal des Friedens« genannten Gegend erstreckt sich der *Queen of Peace Park*, eine ummauerte Parkanlage mit einem fernöstlich wirkenden Toreingang und einer überdimensionalen Muttergottesstatue der katholischen Vietnamesengemeinde. Der südlicher liegende *Buu Mon Buddhist Temple* ist das Heiligtum der lokalen Buddhisten. Ein außergewöhnliches Gebäude ist die *Pompeiian Villa*, die im Jahr 1900 für den »König des Stacheldrahtes«, Isaac Ellwood, gebaut wurde, der später ins Ölgeschäft einstieg.

Der sich zwischen Port Arthur und der Galveston Bay ausbreitende Strand war früher auch unter dem Namen Kannibalen- oder Piratenküste bekannt. Die dort bis ins 17. Jahrhundert lebenden Attakapa-Indianer sollen zum Teil Kannibalen gewesen sein. Später, im 19. Jahrhundert, gehörte dieser Küstenabschnitt zum Reich des berühmt-berüchtigten Piraten und Schmugglers Jean Lafitte, der zwischen 1810 und 1820 bei Galveston einen Stützpunkt namens Campeachy unterhielt. In den vergangenen Jahrzehnten entstanden am Golf einige Ferienzentren und Eigenheimkolonien, doch gilt dieser Abschnitt zu Recht als ein weitgehend unverdorbenes und wenig frequentiertes Stückchen Land, das bei Port Bolivar endet. Von dort pendeln Autofähren über die *Galveston Bay*, mit denen man *Galveston* in einer Viertelstunde erreicht.

Die Stadt gehört zu den bekanntesten Ferienzielen an der texanischen Golfküste und pflegt ganz gezielt ihr Image nicht nur als Badeort, sondern vor allem auch als »Stadt mit Vergangenheit«. »Oleander City«, wie ein anderer Beiname lautet, gefällt sich in der Rolle einer historischen Hochburg mit viktorianischen Prachtvillen. Das alte Zentrum *Strand National Historic District*, früher die »Wallstreet des Südwestens«, wurde im Zuge der Wiederbelebung des Stadtzentrums in eine Flaniermeile mit altmodischen Gaslaternen, Geschäften, Boutiquen und Restaurants verwandelt. Herausgeputzte Villen und Residenzen aus dem 19. Jahrhundert sind über die ganze Stadt verteilt.

An der Nordspitze der Insel Galveston Island gelegen und 60 000 Einwohner groß, wurde die Stadt Galveston im ausgehenden 19. Jahrhundert ein geschäftiges Hafenzentrum, dessen Bedeutung diejenige von Houston bei weitem übertraf. Viele aus Europa eintreffenden Einwanderer ließen sich an dieser Stelle der Golfküste nieder, gründeten neue Existenzen und verhalfen der Stadt zu beträchtlichem Ansehen, ehe das Schicksal im Jahre 1900 in Gestalt eines verheerenden Hurrikans zuschlug. Die gigantische Naturkatastrophe forderte über 6000 Menschenleben und ließ die Stadt als riesiges Ruinenfeld zurück. Bis heute erholte sich Galveston nicht von diesem ungeheuerlichen Schlag. Im *Pier 21 Theater* läuft eine halbstündige Multi-Media-Dokumentation über das einschneidendste Ereignis in der Geschichte Galvestons.

Eine Reihe historischer Bauten überlebte das Desaster und wurde hinterher wieder in den ursprünglichen Zustand versetzt. Einen festen Platz unter den hundert bedeutendsten Bauwerken der USA hat der *Bishop's Palace*, der 1886 vom Architekten Nicholas Clayton erbaut wurde. Der massive, aus roten Sandsteinblöcken bestehende Bau gewinnt seine Wirkung vor allem aus den unterschiedlich gestalteten Türmchen und Giebeln, die an ein Märchenschloß erinnern. Von den 24 Räumen sind der Öffentlichkeit nur die des ersten und zweiten Stockwerkes zugänglich. Am auffallendsten sind im Innern neben den Buntglasfenstern die schönen Schnitzarbeiten aus Rosenholz, Mahagoni, Eiche, Ahorn und anderen Harthölzern.

Die *Sacred Heart Catholic Church* gleich nebenan vereinigt in ihrer schneeweiß getünchten Architektur Elemente so ziemlich aller vorstellbaren Baustile und ist aus diesem Grund eines der meistfotografierten Motive in Texas. Auf der anderen Straßenseite des Broadway, genau gegenüber dem Bishop's Palace, läßt die Fassade eines weiteren historischen Bauwerkes erkennen, wie sich Wind und Wetter auf Bauten auswirken, die nicht regelmäßig renoviert werden.

Die noch vor dem amerikanischen Bürgerkrieg erbaute *Ashton Villa* zeigt, was für einen aufwendigen Lebensstil die »oberen Zehntausend« von Galveston im viktorianischen Zeitalter pflegten. Der Hausherr, James Moreau Brown, zählte zu den reichsten Geschäftsleuten in Texas und trug sein Vermögen gerne zur Schau. Der dreigeschossige Backsteinbau besitzt auf der Vorderseite einen Balkonvorbau aus Gußeisen wie im French Quarter in New Orleans. Einziger Stilbruch ist der nachträglich angebaute Ballraum, der wie ein Fremdkörper wirkt. *Moody Mansion & Museum* mit insgesamt 42 Räumen war bis 1954 Geschäftssitz des Unternehmers W. L. Moody und demonstriert den Luxus der ehemaligen High-Society. Rote Ziegel, helle Kalkquader aus Texas und Dachziegel aus Terrakotta lassen den Bau sehr verspielt wirken.

Weitaus bescheidener gibt sich das aus Holz erbaute *Samuel May Williams Home* in einem Garten hinter hohen Bäumen. Im Jahre 1839 erbaut, gilt es als das älteste restaurierte Bauwerk der Stadt. Vom *Widow's Walk*, einer Dachterrasse, pflegte die Hausfrau nach ihrem auf großer Fahrt befindlichen Ehemann Ausschau zu halten. Daß die Seefahrt in der Entwicklung von ganz Galveston Bedeutung besaß, demonstriert das *Texas Seaport Museum* mit dem Paradestück »Elissa« aus dem Jahr 1877. Der in einer schottischen Werft erbaute Segler fuhr in den beiden letzten Jahrzehnten des 19. Jahrhunderts bis in die äußersten Winkel des britischen Empire, ehe er vor der Verschrottung gerettet wurde.

Wer gerne Menschen beobachtet oder selbst gesehen werden will, ist auf dem *Seawall Boulevard* an der richtigen Stelle. Die Promenade trägt ihren Namen zu Recht; ein künstlich aufgeschütteter, etwa 16 Kilometer langer Wall schützt die Straße zum offenen Golf hin – die Stadtväter von Galveston haben aus der Vergangenheit gelernt. Im Sommer verwandelt sich die Promenade in eine Freiluftbühne, wenn braungebrannte Schönheiten ihre knappen Bikinis und ölglänzende Sonnyboys ihre Muskelpakete zur Schau tragen. Eher Naturverbundene besuchen die *Moody Gardens*. Vor dem modernen *Visitor Center* mit einem IMAX-Theater werden sie von Palmen und Blumenrabatten in Empfang genommen. Populärste Attraktion direkt an der Galveston-Bucht ist die zehn Stockwerke hohe *Rainforest Pyramid*, eine Pyramide aus Aluminium und Glas mit Spezies aus asiatischen, afrikanischen und südamerikanischen Regenwäldern, einem kleinen Mayatempel, Pools und Wasserfällen, über denen exotische Schmetterlinge und Vögel fliegen. Die Gartenanlage besitzt auch einen Süßwasserstrand mit weißem Sand, der aus Florida hergeschafft wurde. Populärster Badestrand von Galveston ist aber *Stewart Beach Park* im Nordosten von Galveston Island. Mehr Ruhe herrscht an den Stränden der *Bolivar Peninsula* auf der östlichen Seite der Galveston Bay.

Nach einem Abstecher nach Houston kann man auf der Straße 288 an die Golfküste zurückkehren und reist dabei durch eine

63 Die Sacred Heart Catholic Church in Galveston ist zwar ein Sammelsurium unterschiedlicher Baustile. Dennoch – oder gerade deshalb – wirkt das Gebäude mit seinen schneeweißen Fassaden und der Arkadenvorhalle äußerst reizvoll.

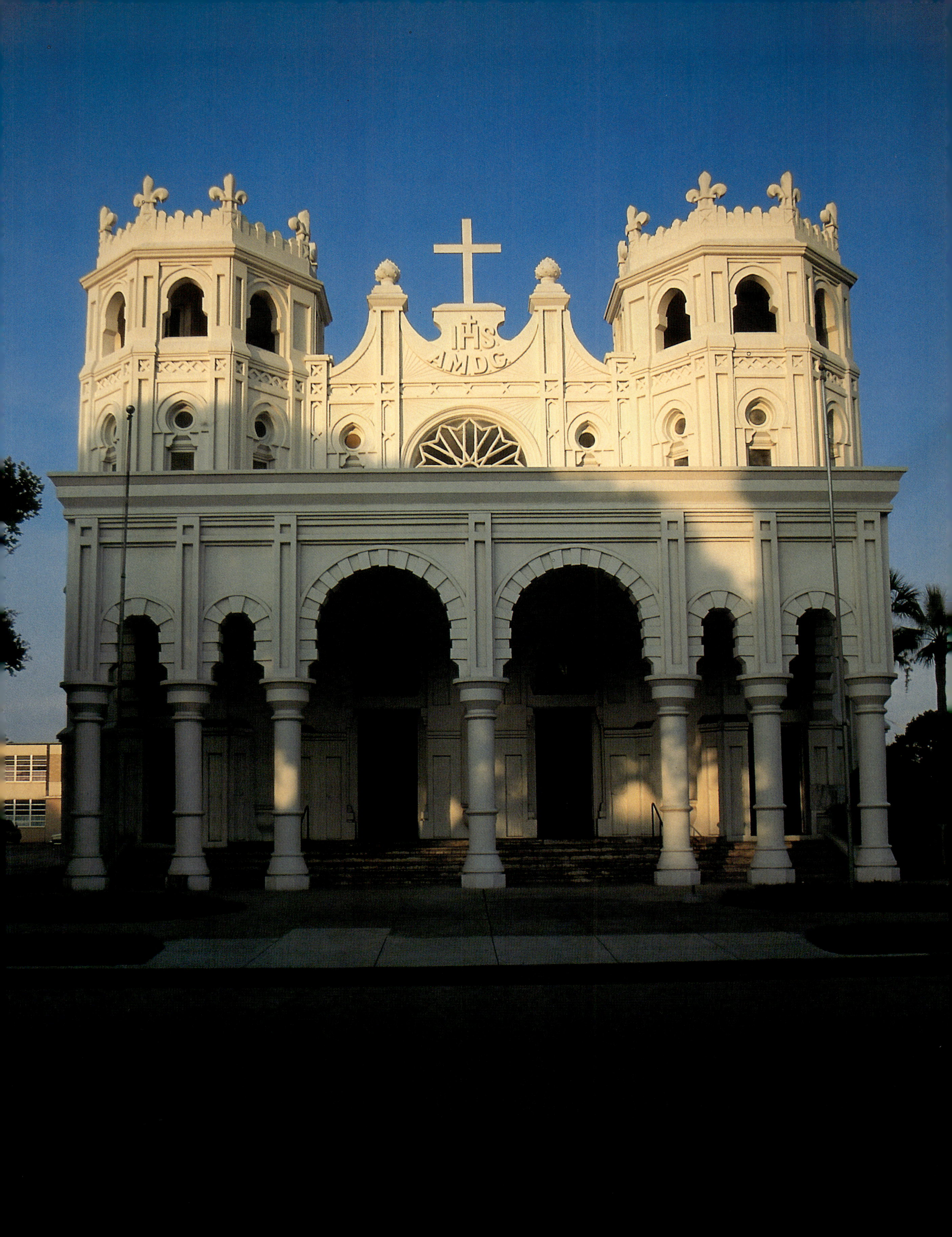
IHS
AMDG

64/65 The Strand nennt sich das historische Geschäftsviertel der Stadt Galveston am Golf von Mexiko. Die Fassaden zahlreicher Häuser, die im ausgehenden 19. oder zu Beginn des 20. Jahrhunderts erbaut wurden, sind dekorativ gestaltet und mit ganz unterschiedlichen Reklameschildern geschmückt.

66 Berühmtester Bau in Galveston ist der Bishop's Palace, der ursprünglich für einen Oberst der US-Armee erbaut, später aber vom Bischof der katholischen Diözese bewohnt wurde. Das Anwesen mit seinen 24 Räumen glänzt vor allem mit einer hölzernen Wendeltreppe, die von der Lobby in die Obergeschosse führt. Ein halbes Dutzend Handwerker war drei Jahre lang mit diesem Kunstwerk aus Eiche, Ahorn, Mahagoni und anderen Hölzern beschäftigt.

65 | 66

67 | 68

67–69 Ein Märchenwald moosdrapierter Sumpfzypressen säumt den wunderschönen Caddo Lake östlich von Jefferson an der Grenze von Texas und Louisiana. Nach einer Legende der einheimischen Indianer entstand der See durch ein Erdbeben, das durch Geister ausgelöst wurde, die sich über einen Häuptling ärgerten. So ganz von der Hand zu weisen ist diese Entstehungsgeschichte nicht. Denn Geologen spekulieren, daß sich das Gewässer beim großen Erdbeben von 1811 mit Epizentrum in Missouri bildete.

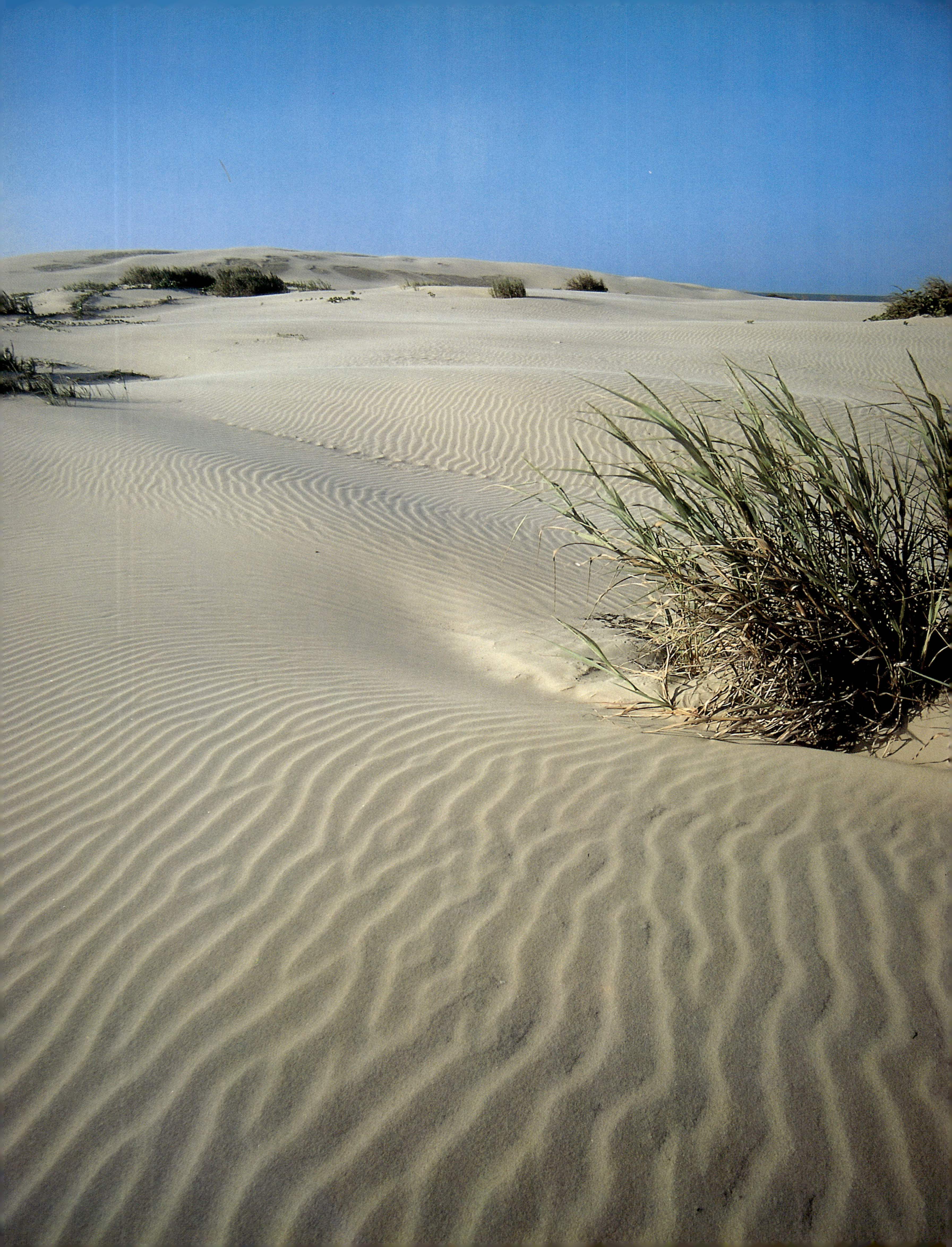

Gegend, die zu den Pioniergebieten des Staates zählt. An dieser zentraltexanischen Küste zwischen Freeport im Nordosten und Corpus Christi im Südwesten lagen die ersten Häfen der Region. Außer Corpus Christi entwickelte sich aber keine größere Küstenstadt, was in erster Linie an der ständigen Gefahr durch Hurrikans lag.

Nutznießer daraus war die Natur, der auf diesem Küstenabschnitt eine Reihe von Schutzgebieten erhalten blieben wie *Brazoria National Wildlife Refuge* östlich von Angleton, *San Bernard National Wildlife Refuge* südwestlich von Freeport und *Aransas National Wildlife Refuge* nördlich von Aransas Pass. Diese und andere Reservate dienen Zugvögeln auf ihrem Weg im Herbst aus dem Norden der USA in südlichere Gefilde und im Frühjahr auf dem Rückweg als Zwischenstation.

Mit 262 000 Einwohnern ist *Corpus Christi* mit Abstand die größte Stadt an der texanischen Golfküste – und wirtschaftlich als siebtgrößter Hafen auch die weitaus bedeutendste. Wahrscheinlich war der spanische Seefahrer Alonzo de Pineda im Jahr 1519 der erste Europäer, der an diese von Marschland und tiefeingeschnittenen Buchten geprägte Küste kam. Danach vergingen allerdings noch über 300 Jahre, ehe sich die ersten Siedler niederließen und ein kleiner Handelsposten entstand.

Im Nordosten der Stadt überspannt die 1959 fertiggestellte Harbor Bridge die Hafenbucht. In Brückennähe liegt der *Corpus Christi Beach*, wo die USS Lexington ihren letzten Ankerplatz gefunden hat. Der Flugzeugträger, der 1943 in Dienst gestellt wurde und es während des Zweiten Weltkrieges bei Einsätzen im Pazifik zu legendärer Berühmtheit brachte, dient heute als schwimmendes Flugzeug- und Schiffahrtsmuseum.

Ebenfalls in der Nachbarschaft der Harbor Bridge liegt die jüngste Touristenattraktion von Corpus Christi – die Columbus Fleet. Am Dock One des Hafens sind die in drei spanischen Werften gefertigten originalgetreuen Reproduktionen der drei Schiffe »Nina«, »Pinta« und »Santa Maria« zu sehen, mit denen Christoph Kolumbus im ausgehenden 15. Jahrhundert in die Neue Welt segelte. Die »Santa Maria« gilt gemeinhin als das Flaggschiff von Kolumbus, dessen Kabine man einen Besuch abstatten kann. Kenntnisreiche Führer erzählen auf den drei Schiffen von den damaligen Navigationsproblemen, vom Schiffbau, aber auch davon, wie die Seeleute und Passagiere in den alten Zeiten an Bord untergebracht und verpflegt wurden.

Paradestück von Corpus Christi ist der *Seawall* mit mehreren kleinen Aussichtspavillons. Von hier aus kann man den Fischern im Hafen beim Netzeflicken oder Entladen des Fangs zusehen. Der Seawall, ein Schutzdeich, entstand in den dreißiger Jahren, als die innenstädtische Wasserfront neugestaltet und der Shoreline Boulevard angelegt wurde. Diese malerische Promenade geht an der Peripherie der Stadt in den nicht weniger sehenswerten *Ocean Drive* über.

Die texanische Golfküste endet in *South Padre Island* am schönsten Sandstrand im ganzen Staat. Die Naturszenerie lockt »Wasserratten« an und Wellenreiter, die jeweils im April die texanischen Meisterschaften austragen. In den vergangenen Jahren ist Corpus Christi wegen seiner idealen Voraussetzungen zu einem Surf-Mekka herangewachsen. Einen Besuch wert ist der Friedhof des verschlafenen Fleckens *Port Ysabel*. Die Gräber sind mit neonbunten Plastikblumen und kitschigen Jesus- und Muttergottesstatuen geschmückt, wie man sie jenseits der US-mexikanischen Grenze häufig sieht.

Größte Stadt am unteren Rio Grande ist *Brownsville* mit rund 103 000 Einwohnern. Keine Stadt in Texas liegt südlicher, so daß der Flecken auch geographisch einen besonderen Akzent besitzt. Die Nähe Mexikos färbt deutlich ab. Noch mehr lohnt es sich allerdings, einen kleinen Abstecher über die Grenze nach *Matamoros* zu machen und dort das »echte« mexikanische Flair kennenzulernen.

70 Vom Wind geriffelte Sanddünen und karge Vegetation prägen die Landschaft auf South Padre Island im südwestlichen Golf von Mexiko. Wie eine riesige, schmale Sandbank liegt die Insel vor der eigentlichen Festlandsküste und schirmt sie gegen die Brandung und die nicht seltenen Hurrikane ab.

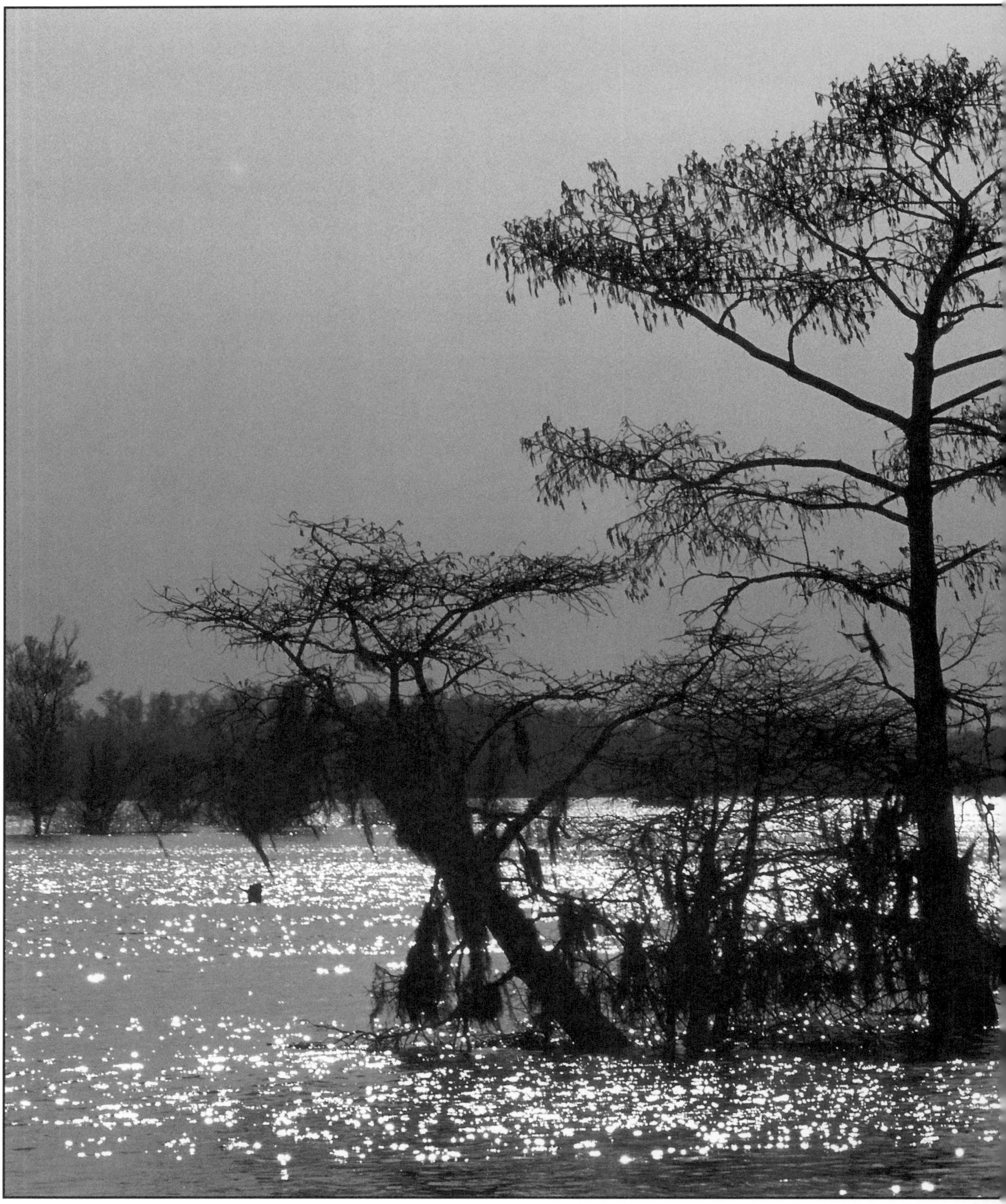

Amerikas französischer Zungenschlag
Lockeres Leben in Louisiana

Endstation Sehnsucht
Traumstadt New Orleans

Der Bundesstaat Louisiana ist ein ziemlich exotischer Cocktail. Mehrere Nationen, Rassen und Ethnien mischten um die Mississippi-Mündung ihre Ingredienzien zu einer rasanten Mischung – Spanier, Franzosen, Engländer, Mexikaner, Indianer, Schwarze, Latinos und Asiaten. Einen besonders intensiven und anhaltenden »Geschmack« hinterließen jene Zutaten, die aus dem französischsprachigen Kulturkreis kamen. Das ist um so erstaunlicher, als frankokanadische Siedler erst 1714 ihren ersten ständigen Stützpunkt, eine kleine Handelsstation, im Küstenhinterland aufbauten. Und nicht einmal hundert Jahre später war das Territorium bereits durch spanische Hände gegangen und am Ende von Frankreich für 15 Millionen Dollar an die USA verkauft worden. Trotz der relativ kurzen Zeit unter der Trikolore ist dem Süden des Landes sein französischer Akzent bis heute geblieben. Das gilt für das *Cajun Country* in der Küstenregion des Golfes von Mexiko und natürlich für die größte Stadt, das unverwechselbare New Orleans.

Seit jeher schwemmt die Strömung des Mississippi River Tag für Tag riesige Mengen von braunem Schlamm durch New Orleans zum Golf von Mexiko. Von seinem Ufer sind es nur wenige Schritte bis zum alten Kern der Stadt, dem *French Quarter*. Zwei- oder dreigeschossige Häuser säumen die schmalen, im Schachbrettmuster angelegten Straßen, in denen man die Droschkengäule riechen kann, die tagsüber Touristen durch das Viertel karren. Die meisten Balkone besitzen kunstvoll verzierte schmiedeeiserne Brüstungen. Wie Galerien laufen sie um die Hausecken herum. Hinter ihnen verstecken sich winzige Oasen aus Oleandersträuchern und großblättrigen Pflanzen oder Vogelkäfige, aus denen es bei Sonnenaufgang zu zwitschern beginnt. Die bunten Fassaden kreolischer Cottages wechseln sich ab mit *Shot-Gun*-Häusern, die so langgezogen sind, daß eine durch die offene Eingangstür abgefeuerte Kugel ihren Weg durch den Hinterausgang fände, ohne Schaden anzurichten. Viktorianische Schönheiten zieren sich mit putzigen Dachgauben und charmanten Türmchen, als hätten die Baumeister alles daran gesetzt, ihren Erinnerungen an Märchen und Fabeln angemessene Paläste zu errichten.

Durch arkadenartige Hauseingänge gelangt man in versteckte Innenhöfe. Abseits von der Betriebsamkeit der Straße führen dort Bananenstauden und Magnolien, Hibiskus und Jasmin ein Dornröschendasein zwischen alten Fassaden, die an karibische Altstadtviertel erinnern. Das alte, gemütliche Stadtzentrum mit seinem exotischen und doch auch französischen Kolonialflair ist zwar jedermann zugänglich. Dennoch gibt das malerische Viertel das Geheimnis seines Reizes nicht so ohne weiteres preis. Man könnte die zwar nicht sehr lange, aber doch recht wechselvolle Geschichte der Mississippi-Metropole dahinter vermuten.

Louisiana war von unterschiedlichen Indianerstämmen dünn besiedelt, ehe im Jahr 1682 die ersten Franzosen auf Dauer ins Land kamen. Ihr Interesse galt den riesigen Zypressen, die für den Schiffsbau von großem Wert waren. Nach der Gründung des ersten Handelspostens 1714 in *Natchitoches* entwarf vier Jahre später der Kolonist Jean Baptiste Le Moyne, Sieur de Bienville, am moskitoverseuchten Ufer des Mississippi den Grundriß einer Siedlung, aus der sich New Orleans entwickeln sollte.

Die Anstrengungen der französischen Stadtgründer galten vor allem dem Ausbau des Hafens, von dem die im Landesinnern geschöpften Schätze nach Europa transportiert werden sollten. Zwar blieben die erwarteten Gold- und Silberfunde im Hinterland aus. Doch legten die aus dem Norden kommenden Mississippiboote mit Holz, Tabak, Fellen, Indigo und anderen Produkten in New Orleans an, während aus Übersee Gewürze, Tuche, Nahrungsmittel aus der Alten Welt und viele andere Güter ankamen, die es im Amerika des 18. Jahrhunderts noch nicht gab. Auf diese Weise bildete sich in New Orleans ein bedeutender Hafen heraus, der die Stadt zu einem blühenden Gemeinwesen heranwachsen ließ. New Orleans hatte aber auch den Ruf eines verschlagenen Piratennestes, in dem Schmuggler ihr Unwesen trieben und sich die bizarrsten Individuen des amerikanischen Kontinents ein Stelldichein gaben (der Name der

Vorhergehende Abbildung:

71 Ein mystisches, geisterhaftes Bild schaffen die im Wasser stehenden Bäume mit ihren Moosbärten im riesigen Atchafalaya Basin im südlichen Louisiana. Das Becken bildete früher das Mündungsgebiet des Mississippi River in den Golf von Mexiko, ehe der große Strom seinen heutigen Weg über New Orleans einschlug.

72 Die Schaufelräder von altmodischen Ausflugsdampfern, die in New Orleans ablegen, wühlen das schlammbraune Wasser des Mississippi auf. Der Strom schleppt seit Urzeiten gigantische Mengen von Erde, Sand und Geröll in den Golf von Mexiko und baut seine Mündung immer weiter ins Meer hinaus.

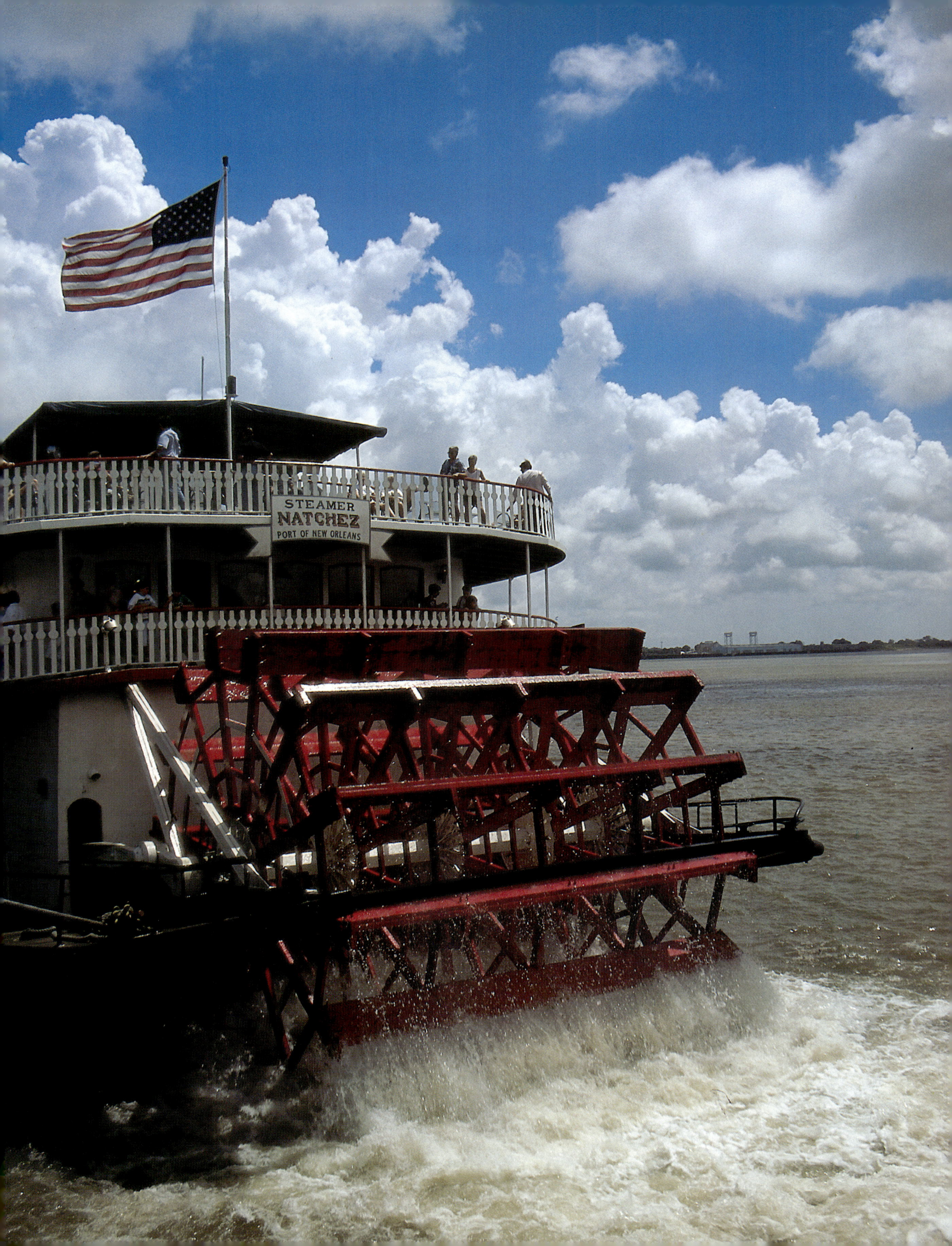
STEAMER
NATCHEZ
PORT OF NEW ORLEANS

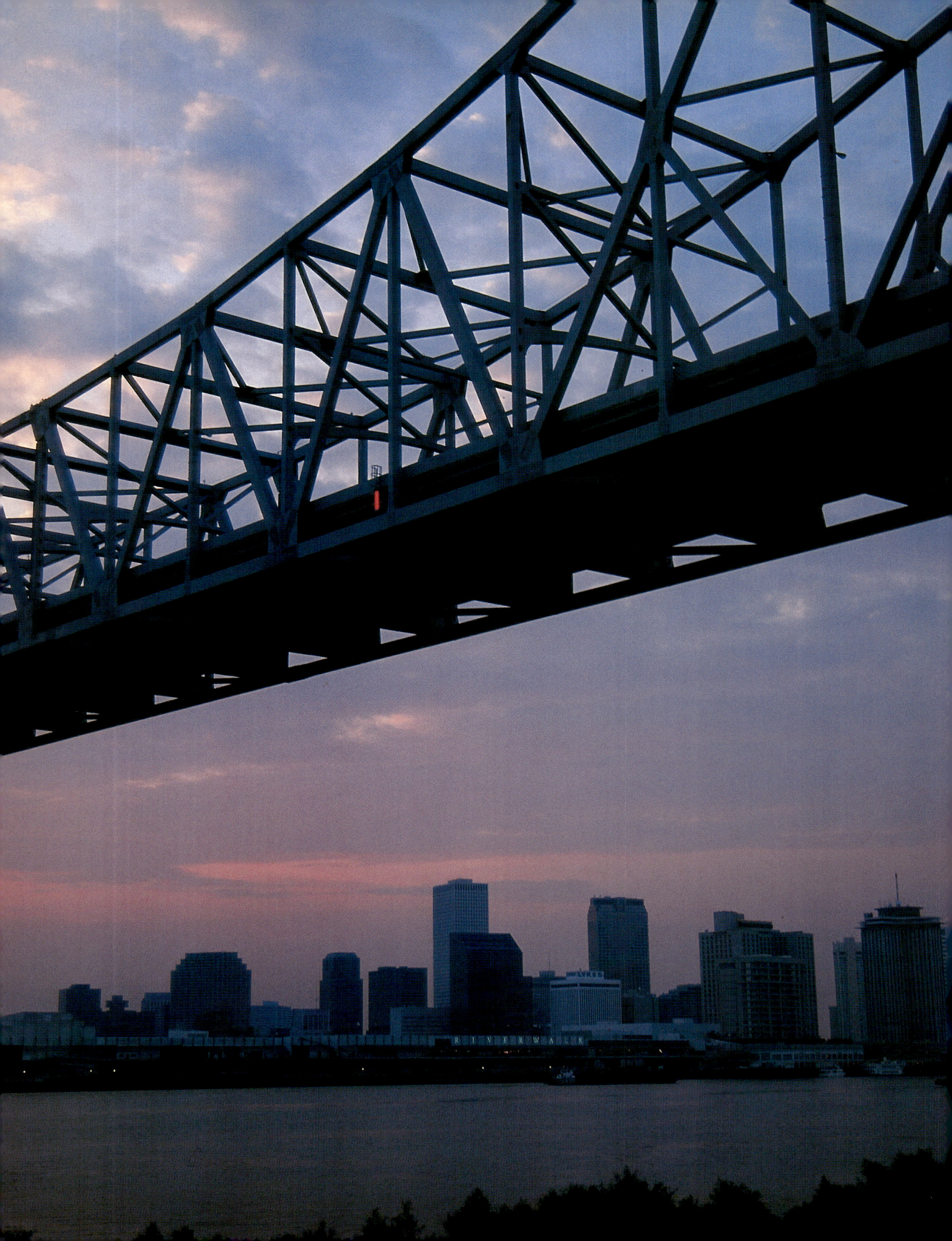
RIVERWALK

Pirate's Alley am Jackson Square hat diese Vergangenheit in die Gegenwart herübergerettet). Mag sein, daß sich diese Tradition auf die eine oder andere Weise bis in die heutige Zeit fortgesetzt hat. Beim abendlichen Kneipengang durch das historische Viertel jedenfalls könnte man auf diese Idee kommen.

Nachdem in der zweiten Hälfte des 18. Jahrhunderts die Spanier die Stadt verwalteten, übrigens sehr zum Ärger der alteingesessenen Franzosen, verkaufte Napoleon im Jahre 1803 mit dem berühmten »Louisiana Purchase« das riesige Louisiana-Territorium, das vom Mississippi bis in die Rocky Mountains reichte, an die USA. Fortan flatterten die »Stars & Stripes« vom Flaggenmast am *Jackson Square*. Bis zum Bürgerkrieg erlebte die Stadt ihr goldenes Zeitalter, als sie die Rolle des Finanzzentrums im baumwollproduzierenden Süden übernahm. Allein zwischen 1820 und 1840 nahm die Bevölkerung von 25 000 auf 102 000 zu. Die Flut der Einwanderer brachte neues Blut in die Stadt, vor allem aus Irland, Deutschland und dem Mittelmeerraum. Um die Jahrhundertwende besaß sie den zweifelhaften Ruf der Konzernzentrale der amerikanischen Mafia. Damals hatte sich bereits der aus Mobile (Alabama) stammende »Mardi Gras« eingebürgert, das ausgelassenste Fest von New Orleans. Der Bürgerkrieg bis 1865, die Phase der »Rekonstitution« bis 1877 und auch das letzte Viertel des 19. Jahrhunderts sahen die Stadt am Mississippi eher auf der Schattenseite des Glücks. Die Konkurrenz der Eisenbahn zum Schiffsverkehr auf dem Mississippi als auch das Ende der Sklaverei hatten New Orleans einen Großteil seiner Wirtschaftskraft entzogen. Erst die Entdeckung von Erdöllagerstätten vor der Küste Louisianas im 20. Jahrhundert verschafften dem ökonomischen Schwungrad neuen Elan.

Typisch amerikanisch präsentiert sich die Skyline von New Orleans demjenigen, der sich vom internationalen Flughafen auf der Interstate 10 dem Stadtzentrum nähert. An der Schnellstraße reihen sich Motels, Tankstellen und Imbißketten aneinander, Wahrzeichen amerikanischer Mobilität und Schnellebigkeit, wie man sie aus anderen Teilen der USA kennt. Dann tauchen über dem Stadthorizont die ersten Wolkenkratzer auf, graue, einfallslose und langweilige Riesenbauten, zwischen denen man nur hie und da ein hübsches Türmchen oder einen anderen Architekturschmuck entdeckt. Doch nach New Orleans, der mit 543 000 Einwohnern bevölkerungsreichsten Stadt Louisianas, fährt niemand wegen der Wolkenkratzer, die an der Canal Street so abrupt enden, als läge auf der östlichen Straßenseite eine andere Stadt. In der Tat liegt dort eine andere Stadt, zumindest ein Stadtviertel, das sich vom Rest der Metropole grundsätzlich unterscheidet.

Hinter den Geschäfthäusern der westlichen Canal Street beginnt das *French Quarter*, der historische Kern der Stadt, und der touristische. Im *Vieux Quartier*, wie das Viertel auch heißt, lebt die lange und wechselvolle Geschichte des Südens auf vielfältige Weise fort. Am frühen Morgen, wenn die Langschläfer noch die Betten hüten, sitzen die Einwohner in Cafés hinter der Tageszeitung verschanzt und stippen nach französischer Art knusprige Croissants in ihren Milchkaffee. Mit den ersten Sonnenstrahlen legt sich die glänzende Patina der Vergangenheit über das Viertel. Entlang der prächtigen *Esplanade* im Schatten riesiger Baumkronen sehen die Hausfassaden aus wie über Nacht errichtete Kulissen für eine Wiederverfilmung des Leinwanderfolges »Vom Winde verweht«. Unausgeschlafen trotten Karrengaul und Kutscher zum Standplatz am Jackson Square, um die ersten Frühaufsteher durchs Quartier zu führen. Nebenan bauen Maler und solche, die es erst noch werden müssen, ihre Staffeleien an den Zaun, während im *Café du Monde* die leichte Brise vom Mississippi her den Puderzucker von frisch gebackenen Beignets pustet.

Ältestes Anwesen des Viertels ist der *Old Ursulines Convent*, ein typisches Beispiel französischer Kolonialarchitektur aus der Mitte des 18. Jahrhunderts. Das zweigeschossige, von seiner Fassade her recht streng wirkende Gebäude liegt in einem Garten, den man durch ein Tor betritt. Durch geometrische Buchsbaumflächen führen Ziegelsteinwege zum Eingang. Genau gegenüber hat das *Beauregard-Keyes House* seinen Platz, dessen Eingang mit der

73 New Orleans zählt zweifellos zu den reizvollsten Städten der USA. Das verdankt die Stadt ihrer multikulturellen Geschichte, die von Spaniern, Franzosen, Schwarzen und der Nähe zur Karibik geprägt wurde. Ihre Attraktion resultiert aber zu einem nicht unerheblichen Teil auch aus ihrer Lage an einer großen Schleife des Mississippi River.

Säulenfassade von zwei seitlichen Treppen flankiert wird. In den vierziger Jahren des 19. Jahrhunderts wohnte hier die Schriftstellerin Francis Parkinson Keyes, die in diesem Anwesen einige ihrer Romane verfaßte.

Eigentliches Zentrum des French Quarter ist der *Jackson Square*, auf dem seit dem vergangenen Jahrhundert eine Reiterstatue von General Andrew Jackson steht, dem Helden der 1815 geführten Schlacht von New Orleans. Beherrscht wird der ehemalige Exerzierplatz und heutige Park von der *St. Louis Cathedral*, die 1794 errichtet wurde, nachdem der Vorgängerbau sechs Jahre zuvor einem Brand zum Opfer gefallen war. Direkt hinter der Kirche schließt sich der *St. Anthony's Square* an. Der im Schatten hoher Bäume liegende kleine Park wurde dem Geistlichen Antonio de Sedella geweiht. Dieser Priester schuf in New Orleans in den letzten beiden Dekaden des 18. Jahrhunderts eine Art Sozialsystem, das den Armen und Gebrechlichen der Stadt zugute kam und das von den lokalen Händlern und Geschäftsleuten finanziert wurde. Links und rechts der Kathedrale gehören das *Cabildo* und das *Presbytère* zum Komplex des *Louisiana State Museum*. Im Cabildo wurde 1803 der »Louisiana Purchase« unterschrieben, der den Verkauf Louisianas besiegelte. Im Presbytère sind historische Ausstellungsgegenstände aus Louisiana zu sehen, die über die Geschichte von New Orleans Aufschluß geben.

Vom Jackson Square sind es nur wenige Schritte zum Mississippi River, der in Höhe des French Quarter durch einen Hochwasserdamm begrenzt wird. Von der Terrasse vor der *Jackson Brewery* kann man einen Blick über den Fluß werfen. Im Gebäude der ehemaligen Brauerei selbst ist ein Einkaufszentrum untergebracht. Zur vielbesuchten Attraktion wird die Jackson Brewery wegen der dortigen Cajun-Kochschule, in welcher die Geheimnisse der typischen Louisiana-Gaumenfreuden enthüllt werden. New Orleans muß sich schon in lausiges Wetter hüllen, wenn auf dem Mississippidamm keine Musikanten sitzen, die dem »Ol' Man River« ein Ständchen darbieten.

Ihre unverkennbare Note bekommt die Flußpromenade am Mississippi River durch die Raddampfer, die vollbepackt mit Touristen den Fluß hinauf- und hinunterfahren. Dixieland an Bord schafft Atmosphäre, falls die Erinnerungen an Tom Sawyer und Huckleberry Finn, die beiden Romangestalten von Mark Twain, schon zu weit zurückliegen. Eine preisgünstigere Mississippitour bietet die *Canal Street Ferry* an. Mit ihr kann man quer über den Fluß auf die entgegengesetzte Seite nach *Algiers* hinüberschippern. Einer lokalen Legende zufolge bekam dieser Stadtteil den Namen von dem irischen Glücksritter General Don Alexander O'Reilly. Ihn schickte Spanien mit 3000 Soldaten über den Atlantik, als die in New Orleans lebenden Franzosen sich 1768 gegen die spanische Stadtverwaltung auflehnten. Der General sollte sich in Louisiana bewähren. Er hatte nämlich bei einem früheren Auftrag versagt, als es darum ging, algerische Piraten vor der afrikanischen Küste zur Raison zu bringen.

Ein ganz anderes Stadtviertel ist der *Garden District* an der *St. Charles Street*, der vornehmsten Millionärsmeile in der Stadt. Dort führt auch die historische Straßenbahnlinie entlang, der Tennessee Williams in seinem Schauspiel »Endstation Sehnsucht« ein literarisches Denkmal setzte. Unter den zahlreichen Residenzen ist das Van Benthuysen Elms Mansion von Interesse. Es wurde 1869 für den Händler und Industrieboß Watson Van Benthuysen gebaut, der an der »St. Charles Streetcar Line«, einer Telefongesellschaft, beteiligt war. Das Haus diente zwischen 1931 und 1941 als deutsches Generalkonsulat. Von dort informierte Adolf Karl Georg Edgar Baron Spiegel von und zu Peckelsheim, Romanautor und U-Boot-Kapitän, die Unterseeboote der Achsenmächte über auslaufende Schiffe.

Der »Gartendistrikt« entstand in den ersten Jahrzehnten nach dem Kauf Louisianas durch die USA, als sich immer mehr betuchte amerikanische Geschäftsleute am Mississippi niederließen, die aber mit den Kreolen (Nachfahren französischer oder spanischer Siedler, die in der Neuen Welt geboren wurden) möglichst nichts zu tun haben wollten. So entstand außerhalb der damaligen Stadtgrenzen die amerikanische City of Lafayette, die im Laufe der Zeit vom sich ausbreitenden New Orleans »eingemeindet« wurde. In diesem Viertel stehen prachtvolle

74/75 Wer den berühmten Mardi Gras in New Orleans am Jahresbeginn verpaßt, braucht auf den verrückten karnevalistischen Spaß nicht ganz zu verzichten. Neben dem Mardi Gras Museum in der Old Mint im French Quarter bietet sich Blaine Kern's Mardi Gras World in Algiers an. In großen Hallen sind dort das ganze Jahr über die Dekorationen vergangener Straßenumzüge aufgebaut. Wer will, kann sich für ein Erinnerungsfoto auch selbst in eines der Kostüme kleiden.

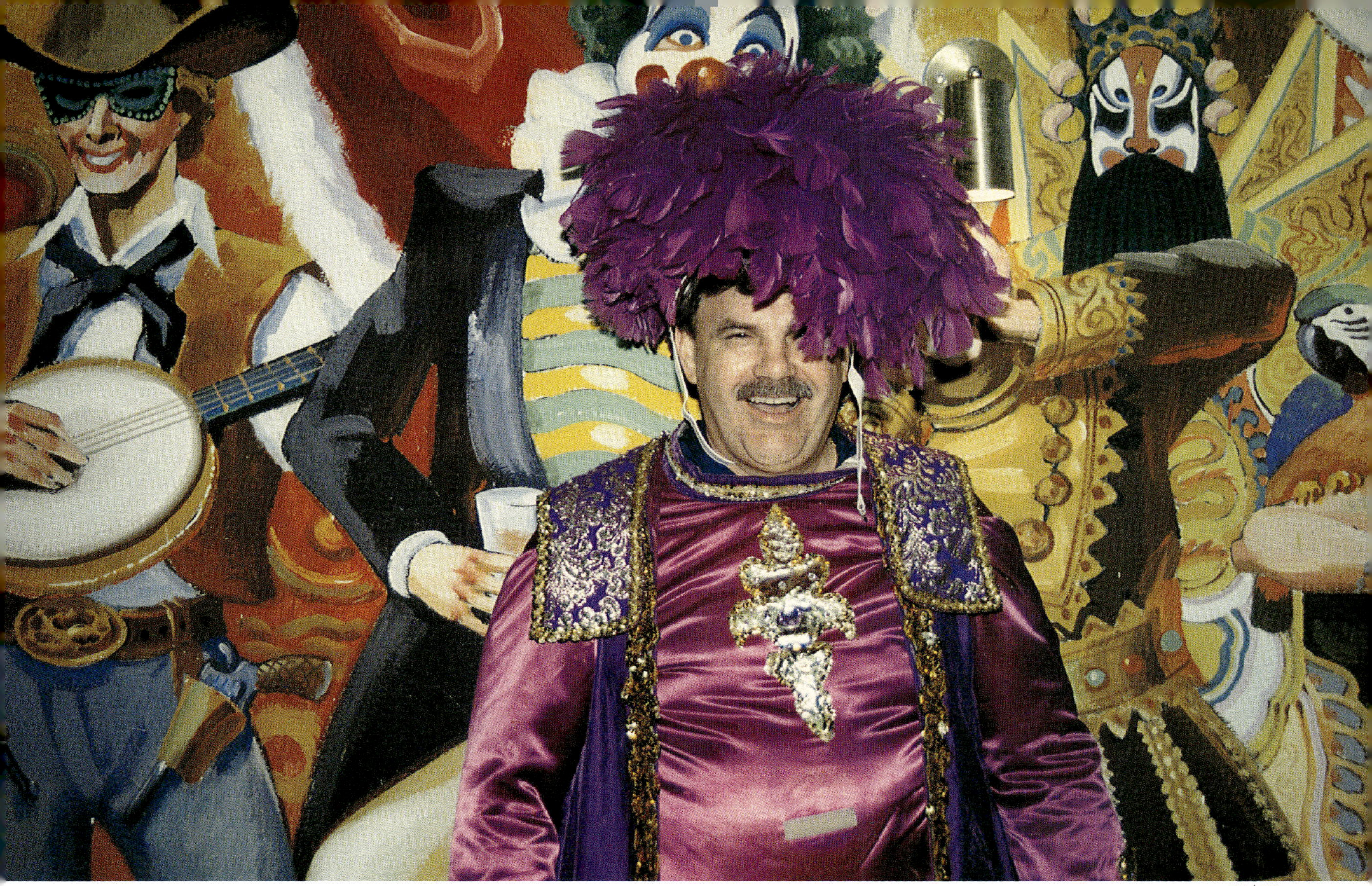

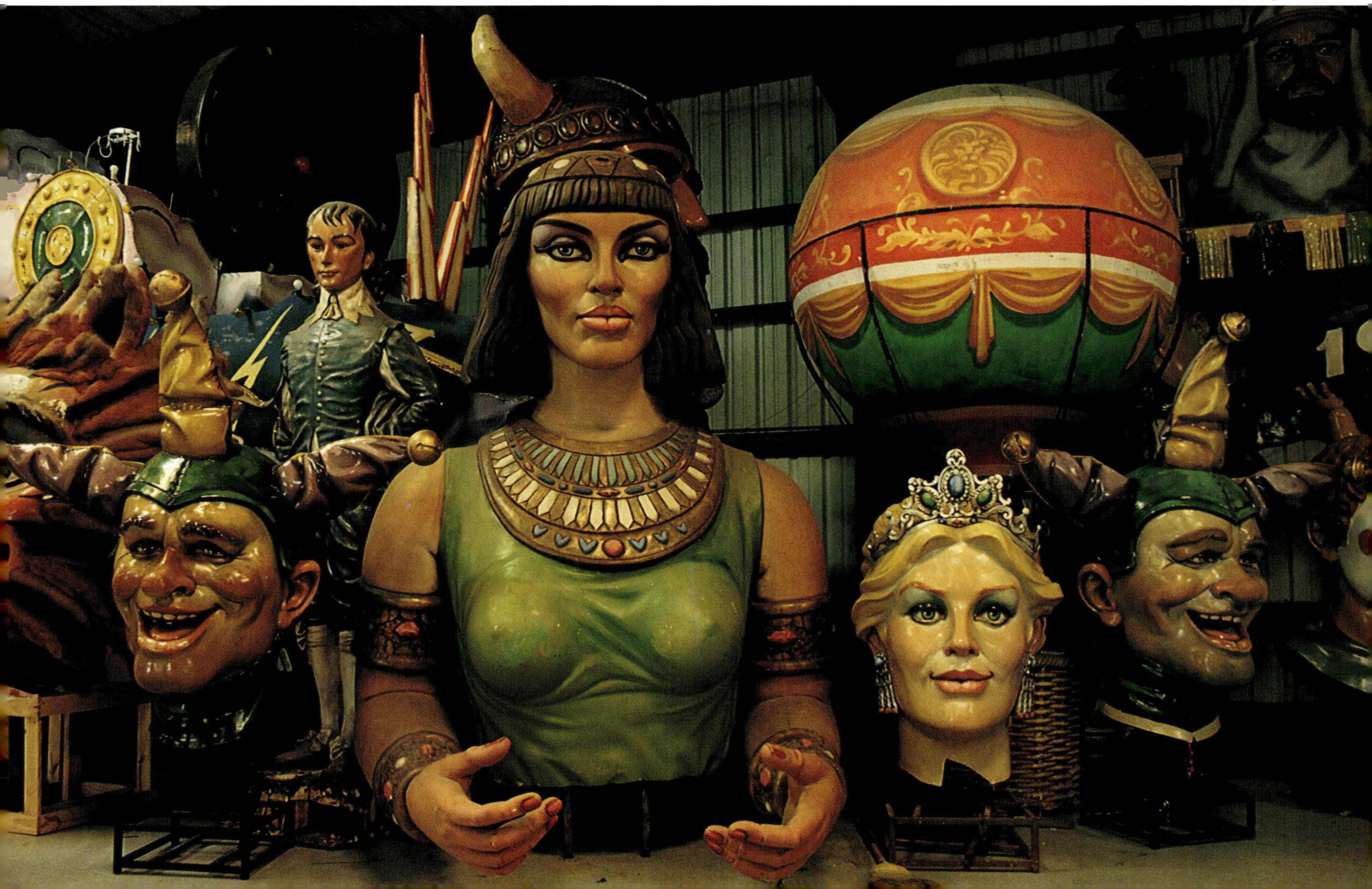

76 | 77

76 Nur einmal im Jahr, nämlich zum Cajun Riviera Festival im Spätsommer, erwacht Holly Beach im äußersten Südwesten Louisianas aus seinem Dornröschenschlaf. Dann ziehen jung und alt auf den Ladeflächen von Autos mit Bierdosen gewappnet durch die Dorfstraßen und feiern mit echten Cajun-Spezialitäten und Cajun-Musik die warme Jahreszeit am Golf von Mexiko.

77 Eine Institution in Sachen Drinks und Frohsinn ist Pat O'Brian's Bar mitten im French Quarter von New Orleans. Man sitzt an einem der zahlreichen Tische in einem umbauten Innenhof im Schatten hoher Bäume und läßt sich etwa einen himbeerfarbenen Hurricane servieren, der an Ort und Stelle erfunden wurde.

78 Die Bourbon Street ist eine der Hauptschlagadern im French Quarter von New Orleans, die das Restaurant- und Kneipenviertel mit pulsierendem Leben und exotischem Reiz versorgen. In zahlreichen Jazzlokalen und Clubs lebt die lange Tradition des Dixieland und anderer Richtungen fort. Leckermäuler finden Gelegenheit, sich mit der inzwischen berühmten Cajun-Küche anzufreuden.

79 | 80

Villen und herausgeputzte Landhäuser einträchtig nebeneinander. Der Name des Bezirks leitet sich von den wunderschönen Gärten ab, welche viele Anwesen umgeben.

In der Hitze der Nacht
Nach Sonnenuntergang im French Quarter

Jeden Abend dasselbe Prozedere. In blauweißen Streifenwagen rücken Polizisten an und sperren die *Bourbon Street* mit eisernen Pfosten für den Autoverkehr, der sich tagsüber zusammen mit den Pferdekutschen durch die wohl berühmteste Straße des *French Quarter* drängelt. Der allabendliche Dienstgang der Gesetzeshüter ist so etwas wie ein Startschuß für das Nachtleben im ältesten und lebendigsten Stadtteil von New Orleans.

Schon eine Stunde später ist auf der Bourbon Street der Teufel los. Was das »gemeine Volk« in den nachfolgenden Stunden im French Quarter treibt, betrachten amerikanische Puristen geradezu als Unterwanderung der öffentlichen Moral. Im Land der Anti-Cholesterinkampagnen und Nichtraucherschwadronen, der Keuschheitsfeldzüge und der verbissenen Schlachten von Fernsehpredigern um Einschaltquoten ist für manch bescheidenes Gemüt die »Zügellosigkeit« auf der »sündigsten Meile des Südens« kaum zu fassen. Stünden Kneipengänger in einer anderen amerikanischen Stadt mit gefüllten Bierbechern auf der Straße, wäre das für die Polizei schon Grund genug, dem »haltlosen Treiben« ein Ende zu bereiten.

In New Orleans liegen solche »Bierorgien« durchaus im Rahmen des Gesetzes, sofern das jeweilige Gebräu nicht aus der Flasche, sondern aus dem Plastikbecher genossen wird. Vor Lokalen mit »Live Music« sammeln sich Menschen in dichten Trauben. Der Rhythmus von Dixieland, Reggae und Rock, der aus den offenen Türen und Fenstern tönt, geht kollektiv ins Blut. Die elektrisch bewegten Beine einer Modepuppe wippen einladend aus der Fensterluke eines Striptease-Lokals, und nur ein paar Türen weiter versucht ein baumlanger Türsteher gestikulierend und mit beachtlicher Überzeugungskraft, seinem Kneipenwirt ein paar neue und möglichst zahlungskräftige Gäste zuzuführen.

Restaurants liegen Tür an Tür mit einer aufregenden Kneipenszene, Jazz-Bands sammeln auf Straßen und Plätzen Zuschauer und Zuhörer um sich, als ginge es darum, das Stadtimage als Hochburg von Trompete und Posaune allabendlich aufzupolieren. Im *Maison Bourbon* sowie in der legendären *Preservation Hall* treffen sich Bands, die sich gerne den Anschein geben, daß vor Ort noch traditioneller, nichtkommerzieller Jazz geboten wird. Die Preservation Hall verzichtet sogar auf Bewirtung und läßt Gäste nur auf harten Holzbänken Platz nehmen. Das Ambiente des schmucklosen Raumes mit kahlen Wänden trägt zur Atmosphäre nicht unerheblich bei.

Zu den beliebtesten »In«-Lokalen im French Quarter gehört Pat O'Brian. Die Großkneipe mit ihren drei Bars und einem malerischen, fast mediterran anmutenden Innenhof mit Springbrunnen und Azaleendekoration ist längst zur Legende geworden, weil dort der allseits beliebte und geschätzte Drink *Hurricane* erfunden wurde. Das »Gesöff«, das wie Himbeersaft aussieht und auch so ähnlich schmeckt (vom reichlichen Rum abgesehen), wird in hohen 29-Unzen-Gläsern serviert, die im Preis inbegriffen sind. Wer nach einem üppigen Gelage aber kein halbes Dutzend Gläser mit sich schleppen will, kann sie gegen Bargeld zurückgeben. Bei Pat O'Brien geht es nach Sonnenuntergang zu wie auf einem Rummelplatz. Ober in grünen Jacketts oder weißen Hemden (als Zugeständnis an die schwüle Sommerhitze) schleppen riesige Tabletts mit den farbenprächtigsten und exotischsten Drinks, die man sich vorstellen kann. Andere Kneipen lassen sich im Konkurrenzkampf nicht lumpen und bieten alkoholische Gaumenfreuden an, deren Namen seltsam in den Ohren klingen wie etwa *Jet Fuel Shot* oder *Sex on the Beach*.

Wer den alten Stadtkern von früher her kennt, wird mit Bedauern feststellen, daß sich billige Unterhaltung in den alten Straßenzügen ausbreitet wie Mottenfraß in wertvollem Brokat. Dennoch ist die Atmosphäre im French Quarter noch nicht ganz der Kommerzialisierung zum Opfer gefallen.

79/80 Nach Sonnenuntergang findet im French Quarter niemand mehr seine Ruhe. Nachts beginnt das Viertel sein wahres Leben, wenn in der Preservation Hall und im Maison Bourbon die alten und jungen Meister des Jazz auf der Bühne stehen und sich vom Publikum feiern lassen.

Schlangen, Schrumpfkopf und Schamanen *Der Voodookult*

Nach Einbruch der Dunkelheit verwandeln sich die außerhalb des Touristenzentrums gelegenen Straßen des *French Quarter*. Trüber Laternenschein malt dunkle Schatten auf Wände und Asphalt. Rauschend geht der Nachtwind durch die hohen Bäume an der *Esplanade*, wo sich das Leben hinter zugeklappten Fensterläden abspielt. Im Scheinwerferlicht eines vorbeifahrenden Autos flüchtet eine Katze lautlos in einen Vorgarten. Dann ist wieder Stille im Straßenzug.

Es fällt nicht schwer, sich auf einem nächtlichen Gang durch das schlafende Viertel den tiefsitzenden Aberglauben, die Ängste und Hoffnungen der Bevölkerung im alten New Orleans vorzustellen, wo Weissagungen und Zauberei, Hellseherei und schwarze Magie die Menschen umtrieb. Suchen sie heute Zuspruch und Trost in alten Kirchen und modernen Sekten, so wandten sie sich früher der seltsamen, exotischen und mysteriösen Voodooreligion zu, die an Bord der Sklavenschiffe aus Westafrika nach Amerika kam. Voodoo ist ein Begriff, der Götter und Kulte, Rituale und Fetische umfaßt. Nachdem die schwarze Religion in Louisiana Fuß gefaßt hatte, vereinnahmte sie im Laufe der Zeit bestimmte Elemente des katholischen Glaubens wie etwa die Marienverehrung, wenngleich sich die zentralen Inhalte deutlich unterschieden.

Jahrzehntelang war die Voodoo-Königin Marie Laveau ein Machtfaktor in der Stadt, an der weder die örtliche Polizei noch die lokale Politik vorbeikam. Zeitungen berichteten über geheimnisvolle Kulte mit Schlangen und Hühnerblut, wobei bei »öffentlichen« Veranstaltungen die düsteren Seiten der schwarzen Magie sorgfältig vor den neugierigen Augen der Schaulustigen verborgen wurden. Dennoch geisterten Augenzeugenberichte durch die Medien, in denen von Tänzen halbnackter Priesterinnen um befeuerte Kessel die Rede war, in denen Frösche und schwarze Katzen, Schlangen und anderes Getier kochten. Und wenn in schwülen Sommernächten die Außenbezirke von dumpfen Trommelschlägen widerhallten, kroch so manchem Einwohner des French Quarter ein kalter Schauer über den Rücken.

Voodoo wird auch heute noch praktiziert. In manchen Geschäften werden sogenannte »gris-gris« verkauft, Zaubermittel wie etwa Liebesöl, Machtpuder oder Folge-mir-Bonbons, an deren Wirkung viele Menschen glauben. Auch in der traditionellen Medizin spielen alte Rituale, Voodoopuppen und Pülverchen immer noch eine Rolle. Das *Voodoo Museum* ist voller skurriler Gegenstände, Musikinstrumente, Totenköpfe, Fabelfiguren aus Holz, einer lebenden Python, Figuren mit Krokodilschädel, Schildkrötenpanzer, Rinderschädel mit magischen Zeichen, Schlangen und Skorpionen in Gläsern und Marienfiguren. Selbst persönliche Beratungen werden in diesem Museum angeboten – Voodoo lebt.

Spurensuche unter Flüchtlingen *Reise durch das exotische Cajun Country*

Über zwei Jahrhunderte hinweg haben sich die Nachfahren der von den Briten aus Ostkanada vertriebenen Acadianer ihre Eigenart, ihre Traditionen und Bräuche fast unverfälscht erhalten. *Cajun Country* nennen sie ihre Heimat, dieses sumpfige Schwemmland an der Golfküste Louisianas, wo etwa sechzig Prozent der Fläche aus Flüssen, Seen und Bayous, also kleinen Wasserläufen, besteht. Ein Stückchen altes Frankreich hat dort nicht nur überlebt, sondern prägt eine eigene Kultur aus, die in den vergangenen Jahrzehnten eine noch nie dagewesene Blüte als Touristenattraktion erfahren hat.

Schon im 17. Jahrhundert wanderten Bauern und Fischer aus der Bretagne aus und ließen sich im östlichen Kanada nieder. Als sich Frankreich rund hundert Jahre später aus dieser Region zurückziehen mußte und das dortige Acadia unter britische Herrschaft kam, stellte man die französischsprachigen Einwohner vor die Wahl, entweder der anglikanischen Kirche beizutreten oder sich eine neue Heimat zu suchen. Viele Acadianer machten sich auf die Flucht und landeten schließlich im südlichen Louisiana. Dort gründeten sie als Fischer oder Trapper neue Existenzen, legten Deiche und Däm-

81/82 Nur wenige Meilen von New Orleans entfernt beginnt das Cajun Country, die Heimat der aus Kanada vertriebenen Acadianer, die sich im südlichen Louisiana eine zweite Heimat schufen. Rund sechzig Prozent des Territoriums bestehen aus Wasser – Seen, kleine Weiher, Bayous und Sümpfe. In Houma und Henderson werden Bootstouren in diese feuchte Wildnis angeboten, die von prächtigen Sumpfzypressen und Alligatoren beherrscht wird.

81 | 82

83 | 84

me an und rangen der Natur Ackerflächen ab, auf denen sie Zuckerrohr, Reis und andere Feldfrüchte anbauen konnten.

Aus der Bezeichnung *Acadia* wurde dort zunächst *Cadien*, das als englische Version *Cajun* bis heute überlebte. Im ausgehenden 19. Jahrhundert sah es aus, als würde die Cajun-Kultur bald vom amerikanischen Boden verschwinden. Kinder wurden Anfang des 20. Jahrhunderts gezwungen, in den Schulen nur noch englisch zu sprechen. Das alte Französisch der Cajuns geriet dadurch immer mehr in Vergessenheit. Auch die Kultur des Volksstammes wurde immer mehr verdrängt, alte Traditionen und Bräuche gingen verloren.

Einen Umschwung leitete der Zweite Weltkrieg ein, als in Frankreich stationierte Cajuns sich plötzlich des Wertes ihrer Sprachkenntnisse und ihrer ureigenen Kultur bewußt wurden. Bei der 200-Jahr-Feier der Vertreibung der Acadianer aus Neuschottland 1955 demonstrierten die Cajuns mit Stolz, unterstützt von ihren politischen Führern, ihr wiedergefundenes Selbstbewußtsein. Seit einigen Jahren hat sich das Blatt im Cajun Country völlig gewendet. Der Landstrich bildet, von New Orleans einmal abgesehen, den meistbesuchten Teil Louisianas. Die Kochkunst der Cajuns hat längst ihren Siegeszug durch Hotel- und Restaurantküchen in den ganzen USA angetreten.

Das Cajun Country liegt westlich von New Orleans und beginnt mit *Bayou Lafourche*. An dieser hundert Kilometer langen Wasserstraße liegen Dörfer und Kleinstädte so eng nebeneinander, daß die Gegend den Namen »längste Straße der Welt« bekam. Bayou Lafourche beginnt im Norden bei *Thibodaux*, einem Zentrum des Zuckerrohranbaus in Louisiana. Aus der Plantagenzeit des vorigen Jahrhunderts hat eine Reihe schöner Herrenhäuser die Zeiten überdauert. Die Straße endet auf *Grand Isle*, einer langezogenen, schmalen Insel im Golf von Mexiko. Tobten dort nicht alljährlich schwere Stürme, hätte sich dieser Küstenflecken wahrscheinlich schon längst zu einem renommierten Feriengebiet entwickelt. So aber ist Grand Isle ein abgelegenes Paradies für Großstadtflüchtlinge und Fischer geblieben. Die meisten Häuser stehen wegen der Überschwemmungsgefahr auf Pfählen.

Was einem Louisiana-Urlaub eine echte Prise Abenteuer verleiht, ist eine Sumpftour. Solche Bootsausflüge werden von zahlreichen Unternehmen in einigen Bayougebieten angeboten. Eines der bekanntesten Zentren solcher Touren ist *Houma*, ein Städtchen mit 30 000 Einwohnern, das sich wegen der zahlreichen Kanäle auch gerne in aller Unbescheidenheit das »Venedig Amerikas« nennen läßt.

Am Ufer des Atchafalaya River liegt *Morgan City*, das sich seit der ersten erfolgreichen Offshore-Ölbohrung 1947 zum größten Industriestandort im Cajun Country entwickelt hat. Zu beiden Seiten des Highway 90 reihen sich die qualmenden Schwerindustriezentren auf, in denen Bauteile für Bohrplattformen in aller Welt gefertigt werden. Angesichts der Fabriklandschaft ist heute schwer vorstellbar, daß bei Morgan City 1916 der erste Tarzanfilm gedreht wurde. Aber ein Ausflug zum *Lake Palourde* zeigt, daß im Umkreis der Stadt einige sehenswerte Flecken überlebt haben.

Der Name des Städtchens *New Iberia* am Ufer des Bayou Teche erinnert daran, daß der Ort 1779 von Siedlern von der Iberischen Halbinsel gegründet wurde. Schon im Jahr 1834 entstand die *Shadows-on-the-Teche-Plantage*, deren Herrenhaus im Greek-Revival-Stil zu den ältesten Gebäuden der Stadt zählt. In New Iberia wird Salz gewonnen. Im Bürgerkrieg versorgte diese Gegend sogar die gesamte Armee der Konföderierten damit. Das in der Nähe gelegene *Avery Island*, keine echte Insel, sondern die Spitze eines von Wasser umgebenen Salzdomes, offeriert pfefferscharfe Abwechslung: dort steht die »Wiege« der weltweit bekannten Tabascosauce, die aus rotem Chili hergestellt wird. Die *Jungle Gardens* und *Bird City* bilden zwei Naturschutzgebiete, die vom Sohn des Firmengründers aufgebaut wurden, um den Weißreiher vor dem Aussterben zu retten. In beiden Reservaten mit der für Süd-Louisiana typischen Vegetation leben auch Nutriaratten, Waschbären und Alligatoren.

Die Geschichte der akadianischen Flucht nach Louisiana hat sich besonders nachhaltig mit *St. Martinsville* verwoben. Der Dich-

83 Am Bayou Teche liegt das Städtchen St. Martinsville, das für die exilierten Acadianer in der zweiten Hälfte des 18. Jahrhunderts zur Pforte nach Louisiana wurde. Ein kleiner Pavillon steht am Flußufer bei der berühmten Evangeline-Eiche. Der mächtige Baum erinnert an ein von Henry Wadsworth Longfellow verfaßtes Gedicht, das sich mit dem Schicksal des Acadianerpärchens Evangeline und Gabriel beschäftigt.

84 Längst gehören die Gebrüder Romero zum »Inventar« von St. Martinsville. Außer in den kühleren Monaten des Jahres sind die beiden Originale immer an der Evangeline Oak am Bayou Teche zu finden, wo sie durchfahrenden Touristen alte Geschichten erzählen und auch schon mal mit einem musikalischen Ständchen aufwarten.

ter Henry Wadsworth Longfellow (1807 bis 1882) verewigte die Liebesgeschichte von Emmiline Labiche und Louis Arceneaux, die während des Exodus getrennt wurden, in seinem Gedicht »Evangeline«. Am Ufer des Bayou Teche steht heute nicht nur eine nach dem Mädchen benannte Eiche, sondern auch ein Denkmal der Evangeline (hinter der Kirche), die der Ortschaft mittels der Verse von Longfellow zu touristischer Prominenz verhalf. Im Schatten von *Evangeline Oak* sitzen den Sommer über mit Akkordeon und Triangel die Gebrüder Romero, die alte Geschichten erzählen und längst zum lebenden Inventar geworden sind.

Die schönste Zeit, um *Lafayette* einen Besuch abzustatten, ist März und April, wenn die Azaleen blühen. In kaum einem Vorgarten fehlen die meist roten Farbflecken dieser wunderschönen Büsche. Die Pflanzen sind für das südliche Louisiana so typisch, daß die örtliche Touristeninformation eine Broschüre mit den sehenswertesten Azaleenstraßen herausgibt, die sich im Frühjahr in blühende Hohlwege verwandeln. Manche der aus Ostasien eingeführten Büsche wachsen sich zu wahren Blütenbergen aus und werden bis zu fünfzig Jahre alt. Azaleen schmücken auch den Campus der *University of Southwestern Louisiana*, an der rund 16000 Studenten eingeschrieben sind. Eine noch größere Attraktion als die blühenden Büsche ist der dortige *Cypress Lake* mit seinen knorrigen Zypressen. Dieser Teich brachte dem Universitätsgelände den Ruf ein, der einzige Campus Nordamerikas zu sein, auf dem Alligatoren in Freiheit leben.

Die neueste Attraktion in Lafayette ist das *Acadian Cultural Center* beim Flughafen, das 1994 eingeweiht wurde. Es ist eine Hommage an die Kultur der Cajuns. Im Zentrum wird ein Film über die Geschichte gezeigt. In mehreren kleinen Ausstellungen zu Themen wie Musik, Religion, Kleidung und Wirtschaft ist das Leben der Cajuns von heute und gestern mit vielen Fotos, Schautafeln und originalen Gegenständen dokumentiert.

Den besten Einblick in die Kultur der Cajuns verschaffen zwei idyllische Museumsdörfer. *Vermilionville* (beim Acadian Cultural Center) besteht aus zahlreichen originalen Gebäuden, die sich um einen kleinen Wasserlauf scharen. »Einwohner« in traditionellen Trachten demonstrieren altes Handwerk, erzählen vom »damaligen« Leben oder unterhalten die Gäste in der großen Halle mit Cajun-Tanzmusik. Folgt man seiner Nase, landet man unweigerlich in der Kochschule, wo Spezialitäten wie etwa Jambalaya auf dem Küchenzettel stehen. *Acadian Village* ist ein vom Zeitenwechsel vergessener Flecken des Cajun Country, in dem schon mancher Besucher einen heftigen Nostalgieanfall erlitt angesichts der malerischen Szenerie mit einem seerosenbewachsenen Teich, in dem die umliegenden Pionierhäuser und eine Kirche ihre Spiegelbilder baden.

Südwestlich von *Abbeyville* beginnt die Einsamkeit der Salzmarschen, in denen mehrere Naturschutzgebiete liegen. Das flache, von Wasserläufen durchzogene Land dient an manchen Stellen wie etwa bei *Grand Chenier* als Weidegrund, wo die Kühe im Frühjahr bis zu den Bäuchen in blühenden Blumen stehen und sich im Schatten riesiger, bemooster Eichen Schatten suchen. *Holly Beach* mit seinen flachen und gut zugänglichen Stränden nennt sich auch »Cajun Riviera« – ein hübscher Flecken für einen Badetag – oder auch einen zweiten. Mit einem renommierten Badeort vergleichbar ist Holly Beach natürlich nicht. Es gibt weder große Hotelbauten noch eine kulinarische »Szene«, und der Sonnenuntergang ist normalerweise das einzig erwähnenswerte Ereignis des lokalen Nachtlebens. Allerdings gibt es jedes Jahr eine Ausnahme. Wenn die jungen Leute an diesem Golfküstenabschnitt das *Cajun Riviera Festival* feiern, ist der Teufel los in der ansonsten verschlafenen Gemeinde.

Landeinwärts reicht der *Calcasieu Lake* fast bis nach *Lake Charles* hinauf, der größten Stadt im südwestlichen Louisiana. Ihre in jüngerer Zeit erheblich gesteigerte Attraktivität verdankt sie weniger ihrer Lage an einem kleinen See, sondern eher der Tatsache, daß auf diesem Gewässer ein Spielkasino in Gestalt eines Mississippidampfers schwimmt. Die Industrien in der Gegend erinnern daran, daß in Lake Charles 1868 die Geschichte der Öl- und Gasförderung in Louisiana mit der ersten Bohrung begann.

85 Cajun Country ist kein von der modernen Hektik getriebener Landstrich. Die Menschen haben noch Zeit füreinander, und der Bayou Teche führt sein Wasser gemächlich an St. Martinsville vorbei, wie er es schon zu jener Zeit tat, als »King Cotton« den amerikanischen Süden beherrschte.

86/87 Im Vermilion Village bei Lafayette geht alles seinen Gang wie im ausgehenden 18. Jahrhundert, als die aus Kanada vertriebenen Acadianer (Cajuns) dort ihre Ansiedlung aufbauten. Heute werden die Besucher des Dorfes von traditionell kostümierten »Einwohnern« willkommen geheißen. Wer sich für Cajun-Spezialitäten interessiert, kann sich bei Kochvorführungen in die Geheimnisse der Cajun-Küche einweihen lassen.

85–87

88 | 89

88 Im Acadian Village in Lafayette hat sich in den vergangenen 200 Jahren nicht viel verändert. Jedenfalls vermittelt das Acadianerdorf diesen Eindruck seinen Gästen, welche die Ruhe und Beschaulichkeit des hübschen Pionierortes in vollen Zügen genießen können.

89/90 Auch Louisianas Hauptstadt Baton Rouge will nicht ohne Museumsdorf auskommen. Im Rural Life Museum sind unterschiedliche Pionierhäuser und Sklavenunterkünfte aufgebaut. Außerdem kann man sich in einer ehemaligen Schule einen Eindruck von der amerikanischen Pädagogik im 19. Jahrhundert machen.

91 | 92

Feuerschluckende Trendsetter
Die Cajun-Küche macht im Süden Furore

Schon vor Jahrzehnten machte sich die exotische Küche von New Orleans einen Namen, als dort Gäste aus anderen Landesteilen so völlig unamerikanische Spezialitäten wie *Andouille* und *Boudin* entdeckten, Wurstsorten, die es früher in keiner anderen Ecke des nordamerikanischen Kontinents zu probieren gab. Auch ein Gaumenschmaus wie das Gebäck *Beignet* war etwas, was amerikanische *Doughnuts* zumindest mit seiner Fremdartigkeit in den Schatten stellte.

Seit Jahren macht die Cajun-Küche im Süden Louisianas mit ihren Spezialitäten Furore, die inzwischen in den High-Society-Restaurants von New York, Chicago oder Los Angeles angeboten werden – wenngleich es sich ursprünglich einmal eher um Arme-Leute-Speisen handelte. Das allseits beliebte *Gumbo* etwa ist eine Art Eintopf aus unterschiedlichen Zutaten wie Hühnerfleisch, Andouille, Okra, Shrimps oder Fisch. Grundsätzlich gehört jedoch Reis dazu. Zumindest dem Namen nach ist *Jambalaya* bekannt (vor Jahren gab es einen Gassenhauer gleichen Namens, der aus jedem Radio und jeder Musikbox tönte), das etwa folgendermaßen zubereitet wird: Man läßt Margarine in einem Topf zergehen, gibt kleingehackt Sellerie, Zwiebeln und Knoblauch hinzu und brät das Ganze kurz an. In den Topf kommen dann gekochter Reis und geschälte Tomaten sowie etwas Zucker (das nimmt die Säure). Zum Schluß folgen kleingeschnittenes Fleisch (Pute oder Rindfleisch), Shrimps und spezielle Cajun-Gewürze. Die Mahlzeit muß eine knappe halbe Stunde köcheln, ehe das fertige Jambalaya serviert werden kann.

Die Krone unter den Cajun-Spezialitäten gebührt dem *Crawfish*, der wie ein kleiner Hummer aussieht und nur im Frühjahr frisch gegessen wird. Ein ganz besonderes Ereignis ist im Mai das Crawfish Festival in *Breaux Bridge*, zu dem Leckermäuler auch aus anderen Bundesstaaten anreisen. Als »Crawfish Town USA« bezeichnet sich ein zünftiges Lokal in *Henderson*. Die Speiseräume sind mit niedrigen Holzdecken sehr rustikal hergerichtet. Tischdecken gibt es keine, dafür Handwaschbecken mitten im Restaurant. Die braucht man auch, denn Crawfish wird mit den Händen gegessen. »Verwertbar« ist nur der Schwanz, der ähnlich wie Shrimps schmeckt. Kenner schwören auf das im Brustpanzer des Schalentiers versteckte süßliche Fett, das nicht jedermanns Sache ist.

Cajun-Mahlzeiten zeichnen sich nicht unbedingt durch mengenmäßige Beschränktheit und Kalorienarmut aus. Das gilt selbst für Imbisse, die eher den kleinen Hunger stillen sollen wie *Muffulettas* oder *Po-Boys*. Diese Sandwiches mit Roastbeef, Schinken, Krabbenfleisch und eingebackenen schwarzen Oliven sind so opulent, daß mit einem halben Sandwich auch ein ausgesprochener »Vielfraß« zufriedengestellt werden kann.

Sumpfiges Märchenland
Abenteuertrip ins Reich der Alligatoren

Der Süden der USA besitzt exotische Landschaften en masse. Besonders tut sich in dieser Beziehung Louisiana mit seinen riesigen Sümpfen hervor. Manche von ihnen sind so abgelegen und unzugänglich, daß sich kaum einmal ein Mensch dorthin »verirrt«. Ganz so naturbelassen sind jene Gebiete, die von den Unternehmern von Sumpftouren angesteuert werden, natürlich nicht. Trotzdem bekommt man auf diesen abenteuerlichen Ausflügen einen Eindruck von der Natur, die sich so manchen paradiesischen Flecken erhalten hat.

Größtes Sumpfgebiet ist das *Atchafalaya Basin* im Dreieck zwischen Baton Rouge, Layafette und Morgan City. Vor ungefähr 5000 bis 10 000 Jahren bildete diese Senke das Mündungsgebiet des Mississippi in den Golf von Mexiko. Seit damals unternahm »Ol' Man River« mehrere Versuche, seinen Weg zur Küste durch diese Senke abzukürzen und statt der 504 Kilometer über Baton Rouge und New Orleans einen Weg von nur 228 Kilometer bis zum Meer zu nehmen – zuletzt geschehen bei einer riesigen Überschwemmung 1973. Ein gigantisches System von Deichen hält den Mississippi sowie den Atchafalaya River heute auf getrennten Routen.

91/92 Shrimpkutter und Fischerkähne säumen die Ufer des Bayou Lafourche, der sich über mehr als hundert Meilen von Thibodaux bis zum Golf von Mexiko erstreckt. An der Küste endet der schmale, aber für die Schiffahrt und Fischerei wichtige Wasserlauf auf Grand Isle. Die Insel wäre wahrscheinlich schon längst zum Urlauberparadies geworden, fielen nicht häufig Hurrikane über sie her. So ist sie bis heute ein wenig frequentierter, ruhiger Flecken geblieben, was vor allem Freizeitangler zu schätzen wissen.

Da der Wasserstand im Atchafalaya-Becken durch Sperren und Schleusen künstlich reguliert wird, gibt sich der Riesensumpf deshalb nicht mehr ganz naturbelassen. Die Eingriffe ins Gleichgewicht der Natur begannen um die Jahrhundertwende, als holzverarbeitende Unternehmen große Zedern zu fällen begannen, um Bauholz zu gewinnen. In den Jahrzehnten danach entdeckte die Ölindustrie die Region. Der Staat zwingt die Firmen heute, alte Plattformen abzubauen, um dem Becken seine frühere Unberührtheit zurückzugeben. Die findet man an vielen Stellen, wo keine Hausboote vor Anker liegen und Alligatoren in aller Abgeschiedenheit Inseln bauen, um Eier zu legen und Nachkommen großzuziehen.

Am interessantesten sind Touren durch Atchafalaya im Sommer, wenn das Wasser am niedrigsten steht. Mit flachen Booten fahren Sumpftouristen von *Henderson* durch die Areale, in denen die Stümpfe längst geschlagener Bäume eine Landschaft von seltsamem Reiz prägen. Von jüngeren Zedern hängt das dekorative »Spanische Moos«, als sei für einen Gruselfilm eine Kulisse aufgebaut worden. Mit nichttoxischen Sprühmitteln versucht der Staat, der Wasserhyazinthen Herr zu werden, die – so schön sie während ihrer Blütezeit auch sind – riesige Flächen überwuchern und für Motorboote unzugänglich machen.

Einen zünftigen Eindruck vom früheren Trapperleben in den ausgedehnten Sumpfgebieten Louisianas vermitteln die *Wildlife Gardens* in *Gibson* bei Houma. Die Sumpftouren unternimmt man dort zu Fuß und hat dabei die Gelegenheit, neben einer Alligatorfarm, seltenen Wasserschildkröten und vielen anderen Tieren und Pflanzen auch eine Trapperhütte zu sehen, die ehemals von Sumpfjägern bewohnt wurde. Wer seinen Urlaub ganz stilecht gestalten möchte, kann sogar in einem (nachgebauten) Trapperblockhaus mitten im Sumpf übernachten. Eine besondere Attraktion der Wildlife Gardens sind nächtliche Sumpftouren per Boot, die hierzulande wahrscheinlich unter dem Motto »Von einem, der auszog, das Fürchten zu lernen« vermarktet werden würden – aus der Dunkelheit leuchten die roten Augen der Alligatoren.

Nostalgie am »Ol' Man River«
Berühmte Plantagen am Mississippi

Louisiana ist der einzige Staat der USA, der vom Mississippi in zwei Hälften geteilt wird. Und New Orleans ist der einzige Platz innerhalb der USA, wo man den großen Strom überqueren kann, ohne in eine andere Stadt oder einen anderen Bundesstaat zu gelangen. Der mächtige Fluß gehört zur Stadt und deren Flair wie das French Quarter, obwohl er schon mehr als einmal ganze Viertel überschwemmte. Ein Großteil von New Orleans liegt nämlich bis zu zwei Metern unter dem Meeresspiegel und bis zu vier Metern unter dem Wasserspiegel des Mississippi.

Wie kein anderes amerikanisches Gewässer hat der »Ol' Man River« die Phantasie von Dichtern, Komponisten und Malern beschäftigt. Prominenz erlangte unter den literarischen »Kommentatoren« vor allem Mark Twain, der den wirtschaftlich außerordentlich wichtigen Wasserweg gewissermaßen als Symbol nationaler Größe und Beständigkeit im Bewußtsein Amerikas verankerte. Zwischen New Orleans und Louisianas Hauptstadt *Baton Rouge* reihen sich am Flußufer einige noble Plantagenresidenzen auf, die aus der Blütezeit der Pflanzeraristokratie übriggeblieben sind.

Bei weitem am bekanntesten ist die *Nottoway Plantation* bei White Castle, das eleganteste und größte »Mansion« im gesamten Süden aus dem Jahr 1859. Der weiße Riesenbau ist vollkommen aus Holz, vornehmlich Zedernholz, das vor der Verarbeitung vier bis sechs Jahre im Wasser liegengelassen wurde, um es resistent gegen Termiten zu machen. Prächtigster Raum ist der Ballraum, der zeigt, daß der Hausbesitzer keine Gelegenheit ausließ, sein Vermögen zur Schau zu stellen. Dort stehen zwei handgeschnitzte Holzsäulen, die von eigens aus Europa geholten Handwerkern mit geschnitzten Kapitellen versehen wurden. Der Fußboden besteht aus Ahornholz, während man etwa für das Treppengeländer Mahagoni aus Honduras verwendete. In dem vornehmen, weißgetünchten Saal fanden die Hochzeiten von sechs der aus dem Haus stammenden Töchter im Licht französischer

93 Von der Spitze des State Capitol reicht der Blick weit über Baton Rouge, die Hauptstadt Louisianas am Ufer des Mississippi River. In der Parkanlage vor dem Wolkenkratzer fand der ehemalige Gouverneur Huey Long (1893–1935) seine letzte Ruhestätte, der zu den schillerndsten Politikern der USA zählte. Long setzte sich zwar in vielerlei Hinsicht für die Belange einer breiten Bevölkerung ein, verwaltete sein Amt aber sehr autokratisch wie ein »Bürgerkönig« und zog sich durch seine Geltungssucht viel Kritik zu. 1935 fiel er im Kapitol einem Mordanschlag zum Opfer.

94 Im Zentrum, wie etwa in der Fourth Street, an deren Ende sich das 34 Stockwerke hohe State Capitol erhebt, gibt sich Baton Rouge sauber und aufgeräumt. Der Wolkenkratzer entstand in der Regierungszeit des berühmt-berüchtigten Gouverneurs Huey Long 1931/32.

Folgende Abbildung:

95 Ein grüner »Tunnel« aus uralten Eichen führt zur restaurierten Pflanzervilla Rosedown in St. Francisville (Louisiana). Das mit antikem Mobiliar ausgestattete Anwesen stammt aus dem Jahr 1835 und liegt in einem wunderschönen Park mit Kamelien und Azaleen.

93 | 94

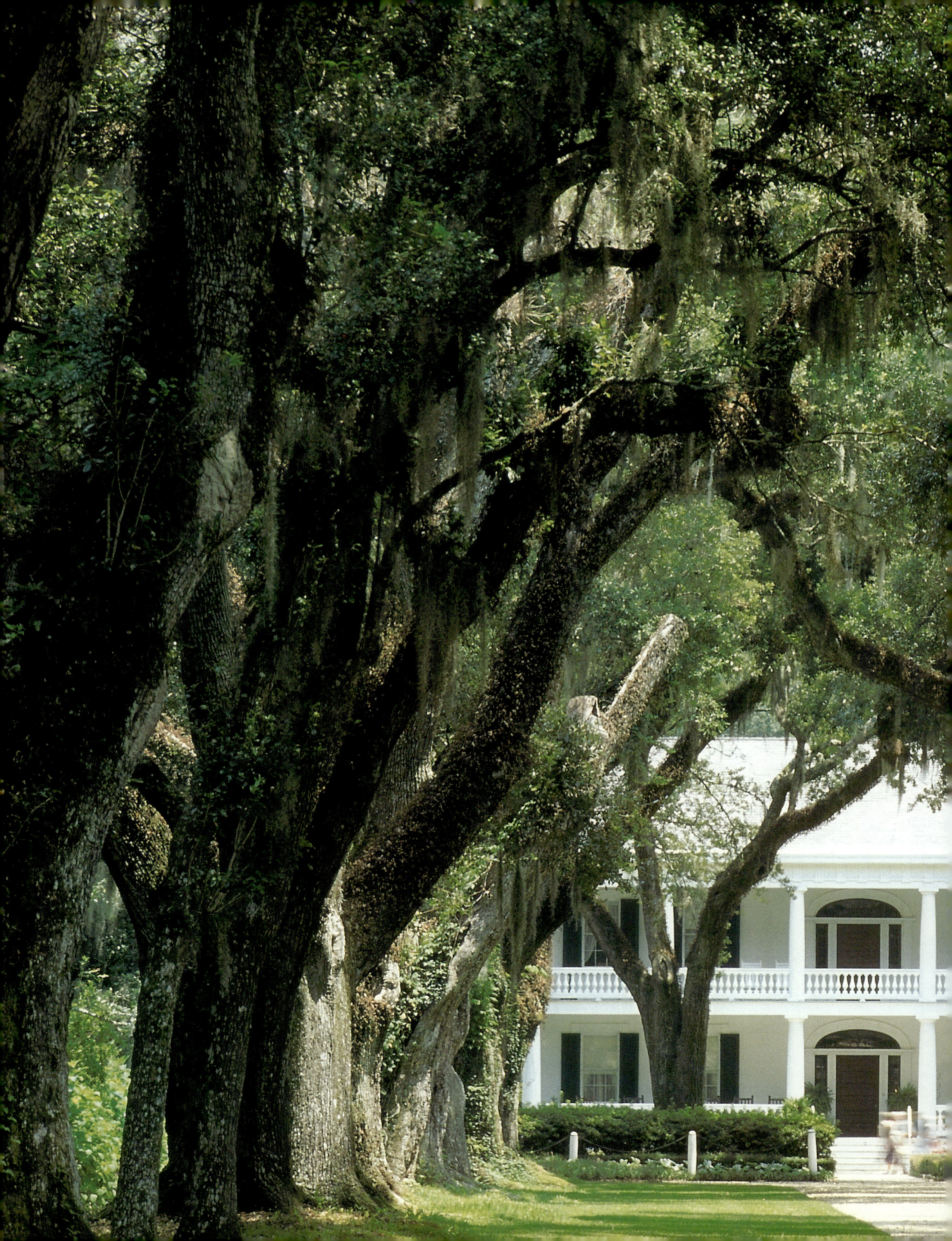

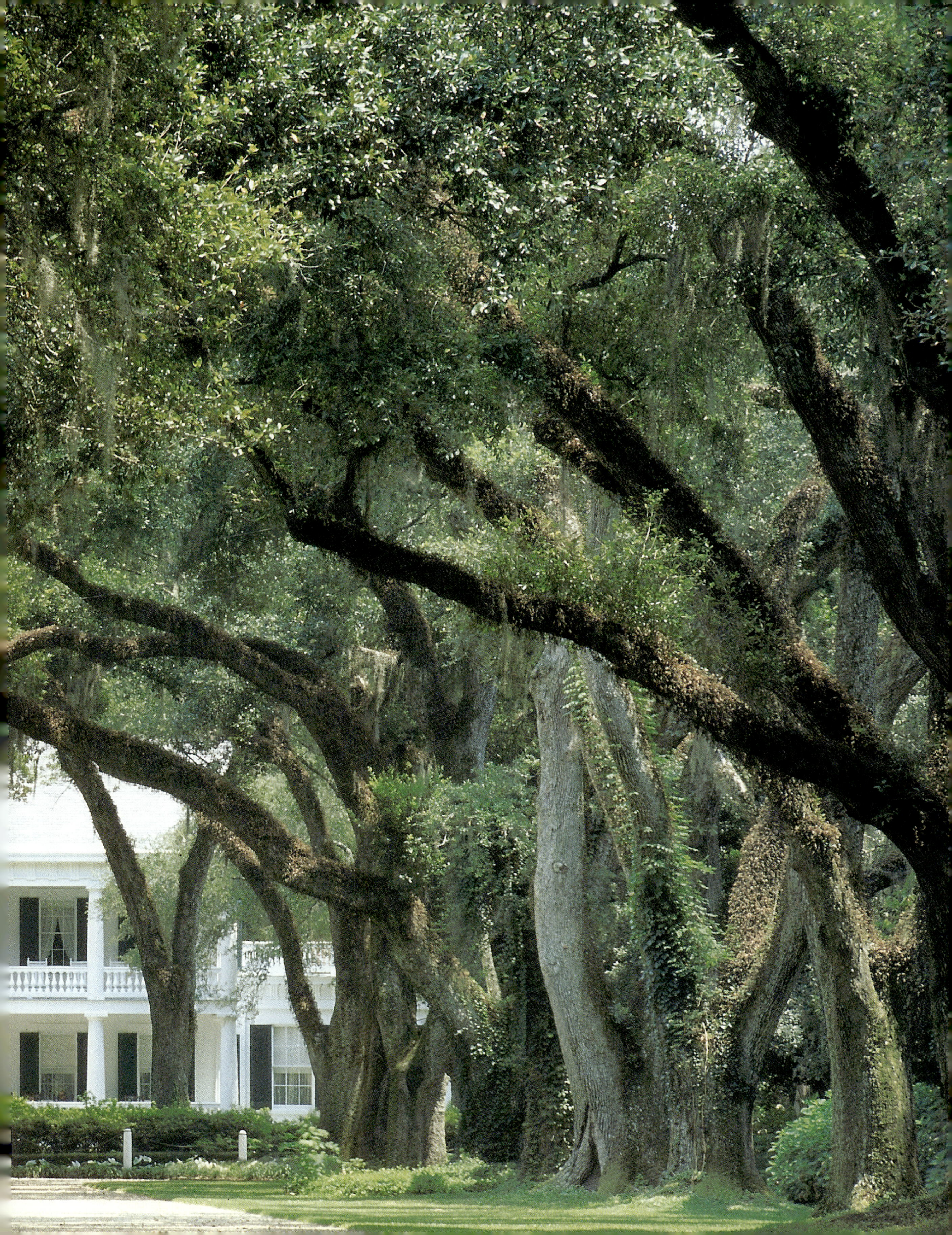

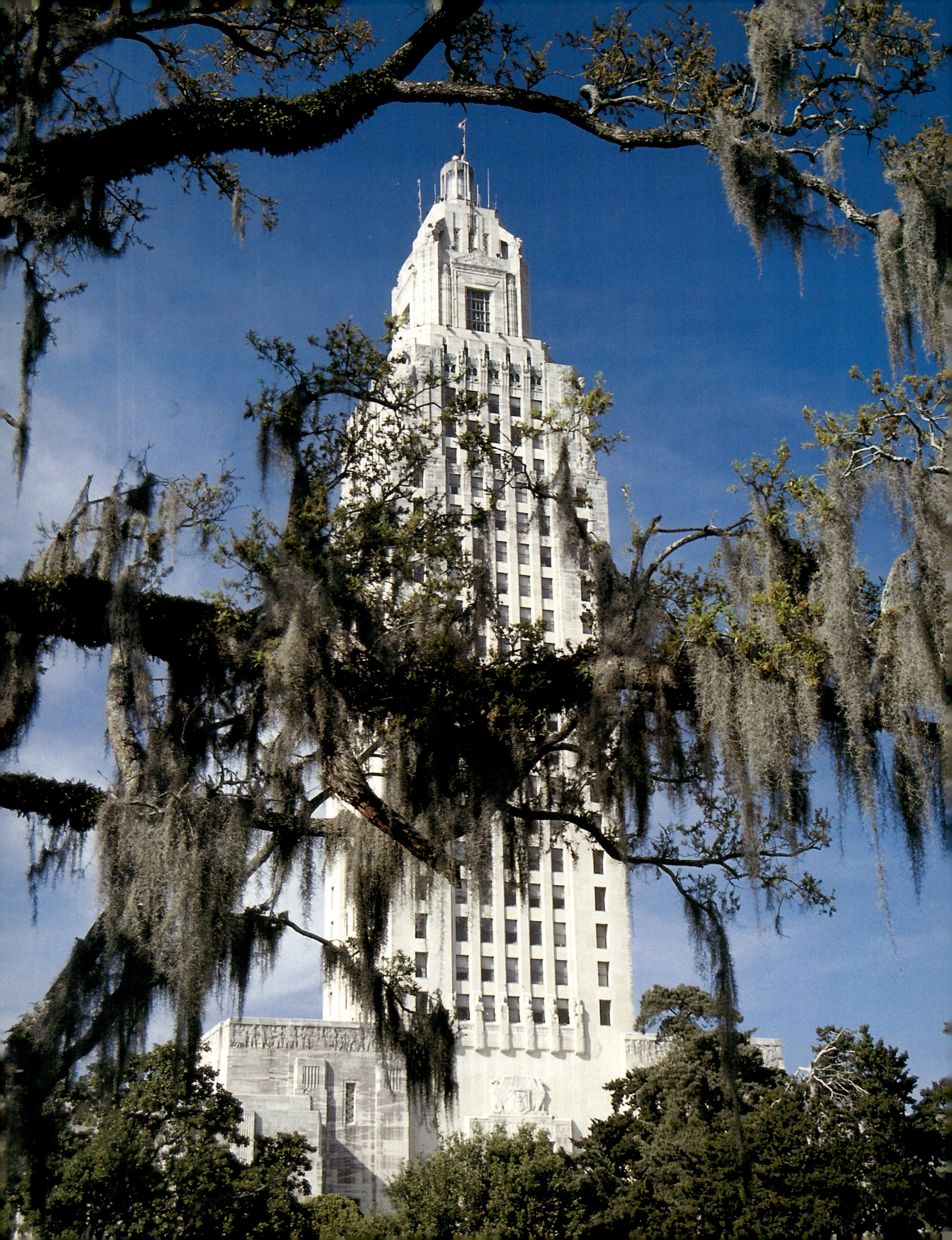

Kronleuchter statt. Bei großen Festen wie diesen legten die knapp sechzig Bediensteten draußen im Garten Teppiche aus, weil auch dort die erlesenen Speisen serviert wurden. Pflanzen und Bäumchen in großen Schalen dienten dem Zweck, das Orchester hinter einer Laubwand zu verstecken, weil man schließlich unter sich sein wollte.

Nottoway war »natürlich« mit den neuesten technischen Errungenschaften ausgestattet wie etwa fließendem heißem und kaltem Wasser. Auf dem Hausdach installierten die Baumeister zwei Zisternen, von denen Kupferrohre so am Kamin vorbeigeführt wurden, daß sich das Wasser erhitzen konnte. Als besonderes Statussymbol dienten Wandschränke, von denen der Hausbesitzer insgesamt 26 einbauen ließ. Damals berechnete sich die Haussteuer nach Räumen, wozu auch Wandschränke zählten. Reiche Leute demonstrierten durch viele Wandschränke, daß sie sich diesen Luxus leisten konnten. Auch bis auf den Boden reichende Vorhänge besaßen diesen Demonstrationseffekt.

In den Dimensionen viel kleiner und dem Charakter nach weniger vornehm, dafür aber viel gemütlicher ist die *Tescuco Plantation*. Ihre Lage genau neben einer Ölraffinerie zeigt, welchen Sprung die Industrialisierung der Region seit dem Beginn des 20. Jahrhunderts nach vorne tat. Tescuco besteht aus unterschiedlichen Landhäuschen, die sich inmitten schöner Gartenanlagen um das Haupthaus gruppieren. Das originale Mobiliar zeigt, daß man dort trotz des weniger luxuriösen Äußeren doch in großem Wohlstand lebte. Noch deutlicher macht diesen Eindruck die *Oak Alley Plantation*. Sie bekam ihren Namen durch eine der schönsten Eichenalleen in ganz Louisiana. Insgesamt 28 Bäume mit ihren riesigen Kronen säumen die Allee und führen vom heutigen Mississippidamm bis vor das historische Plantagengebäude mit seiner Säulenfassade. In der Vergangenheit mußte die Anlage mehrmals als Filmkulisse herhalten, so etwa in dem Streifen »Fackeln im Sturm«.

Auch im Norden der Hauptstadt Baton Rouge dehnt sich noch das alte Plantagenland von Louisiana aus. Im Zentrum der dortigen Region West Feliciana liegt das Städtchen St. Francisville mit einem sehenswerten historischen Kern, der aus zahlreichen Häuschen und Kirchen aus dem 19. Jahrhundert besteht. Ziegelgepflasterte Gehsteige führen um die putzigen Gärten, von denen einer hübscher hergerichtet ist als der andere. Unter den großen Plantagen ist *Rosedown* eine der schönsten. Eine großartige Allee imponierender Eichen führt zum 1835 erbauten zweigeschossigen Herrenhaus mit einer blütenweißen Fassade, die als Kulisse jedem amerikanischen Kostümfilm alle Ehre machen würde. Parkanlagen im Stil französischer, englischer und italienischer Gärten umgeben den weitläufigen Besitz.

Im Nordwesten von St. Francisville liegt *Greenwood Plantation* mit einem Herrenhaus im neogriechischen Stil, der in der ersten Hälfte des 19. Jahrhunderts im Süden der letzte Schrei war. Das aufwendige Leben der damaligen Plantagenbesitzer machten mehrere hundert Sklaven möglich, die Grund und Boden bewirtschafteten und ein mehr als dürftiges Dasein fristen mußten. Weitere ehemalige Landsitze liegen entlang dem Highway 61, der im Norden von St. Francisville über die Grenze in den Bundesstaat Mississippi und weiter nach Natchez am Mississippi River führt.

96 Die Kontraste im Süden der USA können beträchtlich sein, wie etwa der Park um Louisianas State Capitol in Baton Rouge zu erkennen gibt. Durch die langen, zerzausten Moosbärte alter Eichen blickt man auf die moderne, 135 Meter hohe Wolkenkratzerarchitektur aus Stahlbeton.

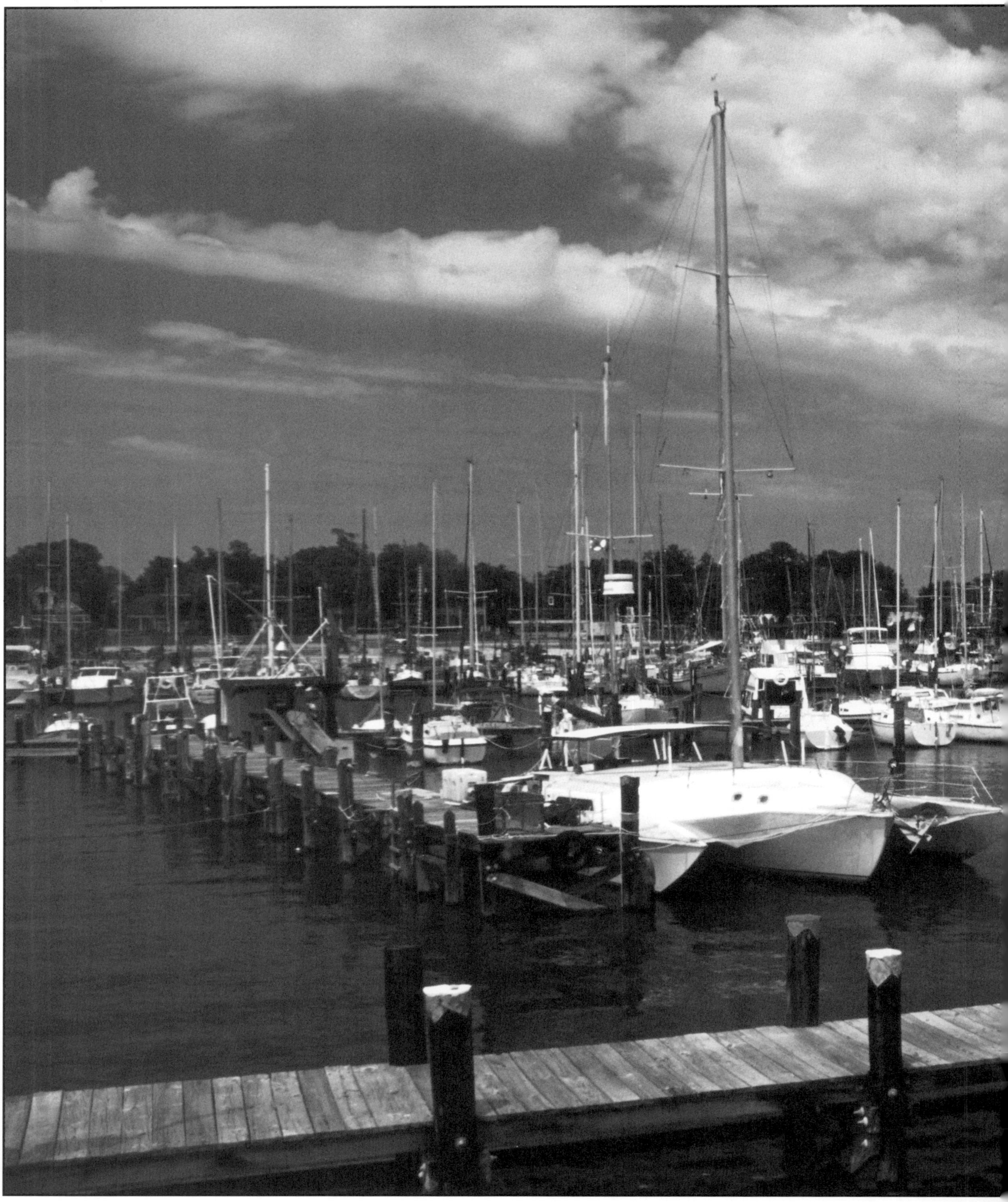

Malerisches Armenhaus mit Patina
Der Magnolienstaat Mississippi

Touristische Randerscheinung Mississippi

Wie nostalgische Erinnerungen an längst vergangene Zeiten hängen die gekräuselten Moosbärte von den Bäumen um den kleinen Teich. Der Tag ist noch so jung, daß noch nicht einmal die Frösche mit ihrem Morgenkonzert begonnen haben. Die ersten Sonnenstrahlen blinzeln über den Horizont und verwandeln die taufrischen Wiesen in eine Landschaft funkelnder Edelsteine. Am Teichufer recken sich die knorrigen Luftwurzeln der Zypressen aus dem feuchten Moorboden und bilden ein seltsam-bizarres Miniaturgebirge aus rötlichem Holz. In der Ferne kringelt sich eine Rauchfahne aus dem Kamin eines Gehöftes. Die Rinder um den Bauernhof stehen bis zu den Bäuchen im Bodennebel, den die Sonne eben erst aufzutrocknen angefangen hat.

Stille und Beschaulichkeit, die in ländlichen Gegenden bis an die Stadtränder regieren, sind ein Kennzeichen des Bundesstaates Mississippi. Den Namen bekam das Territorium vom Mississippi River, den die alten Choctaw-Indianer als den »Vater der Gewässer« bezeichneten. Heute markiert er die westliche Staatsgrenze zu Louisiana und Arkansas. Seit Jahrhunderten stellt er sich bereitwillig als Verkehrs- und Transportweg zur Verfügung. Der französische Entdecker Robert René Cavalier, Sieur de La Salle, war im letzten Viertel des 17. Jahrhunderts wahrscheinlich der erste Europäer, der mit seinen indianischen Begleitern auf einem Kanu den Fluß hinunterfuhr, um 1682 das gesamte Mississippibecken für seinen König zu beanspruchen. Bescheidenheit war keine Tugend der Entdecker. Heute demonstrieren riesige Tanker, Lastkähne und Frachtschiffe, daß seit La Salles Zeiten viel Wasser den Strom hintergeflossen ist.

Daraus zu schließen, daß die moderne Entwicklung den Staat umgekrempelt hat, scheint im Landesinneren geradezu vermessen. Abseits der wenigen größeren Städte, die sich auf der Staatsfläche verlieren, hat sich während der letzten hundert Jahre nicht allzuviel verändert. Die Farmer beobachten wie eh und je mißtrauisch ihre Baumwollfelder, ob sich denn auch alles zu ihrer Zufriedenheit entwickelt. Die Cowboys bessern in den Weideregionen die Zäune aus wie schon ihre Väter und Großväter. Und der schwarze Landarbeiter sitzt nach des Tages Mühe in seiner Latzhose auf der Veranda seines Holzhäuschens und träumt über der Melodie, die er auf dem Familien-Banjo mit schrundigen Fingern zupft, von einer besseren Zukunft oder vielleicht auch bloß von einem weniger anstrengenden nächsten Tag.

Doch der Schein trügt. Mississippi hat sich verändert. Stark sogar. Der 2,6 Millionen Einwohner zählende Staat rangiert Mitte der neunziger Jahre in den Wirtschaftsstatistiken am Ende der nationalen Rangliste, gemessen etwa am Pro-Kopf-Einkommen (zirka 10000 Dollar), am Familieneinkommen (rund 31000 Dollar), am Anteil der Bevölkerung unter der Armutsgrenze (über 25 Prozent) oder an der Arbeitslosenrate, bei der Mississippi landesweit mit über sieben Prozent auf dem dritten Platz liegt. Diese Daten geben den »Magnolienstaat«, wie sein Beiname lautet, als das Armenhaus Amerikas zu erkennen mit der größten schwarzen und der kleinsten weißen Bevölkerung in der Nation. Dieses Bild steht in hartem Kontrast zu den eleganten Residenzen und prachtvollen Millionärsvillen, die in Natchez den Bürgerkrieg fast unbeschadet überstanden und heute dem Städtchen seine touristische Attraktivität verleihen. Man fragt sich zu Recht, ob es etwa einen ursächlichen Zusammenhang zwischen dem früheren Reichtum und der heute grassierenden Armut im Lande gibt.

Die Geschichte der vergangenen 200 Jahre beantwortet diese Frage. Im ausgehenden 18. und beginnenden 19. Jahrhundert verdrängten zuwandernde Siedler in Mississippi die dort seit langem lebende Indianerbevölkerung und begannen mit dem Anbau von Baumwolle. Dieses Produkt dominierte die staatliche Wirtschaft bis nach dem Zweiten Weltkrieg, was nicht ohne Auswirkungen auf Gesellschaft und Politik im Lande blieb. Über die Jahrzehnte bildete sich eine erzkonservative Pflanzeraristokratie heraus, die sich auf dem Rücken rechtloser und armer Sklaven, nach dem Bürgerkrieg unterprivilegierter Landarbeiter, einen unermeßlichen Reichtum erwirtschaftete. Ohne Scham stellte diese abgehobene Oberschicht ihren Luxus zur Schau, zementierte über

Vorausgehende Abbildung:

97 Einträchtig dümpeln elegante Jachten und sturmerprobte Fischkutter im Hafen von Pass Christian an der Golfküste des Bundesstaates Mississippi nebeneinander. Die Spielkasinoindustrie, die seit den neunziger Jahren das Gesicht zahlreicher Orte im Staat veränderte, hat diesen beschaulichen Flecken noch nicht erreicht.

98–100 Mississippi gibt sich gerne traditionsverbunden. Die weiße Bevölkerung hängt mit ganzem Herzen an den alten Zeiten, als die Plantagenwirtschaft das Land und seine Einwohner dominierte. Die alljährlich veranstalteten Kostümfeste pflegen nostalgische Erinnerungen und dienen gleichzeitig auch dazu, die gegenwärtigen Sorgen und Probleme zumindest ein Wochenende lang zu vergessen.

98-100

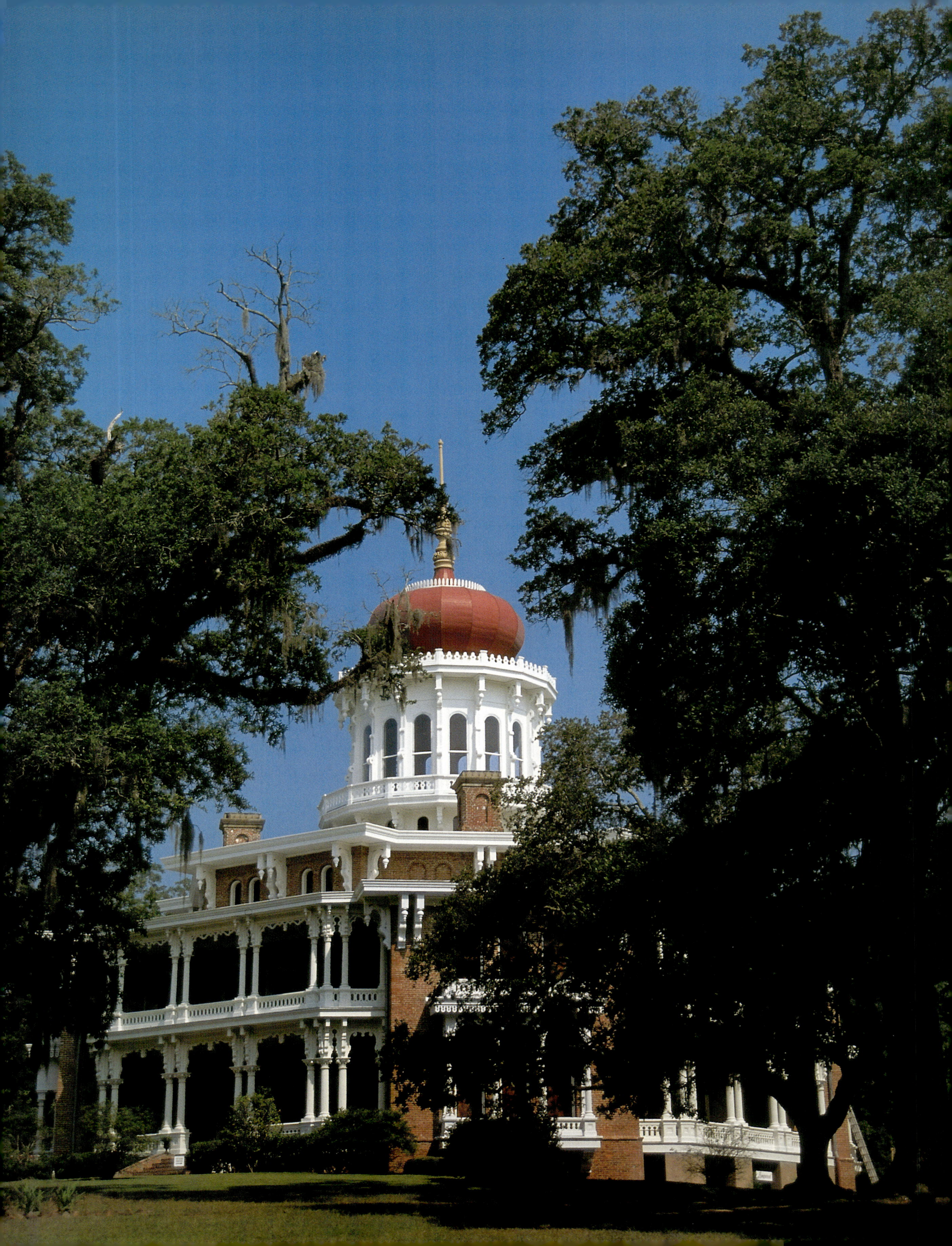

Generationen hinweg ein unbewegliches Gesellschaftssystem, das sich auch durch das Verbot der Sklaverei nach 1865 nicht grundsätzlich, sondern nur in Nuancen änderte.

Die einzigen Investitionen, die getätigt wurden, dienten dem Zweck, noch mehr Land zu kaufen, um noch mehr Baumwolle und damit noch größeren Reichtum »produzieren« zu können. An den Anbau anderer Produkte oder an Investitionen etwa in eine Industrialisierung des Landes wurde nie gedacht. Der »Baumwolldollar« hatte die Cotton-Könige blind gemacht. Als im 20. Jahrhundert eine Schädlingsepidemie viele Kulturen vernichtete, die Weltwirtschaftskrise einsetzte und Farmer im Westen als Konkurrenten in den Markt eingestiegen waren, erlebte die einseitige Wirtschaft einen rapiden Niedergang. In den letzten Jahrzehnten entstand zwar eine diversifizierte Wirtschaft, aber unter den Konsequenzen der ehemaligen Baumwolldominanz und allem, was damit zusammenhing, leidet Mississippi bis heute.

Scarlett O'Hara läßt grüßen
Historische Feste haben in Mississippi Hochkonjunktur

Mit regelmäßiger Pünktlichkeit erwacht in Mississippi zweimal im Jahr die Vergangenheit in alter Pracht zu neuem Leben, nämlich im Frühjahr und im Herbst. Daß es sich dabei nicht um Reminiszenzen an die Sklavenzeit handelt, versteht sich von selbst. Zwangsarbeit, Unterdrückung, Rechtlosigkeit und Armut sind keine Geschichtskulissen, in denen es sich im 20. Jahrhundert nach Lust und Laune feiern läßt. Nein, zu den gegebenen Zeiten nimmt das in Reifrock gekleidete und mit Säbel und Litzen dekorierte Mississippi des 19. Jahrhunderts Gestalt an. Die feudalen Pflanzerdynastien und Plantagenkönigreiche feiern ihre Auferstehung als Touristenspektakel, wenn im April und Mai die weißen und rosafarbenen Blüten der Hartriegelbäume die Gärten schmücken und im Herbst die Nächte bereits merklich kühler werden.

In zahlreichen Orten und Städten veranstalten lokale Traditions- und Gartenvereine alljährlich ihre berühmt gewordenen *Pilgrimages*, zu denen Besucher aus dem In- und Ausland herbeiströmen. Bei diesen »Wallfahrten« sind nicht religiöse Stätten das Ziel, sondern alte und vornehme Anwesen aus der Antebellumzeit, aber auch historische Privathäuser, die wie Museen besichtigt werden können. Diese Art des »sight-seeing« wurde 1932 in Natchez notgedrungen erfunden. Damals hatten die Damen des örtlichen Gartenclubs zu einer großen Zusammenkunft eingeladen, bei der sie den Gästen ihre wunderschönen Parkanlagen um ihre feudalen Heime vorführen wollten. Wenige Tage vor dem Treffen vernichtete aber ein Frost sämtliche blühenden Pflanzen. Um den Besuchern überhaupt etwas bieten zu können, öffneten die Clubmitglieder ihre Häuser zur Besichtigung. Da sich zahlreiche Anwesen in schlechtem Zustand befanden, wurden Risse in den Tapeten und Löcher in den Teppichen notdürftig geflickt oder verdeckt (später schuf man Fonds, um historische Häuser zu renovieren oder sogar aufzukaufen). Aus den Pilgrimages wurden seit damals zugkräftige Attraktionen, die jedes Jahr zu einer wahren »Touristenschwemme« führen. Für das Hotel- und Gaststättengewerbe sind die Pilgrimages so etwas wie eine Existenzgarantie. Neben Natchez beteiligen sich seit Jahren mehr als ein Dutzend anderer Städte wie etwa Vicksburg, Columbus, Holly Springs, Yazoo City und Monticello.

Was Natchez an Gärten und Antebellum-Häusern zu zeigen hat, läßt sich in der Tat sehen. Die Stadt blieb wegen ihrer strategisch unbedeutenden Position von den Zerstörungen des Bürgerkriegs weitgehend verschont. Deshalb existieren noch etwa 500 wunderschöne Bauten aus der Zeit vor 1861, die auf eindrucksvolle Weise den früheren Reichtum der Baumwollpflanzer und -händler vor Augen führen.

Das gilt in erster Linie für *Longwood*, eine prachtvolle Villa im orientalischen Stil, die inmitten eines großen Parks zwischen 1860 und 1861 für den Baumwollkönig Haller Nutt vom damaligen Modearchitekten Samuel Sloan aus Philadelphia erbaut wurde. Wie kein anderer Bau in und um Natchez demonstriert dieser achteckige Palast mit seinem roten Zwiebelturm und den stuckverzierten Veranden den Reichtum des

101 Wie ein byzantinisches Juwel blinkt die ehemalige Pflanzerresidenz Longwood in Natchez durch die hohen Bäume. Dieser größte achteckige Bau in den USA wird heute vom örtlichen Pilgrimage Garden Club verwaltet, der in der Stadt zahlreiche historische Anwesen besitzt und bei deren Erhalt und Restaurierung unschätzbare Dienste leistete.

damaligen Bauherrn. Während des Bürgerkriegs, der die Fertigstellung des arabisch wirkenden Kleinodes verzögerte, ging ein Großteil der Baumwollplantagen von Haller Nutt in Flammen auf. Als der Hausherr 1864 an Lungenentzündung starb, war sein steinerner Traum immer noch nicht ganz fertiggestellt. Heute gehört das Anwesen dem lokalen Pilgrimage Garden Club, der Führungen durch die einzelnen Räume gibt, die mit Möbeln aus vielen Teilen Europas und Amerikas ausgestattet sind.

Einen viel weniger verspielten Eindruck als Longwood macht *Auburn Mansion*, ein mondänes, zweigeschossiges Herrenhaus aus rotbraunem Ziegelstein mit einer zentralen Säulenfassade. Der Bau entstand 1812 für den damaligen Generalstaatsanwalt des Mississippi-Territoriums; nach dessen Tod zog ein Arzt in das Anwesen ein. Blickt man vom Eingang durch die riesigen Eichen auf die Fassade von Auburn, fühlt man sich unwillkürlich an »Vom Winde verweht« erinnert. Im Innern ist das Haus mit elegantem Mobiliar ausgestattet. Von der unteren Lobby führt eine freistehende Wendeltreppe ins obere Geschoß mit vier Schlafräumen, die wie das übrige Haus noch original ausgestattet sind. Zu den Schönheiten von Natchez gehört auch das zweigeschossige *Rosalie Mansion* mit einer symmetrischen Säulenfassade. Die in einem Park gelegene herrschaftliche Residenz diente im Bürgerkrieg als Hauptquartier der Unionstruppen. Ein weiteres architektonisches Glanzstück ist *Dunleith* von 1856 in neogriechischer Bauweise.

Zur stilechten Atmosphäre trägt bei den Besichtigungen bei, daß die Gäste von Damen und Herren in historischen Kostümen durch die Räumlichkeiten geleitet werden. Jedes Jahr finden gleichzeitig mit den Pilgrimages historische Feste statt, bei denen typische südstaatliche Bräuche und Traditionen aufleben. Beim *1800's Spring Festival* etwa in Port Gibson feiert die Bevölkerung wie früher den Einzug des Frühlings. Man trifft sich im Garten einer historischen Villa und setzt einen Maibaum, um den junge Damen in Rüschenkleidern tanzen, als sei das 20. Jahrhundert noch in weiter Ferne. Üblicherweise wird aus den Reihen der Teilnehmer ein Königspaar gewählt, das gewissermaßen in die Fußstapfen von Scarlett O'Hara und Rhett Butler alias Vivien Leigh und Clark Gable treten darf. Der Eindruck täuscht nicht, daß sich David O. Selznick bei seiner Verfilmung von Margaret Mitchells Roman »Vom Winde verweht« solche Feste zur Vorlage nahm. Tatsächlich weht ein Flair von melancholischer Pracht über diesen nostalgischen Veranstaltungen, nach denen für die Beteiligten die Rückkehr in den Alltag nicht unbedingt leichter wird.

Beschaulicher Ritt auf »Teufels Rücken« *Fahrt auf dem historischen Natchez Trace Parkway*

Eine der ältesten »Verkehrsrouten« im Süden der USA ist der *Natchez Trace Parkway*. Die heute dem Nationalparkservice unterstehende Touristenstraße erstreckt sich über ungefähr 450 Meilen von *Natchez* am Mississippi bis nach *Nashville* in Tennessee. Schon vor Jahrhunderten existierte dort ein alter Indianerpfad quer durch die riesigen, kaum bewohnten Waldgebiete. Als sich die Ureinwohner entlang der Route nach Ankunft der ersten Weißen anzusiedeln und seßhaft zu werden begannen, stieg die Bedeutung des Natchez Trace als Handelsweg. Spanische und französische Entdecker schlugen sich bis zum Mississippi River durch; ihnen folgten Händler und Evangelisten, Siedlerfamilien und Abenteurer, Soldaten und Fallensteller auf dem Pfad, der in der Sprache der Indianer »Rücken des Teufels« hieß.

Im Jahr 1801 willigten die Chikasaw-Indianer ein, daß die Vereinigten Staaten anstelle des alten Natchez Trace eine neue Straße durch ihr Gebiet bauten. 1811 läutete das erste Dampfboot, das Natchez von Pittsburgh aus anlief, eine neue Ära ein. Als in den zwanziger und dreißiger Jahren des 19. Jahrhunderts Dampfboote die üblichen Transportmittel wurden, verlor der alte »Trace« seine Bedeutung nach und nach. Im Bürgerkrieg gewann er als Heeresstraße noch einmal kurzfristig seine alte Bedeutung zurück. Danach geriet der Pfad in Vergessenheit, bis im 20. Jahrhundert geschichtsbewußte Gruppierungen seine historische Bedeutung erkannten und ihn als »historisches Denkmal« zu erhalten begannen.

102/103 Wie eine Szene aus dem Film »Vom Winde verweht« wirkt das Frühjahrsfest in Port Gibson. Die jungen Damen des Städtchens haben bei diesem Anlaß Gelegenheit, einen Tag lang in wallende Rüschenkleider und ausladende Petticoats zu schlüpfen und Scarlett O'Hara zu spielen.

102 | 103

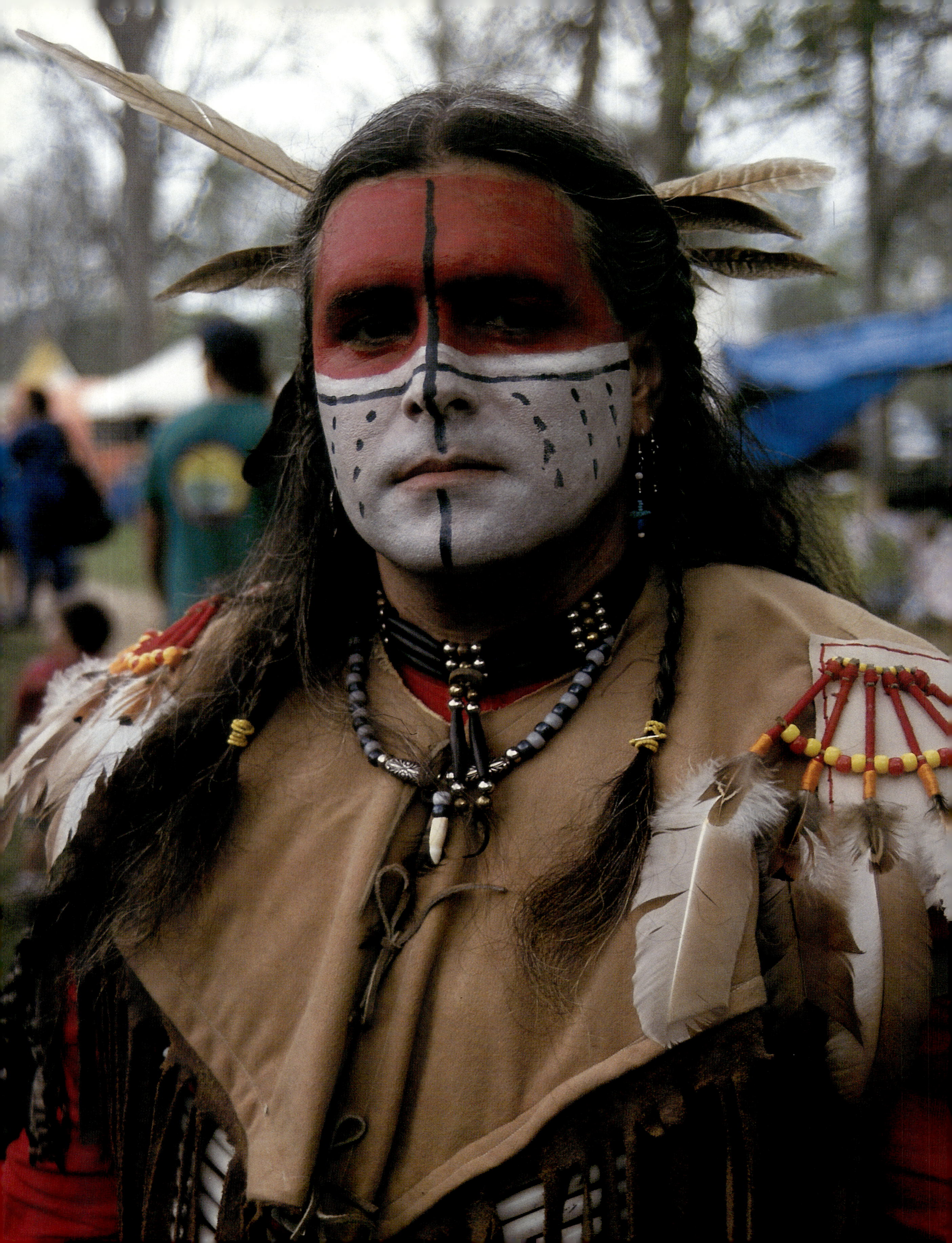

1938 übernahm die amerikanische Nationalparkverwaltung den Streckenabschnitt, der sich Mitte der neunziger Jahre auf seinem letzten Teilstück südlich von Nashville noch im Ausbau befand.

Südlicher Anfangspunkt am Natchez Trace Parkway ist das 20000 Einwohner große Städtchen *Natchez*, das seinen Namen von den früher in dieser Gegend lebenden Natchez-Indianern bekam. Längst sind von diesen Ureinwohnern nur noch Erinnerungen sowie einige Artefakte und nachgebaute Hütten übrig, die im *Grand Village of the Natchez Indians* am Stadtrand stehen. Jedes Frühjahr findet dort ein großes *Pow Wow* statt, ein Indianerfest mit Musik und Tänzen, zu dem Abordnungen auch von außerhalb des Staates anreisen.

Hoch über dem steil abfallenden Mississippi-Ufer gelegen, geht Natchez auf die Gründung des französischen *Fort Rosalie* im Jahr 1716 zurück. Dieses einfache Bollwerk an der westlichen Zivilisationsgrenze der heutigen USA hatte nur wenige Jahre Bestand, ehe es von den Natchez-Indianern 1729 in Schutt und Asche gelegt wurde. 1763 kam das südliche Mississippi mit Natchez unter britische Kontrolle; sechs Jahre später zogen die Spanier ihre Flagge auf, ehe die Stadt samt Region den USA eingegliedert wurde.

Eine gloriose Blütezeit erlebte die Stadt zwischen 1819 und 1860. Aus den riesigen Plantagen der gesamten Region gelangten Tausende von Baumwollballen über den Mississippi River in den Hafen Natchez. Millionenschwere Plantagenbesitzer, die über riesige Ländereien verfügten, ließen sich unweit des betriebsamen Flußufers luxuriöse Villen bauen, die mit allen erdenklichen Neuerungen ausgestattet waren. Unbefangen wie die absolutistischen Herrscher der Alten Welt breiteten die Großgrundbesitzer der Neuen Welt ihren Reichtum vor dem Volk aus, das in Bescheidenheit, häufig auch in Armut lebte.

Natürlich hat die historische Route zwischen Natchez und Nashville ihr Gesicht in den zurückliegenden Jahrzehnten grundlegend verändert. Vom ursprünglichen Trail existieren nur noch wenige Abschnitte. Ansonsten ist der Parkway eine gepflegte Asphaltstraße, die sich durch sehr dünn besiedeltes Gebiet zieht und alle größeren Ortschaften umfährt. An vielen Stellen baute der Park Service Informationstafeln auf, die geschichtliche Ereignisse erklären.

Ein imposantes Relikt aus der Zeit vor Ankunft der Weißen ist *Emerald Mound*, eine nördlich von Natchez liegende künstlich aufgeschüttete Hügelanlage, die vor über 600 Jahren als Zeremonialzentrum diente. Die Indianer des Südens begannen solche Mounds vor etwa 3500 Jahren zu bauen. Archäologische Studien weisen nach, daß sich die Gestalt und der Gebrauch solcher Hügel über die Zeiten änderten. Emerald Mound ist der zweitgrößte Tempelmound in den Vereinigten Staaten. Er wurde zwischen 1300 und 1600 nach Christus von den Vorfahren der Natchez-Indianer errichtet und benutzt. Ein natürlicher Hügel diente als Basis für das neugestaltete Zeremonialzentrum mit abgeflachter Hügelspitze, das eine einfache Plattform von 235 Meter Länge und 132 Meter Breite bildete. Mit einfachen Handwerkszeugen aus Holz, Stein und Knochen luden die Arbeiter die Erde in Körbe und Felltragen, um sie an Ort und Stelle zu bringen. Bei wichtigen Gelegenheiten war der Mound Schauplatz von Prozessionen, zeremoniellen Tänzen und religiösen Ritualen.

Die Natchez-Indianer pflegten freundschaftliche Beziehungen mit den ersten Franzosen. Das Verhältnis begann sich erst zu verschlechtern, als die Weißen auf das Stammesgebiet vorstießen, um dort zu siedeln. Im November 1729 griffen die Indianer *Fort Rosalie* an und brachten bei der Attacke über 200 Bewohner um. Die Franzosen übten mit ihrer überlegenen Waffentechnik fürchterliche Vergeltung: zwei Jahre später existierte die Natchez-Nation nicht mehr.

Während Natchez von den Auswirkungen des amerikanischen Bürgerkrieges verschont blieb, wurde dem abseits des Trace gelegenen *Vicksburg* seine strategische Position zum Verhängnis. Für den Nachschub der im Süden kämpfenden Unionstruppen war der Hafen Vicksburg am Mississippi von größter Wichtigkeit. Der Fluß teilte Texas, Arkansas und große Gebiete in Louisiana von der anderen Hälfte der Konföderation ab und war für die Nordstaatentruppen

104 Die Gegend um Natchez am Mississippi River ist altes Indianerland. Schon lange, bevor im Jahre 1716 die Franzosen vor Ort das Fort Rosalie erbauten, lebten dort die Natchez-Indianer in kleinen Ansiedlungen. Alljährlich im Frühjahr findet in der Stadt ein indianisches Pow Wow statt mit zeremoniellen Tänzen und Paraden, zu dem sich die Mitwirkenden in phantasievolle Kostüme kleiden.

deshalb ein wichtiger Ansatzpunkt im Kampf gegen den Süden. Bis 1862 waren die Soldaten der Union sowohl von Norden als auch von Süden weit den Mississippi entlang vorgedrungen. Nur noch zwei Hochburgen der Konföderierten hielten damals durch: Port Hudson und Vicksburg. Nachdem die Nordstaatentruppen unter General Grant im Mai 1863 Jackson eingenommen hatten, rückten sie weiter nach Vicksburg vor, konnten die Stadt aber erst nach rund fünfwöchigem Beschuß am 4. Juli 1863 einnehmen. Danach war das »Gibraltar der Konföderation« eine Stadt der Ruinen. Der *Vicksburg National Military Park & Cemetery* hält die Erinnerung an das dunkelste Kapitel in der Stadtgeschichte wach.

Größte Stadt im Staat ist mit knapp 200 000 Einwohnern die Kapitale *Jackson*, benannt nach dem General und späteren US-Präsidenten Andrew Jackson (1829 bis 1837). Ebenso wie Vicksburg erlitt auch sie im Bürgerkrieg schwere Schäden und wurde damals wegen der abgebrannten Häuserblocks als »Kaminstadt« bekannt. Der erste Regierungssitz, das *Old State Capitol*, dient heute nur noch als Museum. Das 1903 erbaute neue *State Capitol* ziert sich mit einer unübersehbaren 122 Meter hohen Kuppel. Vor dem Haupteingang steht eine Replik der berühmten Freiheitsglocke, die 1950 in Frankreich gegossen wurde. Im Innern ist die zentrale Lobby sehenswert, die sich – von Galerien umgeben – bis in die Kuppel des Domes erhebt. Zwischen diesem vornehmen Interieur aus geschliffenem Marmor und den hölzernen Pioniergebäuden im *Agricultural Forest Museum* liegen Welten. Das historische Dorf mit Farmergebäuden, Wohn- und Räucherhaus, Ställen und einem alten Laden zeigt, wie die frühen Siedler in Mississippi lebten.

Am Westufer des *Ross Barnett Reservoir* verläuft der Natchez Trace von Jackson durch eine recht einsame Landschaft nach Norden. Letzte größere Stadt am Parkway in Mississippi ist *Tupelo*, das auf touristischen Landkarten erst vor wenigen Jahrzehnten auftauchte – als Geburtsort des Rockidols Elvis Presley. Neben seinem originalen Geburtshaus errichtete eine private Stiftung ein Museum mit persönlichen Gegenständen des Stars.

Zu Besuch bei zwei Berühmtheiten
Stippvisite bei William Faulkner und Elvis Presley

Verwaltungssitz von Lafayette County im nördlichen Mississippi ist das 10 000-Seelen-Städtchen *Oxford*. Die Stadtgründer wählten 1836 diesen an die englische Universitätsstadt erinnernden Namen, weil sie aus ihrem Gemeinwesen ein »amerikanisches Oxford« machen wollten. Im Grunde genommen glückten ihre Pläne. Zwölf Jahre später wurde an Ort und Stelle die *University of Mississippi* gegründet, an der heute rund 10 000 Studenten eingeschrieben sind. Wie es sich für den Süden gehört, bildet mitten im Ort ein weißgetünchtes *Courthouse* mit Glockenturm das Zentrum, um das herum sich ältere Ladengeschäfte mit teils hübschen Fassaden gruppieren.

Wer den Weg übers Land nach Oxford findet, interessiert sich aber in der Hauptsache nicht für ländliche Idylle und provinzielle Architektur, sondern für Oxfords weltberühmten Sohn William Faulkner. Der Schriftsteller lebte und arbeitete über drei Jahrzehnte lang auf seinem Landsitz *Rowan Oak* am Rande von Oxford. Das weißgetünchte Haus steht in einem Garten, in dem nicht Hacke und Schaufel das Regiment führen, sondern Mutter Natur, was dem Gelände einen sympathischen Eindruck verschafft. Das Anwesen wird von der University of Mississippi verwaltet und ist für Besichtigungen geöffnet.

Wenn man einen amerikanischen Literaten mit Fug und Recht als Südstaatenschriftsteller bezeichnen kann, dann William Faulkner. Nicht nur seine Vita, sondern auch die Themen und Schwerpunkte seiner Werke, ob es sich um Romane oder Drehbücher für Filme handelt, stellen den Süden der USA und die dort lebenden Menschen in den Mittelpunkt. Faulkner kam am 25. September 1897 etwa fünfzehn Meilen nordwestlich von Tupelo in der Ortschaft New Albany zur Welt. Erst im Erwachsenenalter fügte er seinem Namen das »U« hinzu – bis dahin hatte er Falkner geheißen. Im Jahr 1918 meldete er sich freiwillig bei der Air Force, um Jagdflieger zu werden. Nachdem dieser Plan gescheitert war, ließ er sich in Oxford als Schriftsteller nieder. Sein ganzes Leben hin-

105 Vielerorts entlang der Küstenstraße am Golf von Mexiko stehen in gepflegten Gärten und Parks elegante Landhäuser und prachtvolle Residenzen. Die Ortschaften auf diesem nur etwa 45 Meilen langen Küstenabschnitt des Staates Mississippi würden teils noch durchaus ins 19. Jahrhundert passen, wären nicht hie und da in der jüngsten Vergangenheit neonbunte Spielkasinos wie Pilze aus dem Boden geschossen.

Folgende Abbildungen:

106–109 Mississippis Golfküste wird von flachen, weißen Sandstränden gesäumt, an denen meist nur während der sommerlichen Hauptsaison und an Wochenenden Gedränge herrscht. Unter der Woche kommt man sich an diesen fast menschenleeren Sandsäumen vor wie auf einer Robinsoninsel.

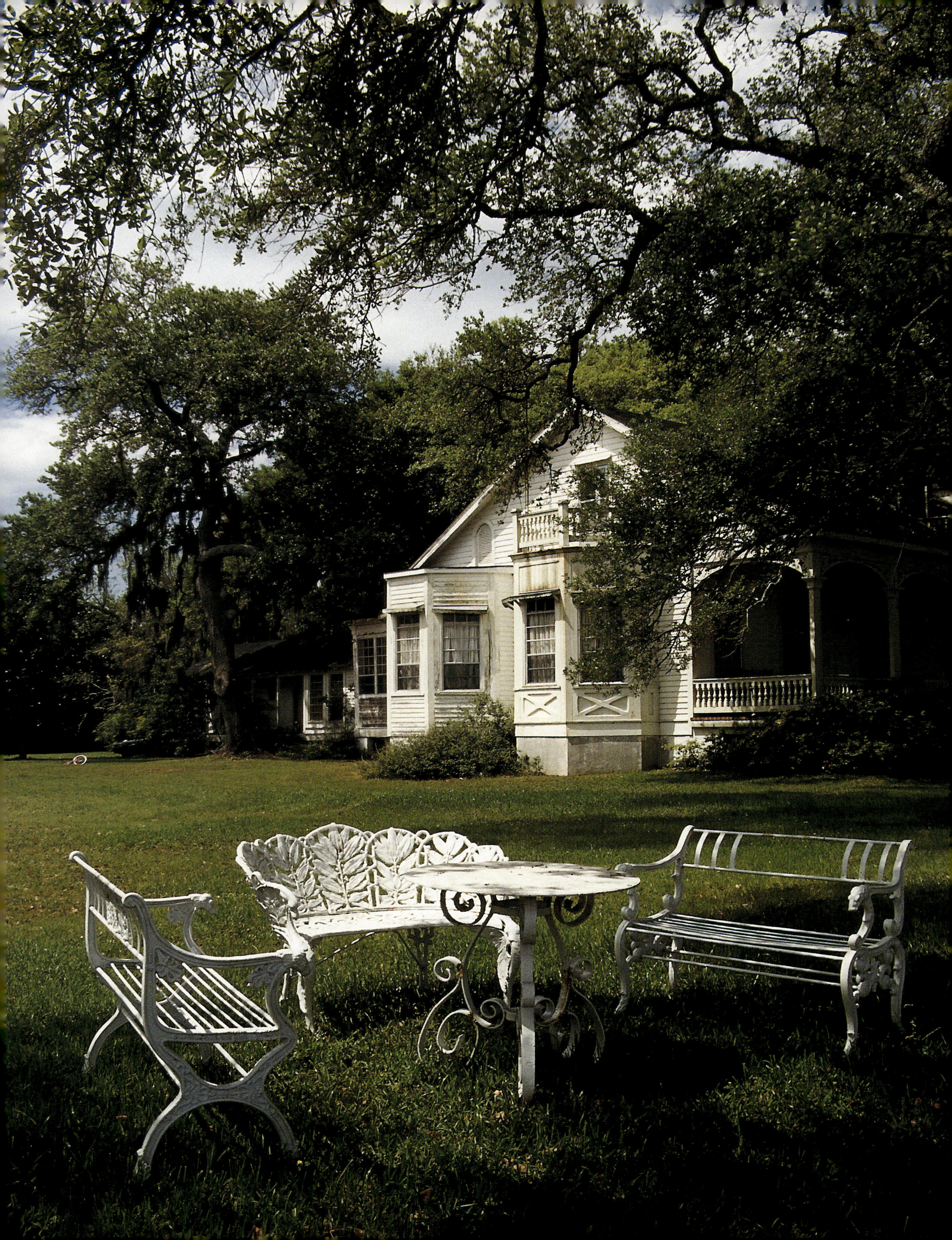

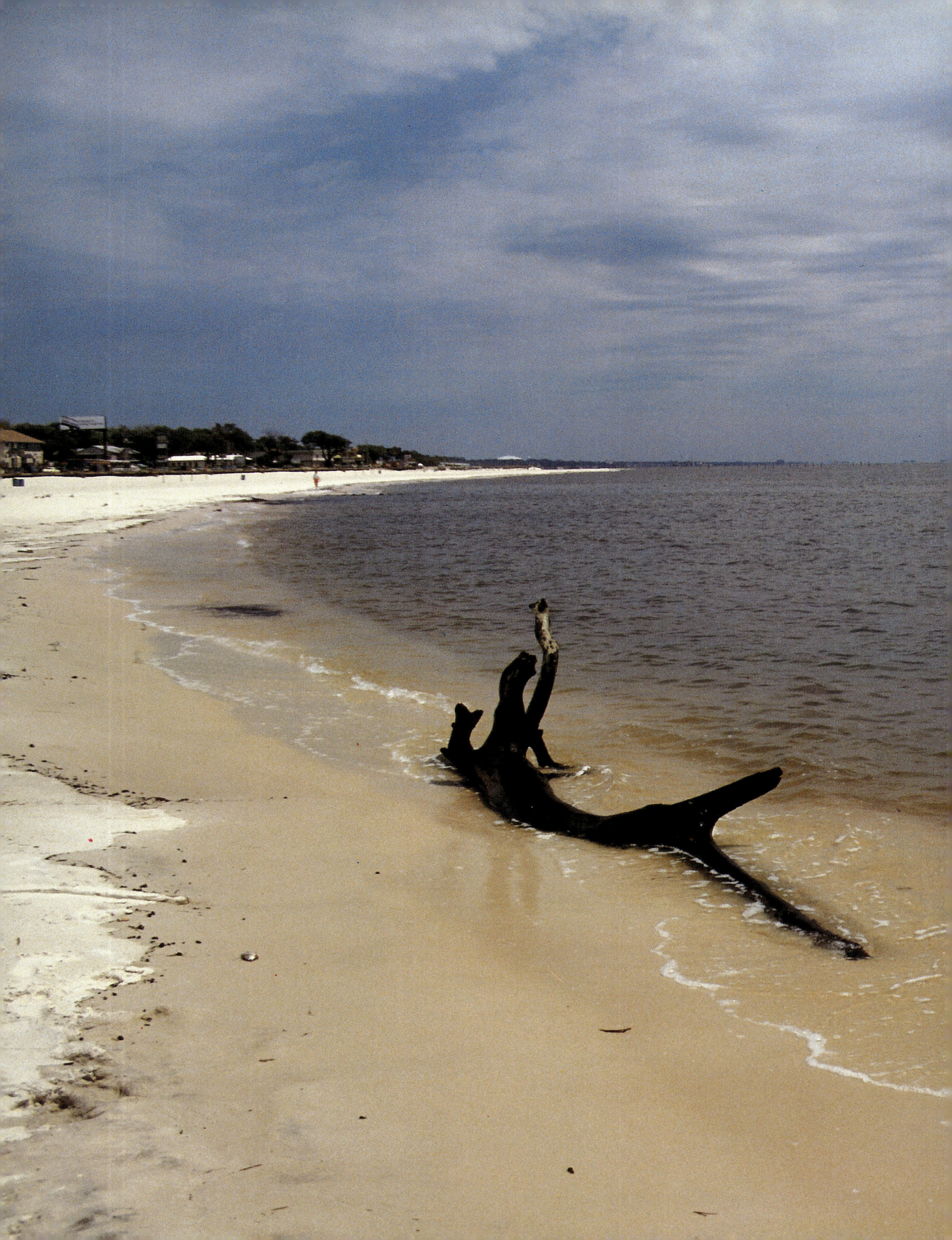

106–109

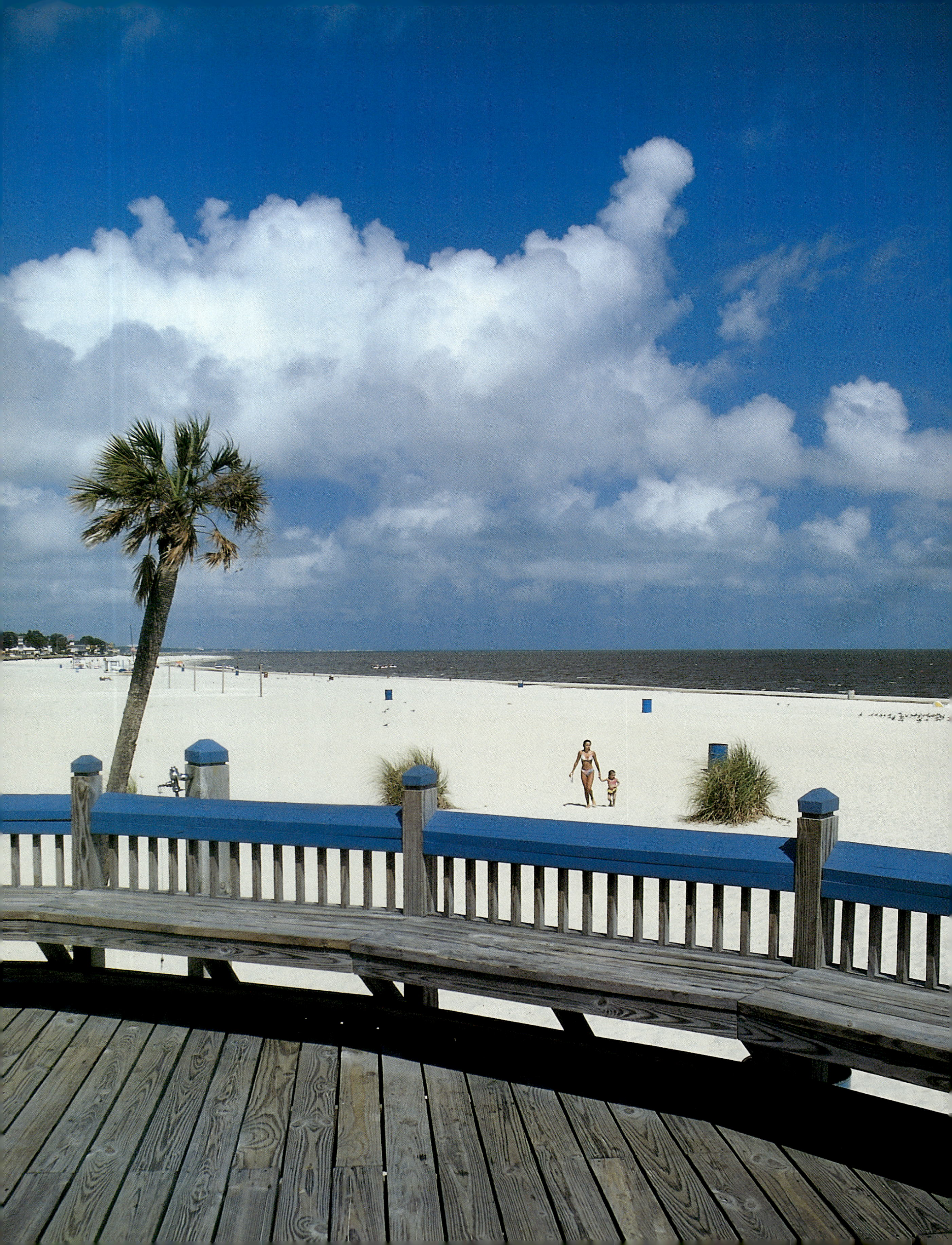

durch bewies er große »Standorttreue«, von wenigen Zeitabschnitten abgesehen. 1925 verbrachte er einige Monate in New Orleans, wo er Sherwood Anderson kennenlernte. Im Sommer dieses Jahres reiste er nach Europa, wo er hauptsächlich zu Fuß in mehreren Ländern unterwegs war. Nach 1932, als er zum ersten Mal nach Los Angeles reiste, um für die Filmgesellschaft MGM Drehbücher zu schreiben, hielt er sich gelegentlich in Kalifornien auf, gab aber trotzdem seinen Wohnsitz in Oxford nie auf.

Die Arbeit an Filmskripten für MGM, 20th Century Fox und Warner Brothers ging Hand in Hand mit der Arbeit an Romanen, in denen Charaktere und Schauplätze des Südens eine wichtige Rolle spielten. Viele seiner Werke handeln im fiktiven *Yoknapatawpha County* und dem dortigen Verwaltungssitz *Jefferson*, wobei beide Lokalitäten Gemeinsamkeiten mit dem wirklichen *Lafayette County* und *Oxford* aufweisen. Den Namen »Yoknapatawpha« lieh sich Faulkner von der früheren Bezeichnung für den *Yocona River*, der südlich an Oxford vorbeifließt. Das Gesamtwerk zeigt, wie tief der Autor in der vom Ausgang des Bürgerkriegs geprägten Südstaatengesellschaft verwurzelt war. Es reflektiert gleichzeitig aber den umfassenden Wandel, den die Region zu seinen Lebzeiten mit der Modernisierung vollzog. William Faulkner, der neben vielen anderen Ehrungen 1950 mit dem Literaturnobelpreis ausgezeichnet worden war, starb am 6. Juli 1962 in Oxford und wurde dort zur letzten Ruhe gebettet.

Zur Zeit von Faulkners Tod stand einer seiner Landsleute im Zenit seiner Karriere: der Rockstar Elvis Presley. In Tupelo am 8. Januar 1935 als Zwilling geboren (sein Bruder starb bei der Geburt), wuchs der junge Elvis als Sohn eines Baumwollpflückers und einer Näherin in sehr bescheidenen Verhältnissen auf. Die Erinnerung an diese mageren Jugendjahre begleitete den später schwerreichen Star sein Leben lang. Im Jahr 1949 zog die Familie über die Tennessee-Grenze nach Memphis, wo Elvis als Lastwagenfahrer arbeitete. Im Studio der Plattenfirma *Sun Record* nahm er 1953 ein Lied auf, das er seiner Mutter zum Geburtstag schenken wollte. Der Firmenbesitzer hörte den Song »My Happiness« zufällig und bot Elvis schon wenig später einen Plattenvertrag an. Damit begann die spektakulärste Sängerkarriere, die der Süden jemals erlebte.

Schon bald war Presley im Fernsehen, auf den Konzertbühnen des Landes und in den Aufnahmestudios ein häufig gesehener Gast. Seinem ersten Spielfilm »Love me tender« (1956) folgten 33 weitere, mit denen der Star seine Tag um Tag wachsende Fangemeinde zu Begeisterungsstürmen hinriß. Ende der fünfziger Jahre mußte er auf der Höhe seiner Popularität seinen Wehrdienst ableisten – siebzehn Monate davon in Deutschland, wo die weiblichen Fans bei seiner Ankunft reihenweise in Ohnmacht fielen.

Seinem vorerst letzten öffentlichen Auftritt 1961 folgten einige ruhigere Jahre, in denen die Medien bereits den Abgesang auf Elvis Presley anstimmten. Doch 1968 und 1969 feierte er zunächst in Las Vegas, dann auch in anderen Städten ein mitreißendes Comeback und stieg in den siebziger Jahren wiederum zu einer der führenden Persönlichkeiten des amerikanischen Rock und Pop auf. Er gehörte nicht nur zu den am höchsten bezahlten Entertainern im Lande mit Gagen, von denen seine Kollegen nur träumen durften. Er symbolisierte mit seiner Person und seinen Songs auch stärker als andere die Spannungen und Widersprüche der Südstaatenkultur.

In Tupelo erinnern an ihn das *Elvis Presley Center*, wo sein bescheidenes Geburtshaus steht, und das *Elvis Presley Museum*, wo das Aufsichtspersonal argwöhnisch über Hunderte von Erinnerungsstücken wacht. In *Holly Springs* baute einer seiner hartnäckigsten Fans mit *Graceland Too* ein Privatmuseum auf, in dem er Schallplatten und Dokumente, Kleidungsstücke, Gitarren und viele andere Memorabilien über Jahrzehnte zusammentrug. Hochburg aller Elvisanhänger ist und bleibt aber *Graceland* in Memphis, der ehemalige Wohnsitz des Stars, wo er am 16. August 1977 einem Herzschlag erlag. In den neunziger Jahren ließ der Staat Tennessee eine Untersuchung über den Tod Presleys wiederaufnehmen, um zu prüfen, ob damals Drogenkonsum etwas mit dem plötzlichen Ableben des »King of Rock 'n' Roll« zu tun hatte.

110 An mehreren Stellen stehen am Golfstrand von Mississippi kleine aus Holz erbaute Pavillons und Anglerpiers, die ins Wasser hineinreichen und auf denen man in den schwülen Sommermonaten die frische Meeresbrise am besten genießen kann.

Sand wie Puderzucker
An den Stränden der Golfküste

Spielt der Bundesstaat Mississippi insgesamt betrachtet eher eine untergeordnete Rolle unter den touristischen Schwergewichten zwischen Ost- und Westküste, so gilt das keinesfalls für den rund 45 Meilen langen Küstenstrich am Golf von Mexiko. Wer von New Orleans die vom *Pearl River* markierte Staatsgrenze überquert, entdeckt schon auf den ersten Meilen entlang der Interstate 10 Hinweisschilder auf den Highway 90, der als »scenic route« (Panoramastraße) apostrophiert wird. Beim *Hancock County Welcome Center* (erste Ausfahrt nach der Staatsgrenze) biegt die Straße 607 von der Interstate ab und führt direkt auf den tatsächlich sehenswerten Küsten-Highway, der größtenteils direkt am Strand verläuft.

Erster größerer Ort am Saum des Golfes von Mexiko ist *Bay St. Louis*, das an einer tiefeingeschnittenen Bucht liegt und sich für denjenigen als typischen Südstaatenflecken zu erkennen gibt, der der schmalen Küstenstraße ein Stück in Richtung Westen folgt. Bevor die ersten Weißen dort anlandeten, war der südliche Teil des heutigen Bundesstaates Indianergebiet. Zahlreiche »mounds«, von Hand aufgeschüttete Zeremonial- und Bestattungshügel, säumten damals die Küste, doch wurden diese historischen Relikte allesamt im Zuge des modernen Straßenbaus dem Fortschritt geopfert. Bei Instandsetzungen nach dem Hurrikan »Camille« im Jahr 1969 entdeckten Arbeiter nördlich des Leuchtturms von Biloxi einen historischen Bestattungsplatz früher Indianer, der als *Ancient Burial Ground* kostenlos besichtigt werden kann.

Pierre LeMoyne Sieur d'Iberviller landete zusammen mit seinem Bruder Bienville, dem Gründer von New Orleans, im Jahr 1699 auf *Ship Island*, einer der Barriereinseln vor der eigentlichen Staatsküste. Kurz danach betrat er das Festland und nannte den Ort Biloxi nach dem ersten Indianer, den er zu Gesicht bekam.

Die Wasserqualität entlang der gesamten Mississippiküste macht das Baden nicht unbedingt zu einem ungeteilten Vergnügen. Die meilenlangen Sandstrände bieten sich eher zum Sonnen an. Warmes und sauberes Wasser hat der Golf nur auf der Südseite der vorgelagerten Barriere-Inseln etwa auf *Ship Island*. Die dem offenen Meer zugewandten Strände mit ihrem türkisgrünen und kristallklaren Wasser können sogar ausgesprochen hartnäckige Bademuffel überzeugen. Man kann den Inselausflug auch mit der Besichtigung von *Fort Massachusetts* verbinden, einer historischen, fast runden Verteidigungsanlage.

Das Städtchen *Pascagoula* liegt an einem von Buchten und Wasserläufen gegliederten Küstenabschnitt. Noch vor der Brücke am westlichen Ortseingang ist in der Nachbarschaft eines großen Werftgeländes mit einem Schiffsfriedhof der dekorativ rot getünchte Shrimpkutter »Scranton« zum letzten Mal vor Anker gegangen. Er wurde vor einigen Jahren zum Museum ausgebaut und erinnert an die bedeutende Rolle der Shrimpfischerei vor der Küste Mississippis. Nicht weit entfernt versteckt sich inmitten eines Wohngebietes das parkähnliche Terrain des *Old Spanish Fort & Museum*. Wer vom Fort eine imposante Verteidigungsanlage erwartet, wird enttäuscht. Vielmehr hat dort das vermutlich älteste Haus des gesamten Mississippitales aus dem Jahr 1718 seinen Platz. In ihm sowie in einem benachbarten Gebäude sind zahlreiche historische Exponate aus der Region untergebracht. Nördlich von Pascagoula liegt der Ortsteil *Moss Point*, der seinen Namen zu Recht trägt. Mitten durch ein freundliches Wohnviertel mit typischen Südstaatenhäusern führt eine Allee von hohen, moosdrapierten Eichen, unter deren ausladenden Kronen die Straße zu einem grünen Tunnel wird.

Lockruf des Geldes
Der Boom der schwimmenden Spielkasinos

Seit Anfang der neunziger Jahre hat sich die Golfküste von Mississippi nachhaltig verändert. Außer ein paar Holzstegen für Angler und Flaneure, hie und da einem Jachthafen und an den weißen Sandstränden verstreuten Holzbuden, in denen Tretboote, Surfbretter und Liegestühle vermietet werden, waren die Strandabschnitte weitgehend unverbaut. Die Gesetzgeber Mississippis halfen diesem Zustand auf ihre Weise ab. Seit Sommer 1992 stampften Bautrupps an der

111 In wohl keinem Land der Welt wird so unkonventionell gebaut wie in den USA. Südlich von Natchez versteckt sich an der Hauptstraße eine kleine Töpferei unter dem ausladenden Reifrock einer schwarzen Hausdame.

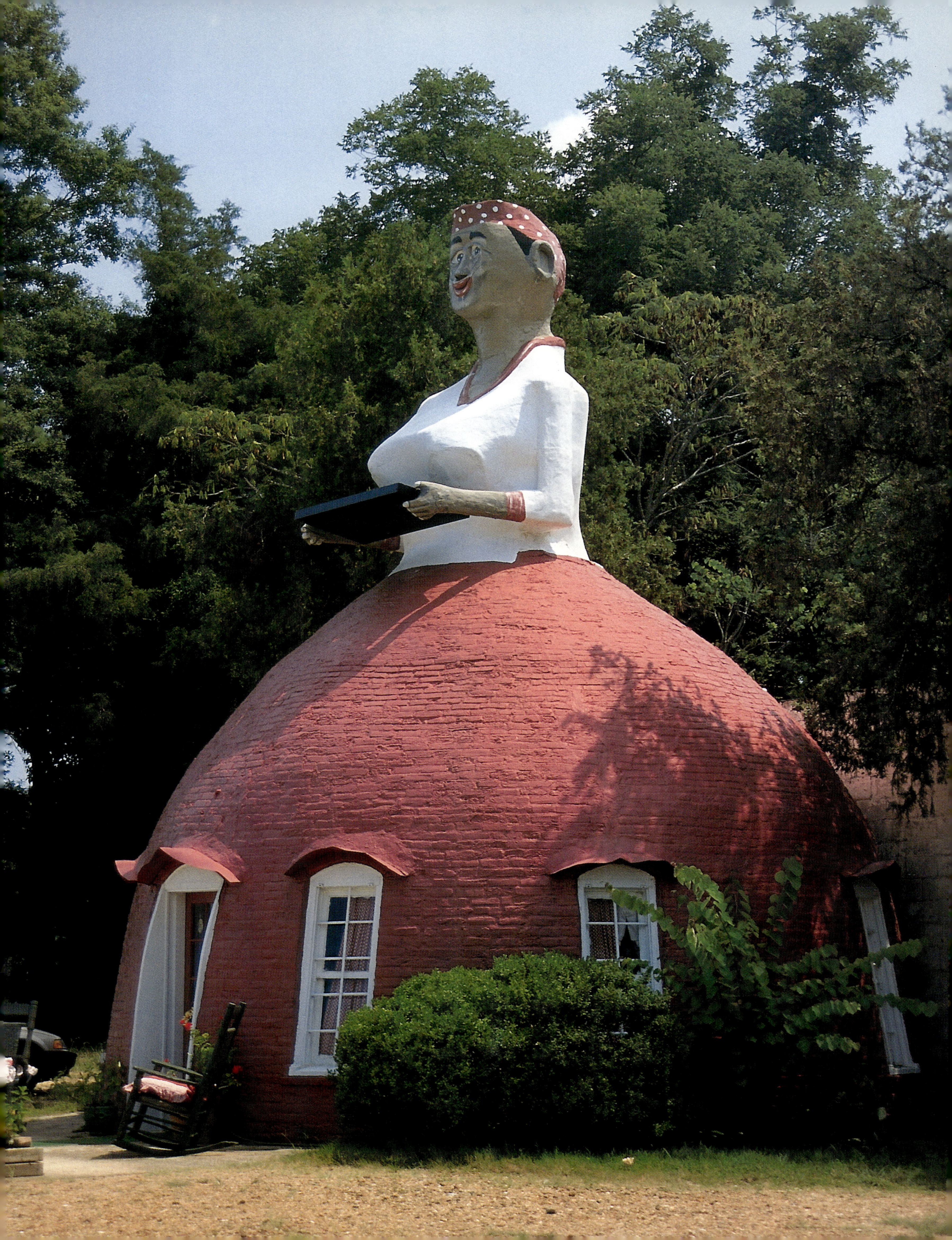

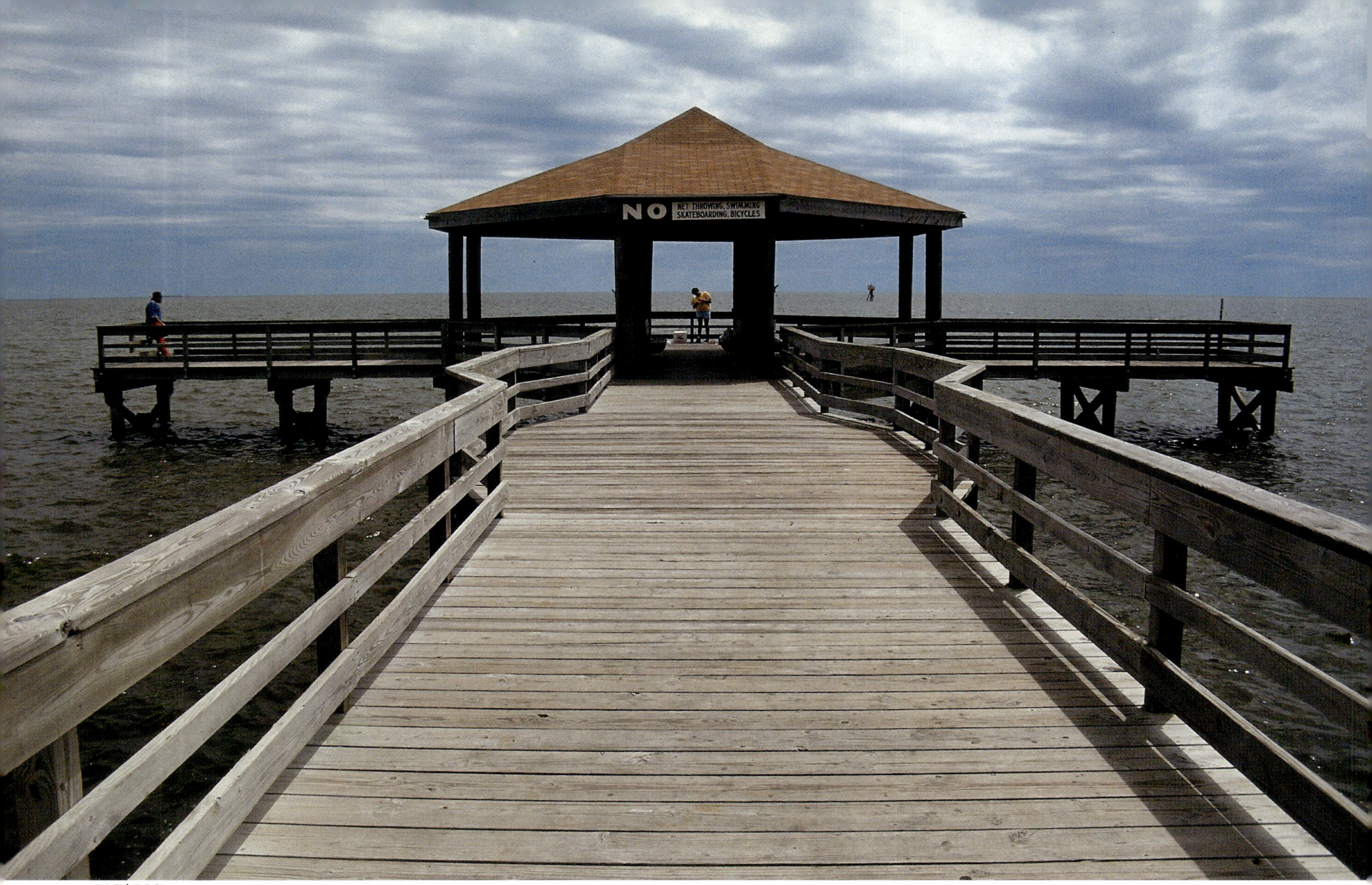
NO
NET THROWING, SWIMMING
SKATEBOARDING, BICYCLES

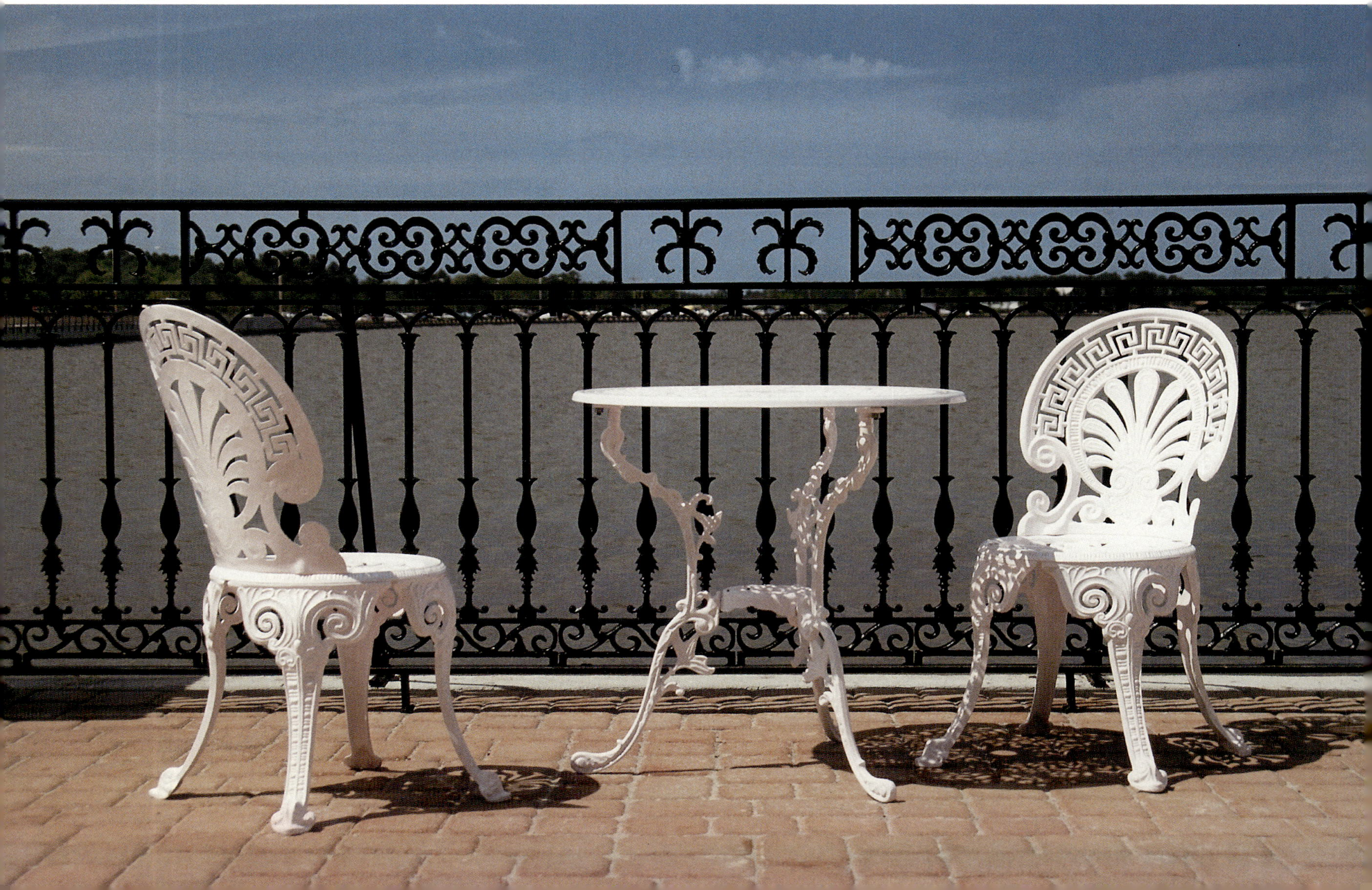

rund siebzig Kilometer langen Riviera zwischen den Staatsgrenzen von Louisiana im Westen und Alabama im Osten ein rundes Dutzend Spielkasinos aus dem Boden, die Touristen anlocken und Geld in die mageren Staatskassen bringen sollen.

Die Glücksspieltempel sind 24 Stunden pro Tag und sieben Tage pro Woche geöffnet. Rund um die Uhr kreisen die Roulettekugeln, rollen die Würfel und werden die Black-Jack-Karten gemischt. Natürlich heulen und scheppern auch die »einarmigen Banditen«, wie man die Spielautomaten wegen ihrer Starthebel nennt, wenngleich längst die technischen Voraussetzungen gegeben sind, die Apparate per Knopfdruck zum Rotieren zu bringen.

Was für langfristige Auswirkungen die Glücksspielindustrie auf Wirtschaft und Gesellschaft in Mississippi haben wird, läßt sich vermutlich erst in einigen Jahren sagen. Kurzfristige Effekte wurden schon mehrfach festgestellt. So wird etwa behauptet, die Existenz von Kasinos wirke dem Drogenkonsum entgegen. Wer sich nämlich in einem solchen Spielbetrieb um einen Job bewirbt, muß einen Urintest über sich ergehen lassen, bei dem sich feststellen läßt, ob der oder die Betreffende Drogen konsumiert. Auch nach der Einstellung müssen die Angestellten regelmäßig zur Untersuchung. Und da niemand – so sagen die Befürworter der Kasinos – seinen Job und sein Gehalt zwischen 30000 und 40000 Dollar im Jahr aufs Spiel setzen will, sind Drogen nur noch selten im Spiel.

Davon abgesehen hatte die Glücksspielindustrie weitreichende wirtschaftliche Auswirkungen auf die Region. Viele Werften am Golf von Mexiko wurden seit Jahren, wenn nicht sogar Jahrzehnten, von der Rezession geplagt. Die Zeit lukrativer Aufträge für riesige Supertanker ging schon in den achtziger Jahren zu Ende, und das Geschäft mit den Ölplattformen, welche wie futuristische Inseln im Golf liegen, lief in der jüngsten Vergangenheit auch nicht mehr wie früher. In diese wirtschaftliche Talfahrt, auf die viele Schiffbauunternehmen mit Massenentlassungen reagierten, platzten die neuen Aufträge für den Bau von Kasinoschiffen wie ein Geschenk des Himmels. Seit Beginn der neunziger Jahre haben neben Mississippi etwa Louisiana und Alabama das Glücksspiel unter bestimmten Auflagen legalisiert und damit dem Kasinoboom zum Durchbruch verholfen. Das schlug sich in den Auftragsbüchern der Werften nieder, die ihre Belegschaft teilweise innerhalb von kurzer Zeit vervierfachten. Durch Überstunden verdienten die Arbeiter in der Woche nicht selten zwischen 150 und 225 Dollar mehr – ein warmer Regen für manchen, der zuvor noch auf der Liste der Arbeitslosen gestanden hatte. Mehrere Firmen waren zu rund fünfzig Prozent durch den Bau von schwimmenden Spielerhochburgen ausgelastet. Bei anderen machte dieser Anteil sogar achtzig Prozent aus.

Die Baukosten pro Kasino beliefen sich in der Vergangenheit auf 11 bis 22 Millionen Dollar, wobei die für den Staat Louisiana fertiggestellten in die teurere Kategorie fielen. Dort nämlich hatte der Gesetzgeber zur Auflage gemacht, daß die Spielhöllen tatsächlich schwimmende und steuerbare Schiffe im Stil alter Mississippidampfer sein müssen. An der Golfküste in Mississippi hingegen gab es nur die Vorschrift, daß die Kasinos nicht auf dem Festland gebaut werden dürfen – ein ziemlich dehnbarer Begriff, wenn man sich die Bauten ansieht. Sie stehen allesamt zumindest teilweise im Wasser auf Pfählen, sind aber nicht navigierbar.

Das Kasinofieber hat inzwischen auch andere Teile von Mississippi erfaßt. Bis Mitte der neunziger Jahre waren im ganzen Staat fast zwei Dutzend »Spielhöllen« aufgebaut worden, die Hälfte davon am Ufer des Mississippi, der sich mit diesen Bauprojekten einen weiteren Schritt von jenem Zustand entfernte, den Mark Twain seine beiden Romanfiguren Tom Sawyer und Huckleberry Finn im 19. Jahrhundert hatte erleben lassen.

Der neue Kasinoboom fand nicht die ungeteilte Zustimmung der Bevölkerung. In einigen strukturschwachen Gegenden beklagten sich die Menschen, abgelegene Glücksspielschiffe seien teilweise nur über kleine Landstraßen erreichbar, die dem neuen Verkehrsaufkommen in keiner Weise gewachsen sind. Erst die fernere Zukunft wird zeigen, ob die Roulette- und Black-Jack-Paläste tatsächlich wirtschaftliche Folgeeffekte auslösen können.

112/113 Kleine hölzerne Inseln bilden die Bootsstege, die an der Golfküste zwischen Pass Christian und Biloxi ins Meer hinausragen. Die Einheimischen, wie fast alle Amerikaner leidenschaftliche Angler, nutzen diese Bauten, um ein zünftiges Abendessen an den Haken zu bekommen.

113 Um manche der zahlreichen Spielkasinos direkt am Meer wurden Promenaden errichtet, auf denen man sich von der beträchtlichen Geräuschkulisse innerhalb der Spielhöllen erholen kann.

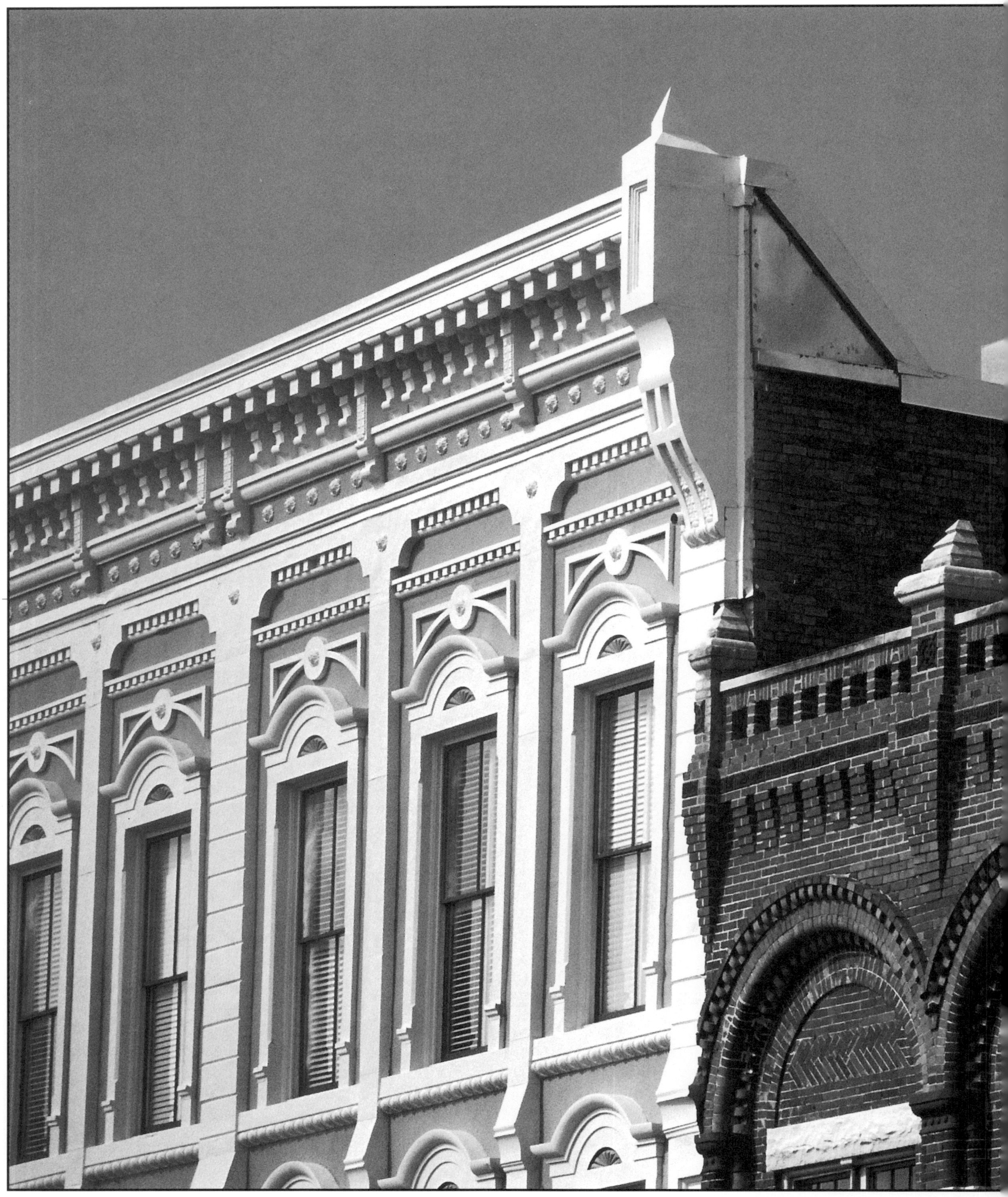

Raketentriebwerke auf Baumwolle gebettet
Alabama zwischen gestern und morgen

Das warme Herz des tiefen Südens
Abwechslungsreiches Alabama

Der Bundesstaat Alabama hat mit seinem westlichen Nachbarn Mississippi so manches gemein. Stöbert man in amerikanischen Buchhandlungen in den brechend vollen Regalen der Abteilung »Reiseliteratur«, wird man erstaunt sein, wie wenig informatives Material über beide Staaten auf dem Markt ist. Der erste Gedanke, der angesichts dieses »Notstandes« aufkommt: wahrscheinlich ist weder hier noch dort viel zu sehen. Es sei vorweggenommen, daß dieser Eindruck ein Trugschluß ist. Eine weitere Gemeinsamkeit offenbart die Geschichte. Auch in Alabama spielte die Baumwollproduktion das gesamte 19. Jahrhundert hindurch eine nahezu alle Bereiche des Lebens dominierende Rolle. Die Folgeerscheinungen reichten wie jenseits der Mississippigrenze weit ins 20. Jahrhundert hinein. Über Generationen bildete sich eine überwiegend weiße Bevölkerung heraus, die wie eh und je einem protestantischen Fundamentalismus huldigte, der Afro-Amerikanern früher die Sklavenexistenz, später ein Dasein am Rande der Gesellschaft als gottgegeben zuordnete. So war es denn auch kein Wunder, daß Alabama in den fünfziger und sechziger Jahre besonders repressiv auf die Aktionen der schwarzen Bürgerrechtsbewegung reagierte und einen weit über die Landesgrenzen hinausgehenden Ruf als rassistisch bekam. Das hielt in der Vergangenheit viele Investoren davon ab, ihr Geld dort in Industrieprojekte zu stecken. Alabama brauchte Jahrzehnte, um diese Reputation aus der Welt zu schaffen.

Im September 1993 geriet Alabama durch ein schweres Eisenbahnunglück in die Schlagzeilen der Weltpresse. In einem abgelegenen Bayou nördlich von Mobile stürzte der AMTRAK-Zug »Sunset Limited« über eine baufällige Brücke und riß 47 Menschen mit sich in den Tod. Das war der schlimmste Unfall in der Geschichte des 1971 gegründeten Bahnunternehmens.

Landschaftlich gliedert der Bundesstaat Alabama seine Fläche von 133 700 Quadratkilometern (das entspricht etwa der Größe von Österreich und der Schweiz) in drei unterscheidbare Teile. Das nördliche Alabama wird von den Ausläufern der Appalachen geprägt, die bis nach Birmingham reichen. In diesem Landesteil verstecken sich zahlreiche Orte, die selbst aus der Region stammenden Amerikanern unbekannt sind. Wer hätte schon einmal von *Anniston* an der Interstate 20 gehört? Aber die Stadt mit ihren 26 600 Einwohnern besitzt nicht nur ein sehenswertes Naturkundemuseum mit einer gut zusammengestellten Afrikaabteilung und mit der *Church of St. Michael and All Angels* von 1888 eines der schönsten neogotischen Architekturbeispiele im Süden. Ganz in der Nähe ragt mit dem 734 Meter hohen *Cheaha Mountain* auch der hervorstechendste Punkt aus der Staatsfläche. Bei *Gadsden* donnern die *Noccalula Falls* am Lookout Mountain dreißig Meter in die Tiefe – kein schlechter Platz für ein gemütliches Picknick. Bis zum *Lake Guntersville*, Alabamas größtem künstlichen See, ist es von dort nicht mehr weit. In dieser Landschaft lohnen sich Wanderungen auf Wegen, die alten Indianerpfaden folgen und im Frühjahr von den weiß und rosa blühenden Dogwoodbäumen (Hartriegel) gesäumt sind. Selbst unter der Erdoberfläche hat der Norden Alabamas Sehenswertes zu bieten, in den *DeSoto Caverns* bei Childersburg etwa, die eine sehr ungewöhnliche Geschichte haben. Vor rund 2000 Jahren indianische Bestattungsstätte, stieß der spanische Entdecker Hernando DeSoto im Jahr 1540 auf diese Onyxhöhlen. Die Südstaatentruppen lagerten in diesem Versteck während des Bürgerkriegs ihre Munition, ehe in den zwanziger Jahren dieses Jahrhunderts während der Prohibition »moonshiner« dort ihren selbstgebrannten Fusel herstellten.

Das südliche Zentrum der Staatsfläche war bis 1915, als der von Mexiko eingewanderte Kapselkäfer sämtliche Kulturen vernichtete, das unumstrittene Reich von »König Cotton«. Die Baumwollplantagen reichten von Horizont zu Horizont, und während der Erntezeit verstreute der Wind kleine Faserbällchen in der ganzen Landschaft, so daß man manchmal hätte meinen können, über Nacht seien Schneeflocken gefallen. Noch heute ist die Gegend unter dem Namen *Black Belt* bekannt – keine Erinnerung an die vielen Sklaven, die früher in den Fel-

Vorausgehende Abbildung:

114 Die Hauptstadt des Bundesstaates Alabama, Montgomery, brauchte lange, um ihre zweifelhafte Reputation als Rassistenhochburg abzulegen. Heute präsentiert sich die Stadt mit einem blitzsauberen Regierungsviertel, einem Museumsdorf und sehenswerten Fassaden um die Commerce Street, die teilweise aus dem vergangenen Jahrhundert stammen.

115/116 Wohin man im Bundesstaat Mississippi auch blickt: der Naturdekor aus spanischem Moos auf den Bäumen ist nicht weit. Es gedeiht im Süden der USA wegen der hohen Luftfeuchtigkeit so prächtig. Früher stopften die Menschen mit dieser Epiphytenart, die mit der Ananas verwandt ist, Kissen und Matratzen.

115 | 116

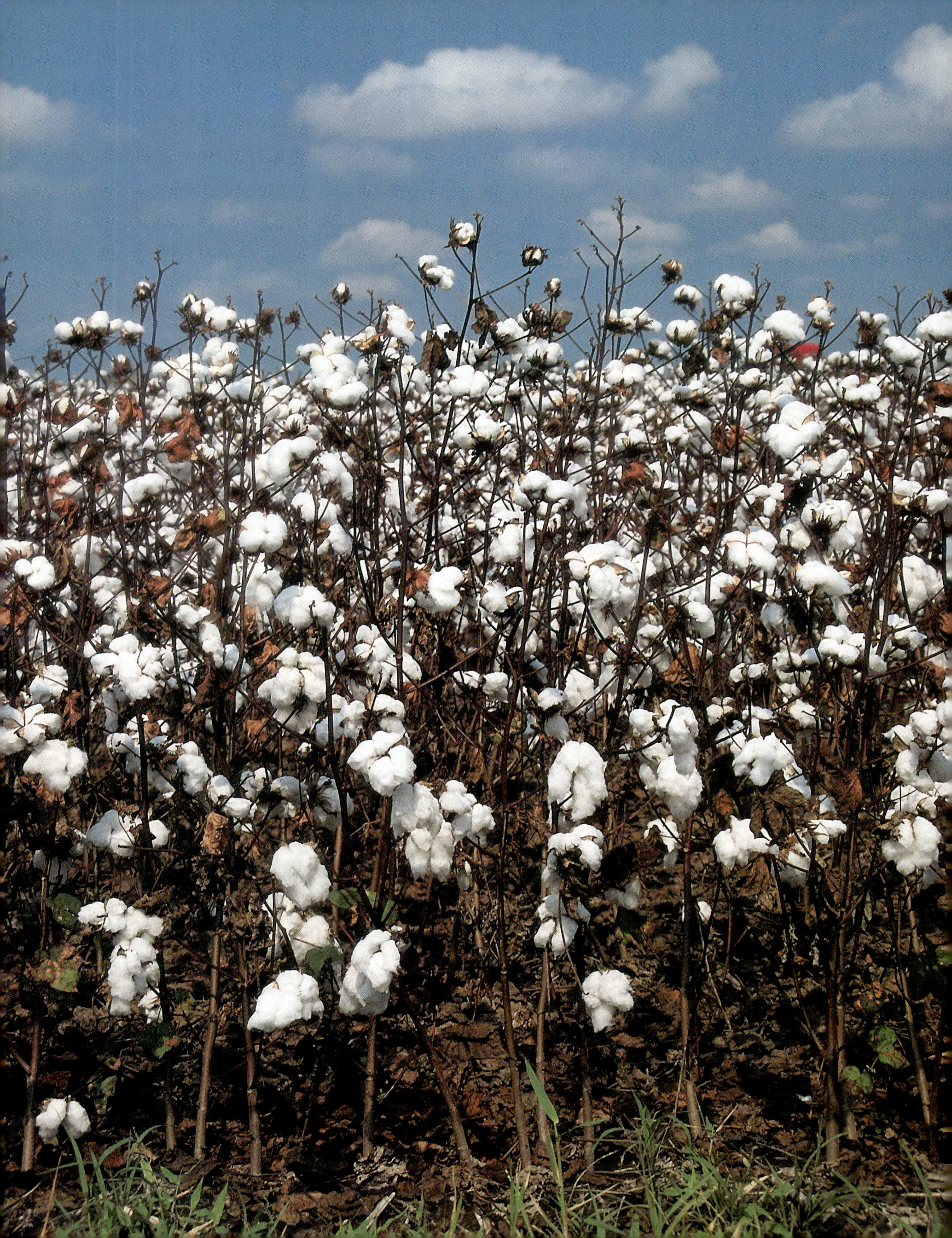

117/118 Alabama gehörte im 19. Jahrhundert zu den »klassischen« Baumwollstaaten Amerikas. Wenngleich sich die Wirtschaft in den vergangenen Jahrzehnten weiter diversifizierte, gibt es auf dem Staatsgebiet trotzdem noch große Plantagen, auf denen der flauschige Rohstoff wie eh und je flächendeckend angebaut wird. Zur Erntezeit kriechen riesige Maschinen über die Äcker, auf denen die Baumwolle sofort nach dem Pflücken in Containern zu Ballen gepreßt wird.

119 | 120

dern schufteten, wenngleich deren Nachfahren dort eine Bevölkerungsmehrheit bilden. Der Begriff bezieht sich genaugenommen auf den dunklen Boden, der dem Baumwollanbau zur Vorherrschaft verhalf. Heute wachsen auf den Äckern Sojabohnen und Mais, Erdnüsse und andere Feldfrüchte. Mancher versteckte Winkel soll – so wird behauptet – ganz besonders hohe Erträge abwerfen, durch den Anbau von Marihuana nämlich.

Je weiter man nach Süden vordringt, desto exotischer gibt sich die Landschaft. Entlang der Küste des Golfes von Mexiko kommt man sich teilweise vor wie in einem Tropenparadies. Der Küste vorgelagert ist eine Kette schmaler Barriereinseln, hinter denen sich die *Mobile Bay* weit ins Land hinein erstreckt.

Kratzer im glattpolierten Image
Die Metropolen Montgomery und Birmingham

Der 1819 in die Amerikanische Union aufgenommene Bundesstaat Alabama war bereits ein halbes Jahrhundert alt, als seine heutige größte Metropole *Birmingham* im Jahre 1871 gegründet wurde. Die Wahl des Standortes der Stadt war kein Zufall. Wo sich im *Jones Valley* zwei Eisenbahnlinien kreuzten, stießen findige Geologen auf Eisenerzvorkommen, Kohlelagerstätten und Kalkstein – natürliche Voraussetzungen, die für den Aufbau einer Stahlindustrie geradezu ideal waren. Die Stadt wuchs mit diesem Wirtschaftssektor so schnell, daß sie schon bald den Beinamen »Pittsburgh des Südens« trug. Doch nach einem grundlegenden Strukturwandel ist heute von Rußschichten auf Hausdächern nichts mehr zu sehen.

An die bedeutende Rolle des früheren Industriezweiges erinnert aber die siebzehn Meter hohe Eisenstatue des römischen Gottes der Schmiede *Vulcan* auf dem Gipfel des *Red Mountain*. Diese größte gußeiserne Statue, die jemals angefertigt wurde, vertrat die Stahlstadt Birmingham im Jahre 1904 bei der Weltausstellung in St. Louis im Bundesstaat Missouri. Hinterher wurde der rostbraune, ziemlich häßliche Riesengott auf einen 38 Meter hohen Sockel gestellt und läßt seitdem seinen griesgrämigen Blick über die umgebende grüne Hügellandschaft streichen. Früher galten Hochöfen und Walzwerke als wirtschaftliche Kennzeichen Birminghams. Heute renommiert die 266000 Einwohner große Metropole eher mit Skalpell und Stethoskop. Die medizinische Abteilung der University of Alabama hat sich in den vergangenen Jahrzehnten zu einem der herausragenden Zentren für Herzchirurgie entwickelt. Zudem ist die Universität durch ihre wissenschaftlichen Forschungen weit über die Landesgrenzen hinaus bekannt geworden. Wer in der dortigen Bibliothek lange genug über Büchern und Statistiken gesessen hat, findet Abwechslung nicht weit entfernt bei *Five Points South*. Wo fünf Straßen zusammentreffen, hat sich ein lokales Kneipenviertel mit Flair um die *Highlands United Methodist Church* herausgebildet. Die Kirche ist ein dekoratives Beispiel spanischer Architektur. Der vor dem Gotteshaus stehende Brunnen mit zahlreichen Figuren wird vor allem an Sommerabenden zum Treffpunkt all jener, die noch etwas erleben wollen.

Ende 1991 eröffnete am *Kelly-Ingram Park* mit dem *Civil Rights Museum* ein Haus, das der Aufarbeitung des dunkelsten Kapitels der Stadtgeschichte dient. In der ersten Hälfte des Jahres 1963 wählten die Führer der schwarzen Bürgerrechtsbewegung Birmingham als die Stadt aus, in der versucht werden sollte, die Rassendiskriminierung durch Druck und Demonstrationen zu beenden und in ihrem menschenverachtenden Charakter bloßzustellen. Über 2000 Demonstranten wurden ins Gefängnis geworfen, unter ihnen der Führer Martin Luther King. Als der Polizeichef mit Wasserwerfern gegen die Protestmarschierer vorging und Hunde auf Kinder und Erwachsene hetzte, gingen diese entsetzlichen Bilder um die ganze Welt. Im September unternahmen weiße Rassisten einen Bombenanschlag auf die *Sixteenth Street Baptist Church*, bei dem vier schwarze Mädchen während einer Bibelstunde ums Leben kamen. Der Ruf Birminghams litt aufgrund dieser Vorkommnisse derart, daß sich die weiße Geschäftswelt gezwungen sah, mit der Bürgerrechtsbewegung zu verhandeln, um ähnliche Gewaltorgien in Zukunft zu verhindern.

119/120 Im Twickenham Historic District sowie in Old Town in Huntsville versammeln sich Dutzende von Bauten mit schönen Fassaden aus dem vergangenen Jahrhundert. Die sie umgebenden Gärten präsentieren sich vor allem im Frühjahr in ihrer ganzen Pracht, wenn die rosafarbenen und weißen Blüten der Hartriegelbäume aufgegangen sind.

Ebenfalls mit der Geschichte der Bürgerrechtsbewegung verwoben ist die Hauptstadt Alabamas, *Montgomery*. Rund neunzig Meilen südlich von Birmingham gelegen, herrschte in der heutigen Kapitale mit zirka 200 000 Einwohnern in den fünfziger Jahren ebenfalls die Rassendiskriminierung, die das Klima zwischen Schwarz und Weiß vergiftete. Wie ein Funken in einem Pulverfaß wirkte sich der Fall Rosa Parks am 1. Dezember 1955 aus. Die schwarze Frau weigerte sich an diesem Tag, einem weißen Fahrgast in einem vollbesetzten Bus ihren Platz anzubieten, wie das Rassentrennungsgesetz es vorschrieb. Als Rosa Parks deswegen verhaftet und zu einer Geldstrafe von zehn Dollar verurteilt wurde, reagierte die schwarze Gemeinschaft der Stadt mit dem berühmt gewordenen *Montgomery Bus Boycott*. Schon wenige Tage später verzichteten etwa neunzig Prozent der schwarzen Bürger auf das städtische Bussystem, gingen zu Fuß oder organisierten Fahrgemeinschaften mit »schwarzen« Taxis, um zur Arbeit zu gelangen. Der Boykott hielt 381 Tage lang an, ehe der Oberste Gerichtshof die Rassentrennung in öffentlichen Transportmitteln aufhob.

Ähnliche Beachtung in ganz Amerika und auch im Ausland fand ein Protestmarsch im Jahr 1965 gegen die fortwährende Diskriminierung der schwarzen Bevölkerung. Damals waren nur 156 von insgesamt 15 000 schwarzen Erwachsenen im Landkreis um die Stadt *Selma* westlich von Montgomery zur Wahl zugelassen. Nachdem bei den Demonstrationen ein Mann von der Polizei erschossen worden war, organisierte die Bürgerrechtsbewegung einen Marsch in die 54 Meilen entfernte Hauptstadt. Als sich etwa 600 Marschierer am 7. März 1965 in Selma in Bewegung setzten, hielten Polizeikräfte den Zug der Schwarzen mit Gewalt auf. Die von den Medien verbreiteten Berichte über die Vorkommnisse schockierten die Welt. Zwei Wochen später formierte sich erneut ein Protestzug, diesmal unter dem Schutz der Nationalgarde, da sich amerikanische Prominente aus dem Showbusiness an der Aktion beteiligten. In vier Tagen marschierten 3200 Demonstranten nach Montgomery, wo sich schließlich 25 000 Menschen zu einer Abschlußkundgebung trafen. Seit 1989 erinnert unweit des Kapitols das *Civil Rights Memorial* an die Zeit der großen Bürgerrechtsaktionen. In einen schwarzen Steinblock sind die Namen von vierzig Menschen eingemeißelt, die bei der Einforderung ihrer Menschenrechte das Leben verloren.

Ausgeprägter als sonstwo trauert man in Montgomery den alten Zeiten nach. Im Regierungsviertel um das monumentale State Capitol sieht man hie und da die Flagge der Konföderation gleichberechtigt neben der heutigen US-Flagge hängen. Ein besonderer Schrein ist das *First White House of the Confederacy*, wo eine Zeitlang der Präsident der Südstaaten, Jefferson Davis, residierte. Viele Dokumente und Memorabilien halten die Erinnerung an ihn wach.

Am östlichen Ende der Dexter Avenue thront das vornehme *State Capitol* auf einer kleinen Anhöhe über der Stadt. Als Vorlage diente wie in vielen anderen Staatshauptstädten das Kapitol in Washington D.C. Einige Monate lang diente der Bau nach Beginn des Bürgerkriegs als Regierungssitz der Konföderation. Im Innern des Gebäudes blickt man vom dritten Stockwerk direkt in die in Gold und Pink ausgemalte Kuppel, unter welcher der Maler Roderick MacKenzie auf großen Wandbildern wichtige Ereignisse wie etwa die Inauguration von Präsident Jefferson Davis 1881 darstellte. Zu den handwerklichen Meisterleistungen gehören die beiden selbsttragenden Wendeltreppen, die drei Stockwerke miteinander verbinden.

Mitten in Downtown Montgomery breitet sich ein Stückchen Landesgeschichte in Gestalt von etwa drei Dutzend historischen Gebäuden aus. *Old Alabama Town* wird von einer gemeinnützigen Organisation verwaltet und läßt einen Blick in die Vergangenheit zu, als die Menschen auf dem Lande noch in einfachen Blockhäusern lebten, während sich die Städter bereits elegante Villen bauten, falls sie es sich leisten konnten. Die Architektur des 19. Jahrhunderts kann man auch außerhalb dieses Museumsdorfes aufspüren, etwa an der Commerce Street, wo einige Hausfassaden mit hübschem Bauschmuck verziert sind.

Ältere Anhänger der Country-music pilgern nach Montgomery, um die letzte Ruhestätte des großen Idols Hank Williams auf dem *Oakwood Cemetery Annex* zu besu-

121 An manchen Frühjahrstagen könnte man auf der Franklin Street im Twickenham Historic District von Huntsville glauben, über Nacht sei Schnee auf die Bäume gefallen. Die Blütenpracht verwandelt das historische Stadtviertel in einen reizvollen Paradiesgarten.

122 Die Bellingrath Gardens südlich der Stadt Mobile gehören zu den schönsten und bekanntesten Parkanlagen im ganzen Staat Alabama. Die Naturoase geht auf einen Industriellen zurück, der dieses landschaftliche Idyll mit beträchtlichem Aufwand anlegen ließ.

121 | 122

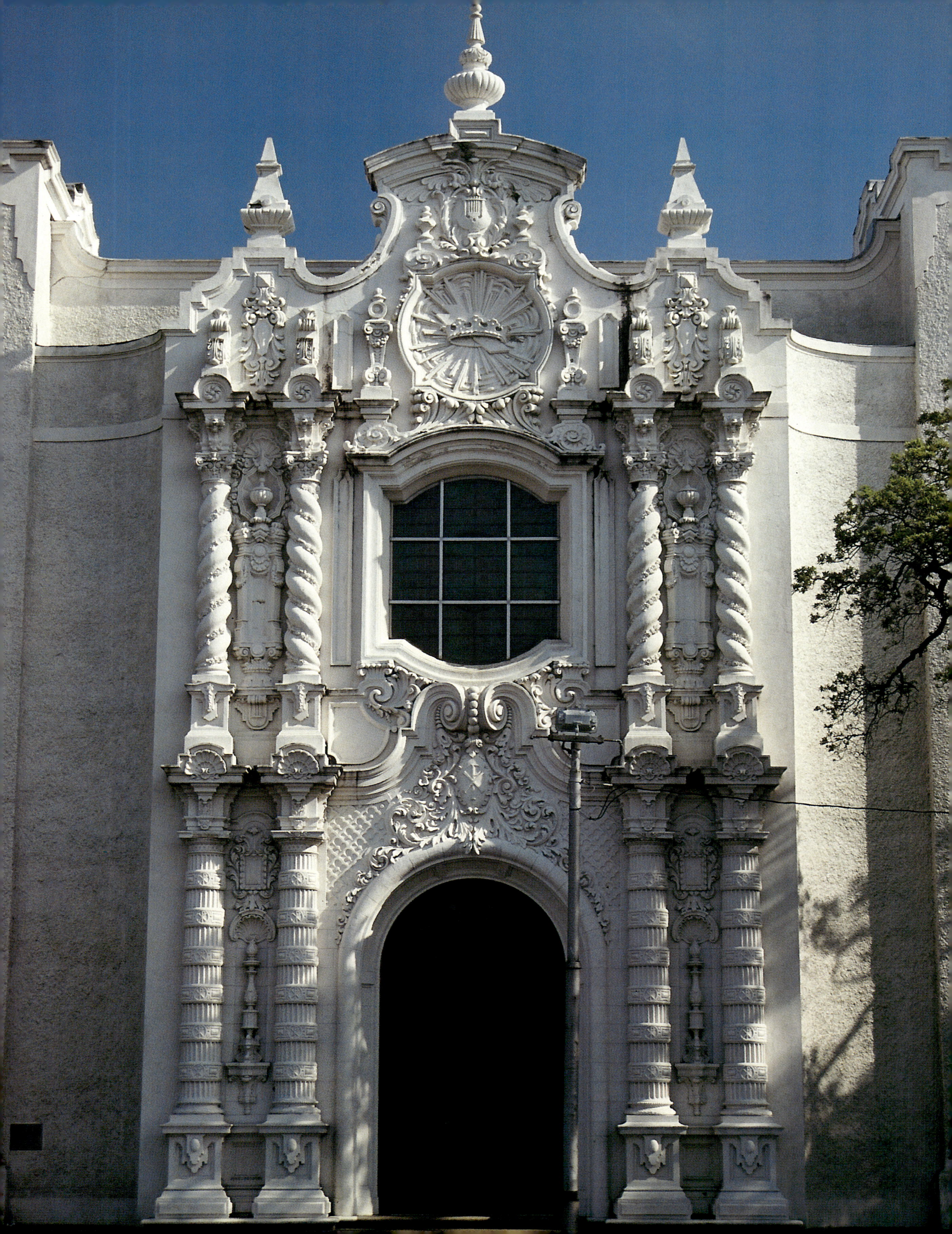

chen. Im Alter von 29 Jahren starb der Star am 1. Januar 1953 auf dem Rücksitz seines Cadillac, als er auf dem Weg zu einem Auftritt im Bundesstaat Ohio war. Das Grab schmückt ein typischer Westernhut (aus Granit), der zu Lebzeiten eine Art Markenzeichen von Hank Williams war. Eine Statue des beliebten Sängers wurde vor dem Madison Hotel errichtet.

Mit Raketenschub in die Vergangenheit *Viktorianische Ära und Raumfahrt in Huntsville*

Der ruhige, ländliche Norden Alabamas mit Hügellandschaften, Stauseen und Flüssen läßt alles vermuten, nur keine High-Tech-Hochburg, wie man sie am Stadtrand von *Huntsville* entdeckt. Das dortige *US Space & Rocket Center* ist das größte Weltraummuseum der Welt, das man schon von weitem an den im Freien aufgestellten Riesenraketen erkennt. Rund eine halbe Million Besucher reisen alljährlich nach Huntsville, um die außerordentlichen Ausstellungen zu besuchen. Zu den »Star-Exponaten« gehört die echte Apollo-16-Mondlandefähre, mit der die ersten Amerikaner auf dem Erdtrabanten landeten. Daneben sind Mondgestein, Raumfahrtanzüge und Trainingsgeräte zu sehen, an denen die Astronauten für ihre jeweiligen Missionen ausgebildet wurden. Außerhalb der drei Ausstellungs- und Trainingshallen ist ein Space-shuttle auf drei riesige Trägerraketen gebaut, die einen mit ihren Dimensionen geradezu schockieren. Ähnlich empfindet man angesichts der liegenden Saturnrakete, die inzwischen zu den Sauriern der Raumfahrt gehört. An speziellen Vorrichtungen kann man die Schwerelosigkeit nachvollziehen, die außerhalb des Bereichs der Erdanziehung herrscht. Am Aufbau des Raketenzentrums waren maßgeblich der Wissenschaftler Werner von Braun und weitere 118 deutsche Forscher beteiligt, die von den Amerikanern nach dem Zweiten Weltkrieg in die USA geholt worden waren.

Lichtjahre vom Weltraumerlebnis entfernt, präsentiert sich in Huntsville *Alabama's Constitution Village* das anläßlich des 150. Staatsjubiläums aufgebaut und 1982 der Öffentlichkeit zugänglich gemacht wurde. In dem Museumsdorf stehen zahlreiche rekonstruierte Pionierbauten, die nach alten Plänen originalgetreu angefertigt wurden und heute den Anschein erwecken, als stammten sie tatsächlich aus der Pionierzeit. Kostümierte Führerinnen und Führer begleiten die Besucher durch die einzelnen Museumsteile und erzählen dabei, wie sich das Leben in und um Huntsville abspielte, als Alabama 1819 als Bundesstaat in die Union aufgenommen wurde. Auf dem kleinen Areal steht auch die ehemalige zweigeschossige Schreinerei von Walker Allen, die im Jahr 1819 zu Alabamas *Constitution Hall* wurde. Dort trafen sich im Sommer 1819 insgesamt 44 Abgeordnete, um eine Verfassung für Alabama auszuarbeiten, das Ende des Jahres Bundesstaat werden sollte.

Im Frühjahr, wenn die Hartriegelbäume und Azaleenbüsche blühen, ist der historische *Twickenham District* allein eine Fahrt nach Huntsville wert. Seit den zwanziger Jahren des 19. Jahrhunderts entstanden in diesem Stadtviertel repräsentative Villen, die meist von Ärzten und Geschäftsleuten bewohnt waren und den damals modernen Greek-Revival-Stil mit symmetrischen Säulenfassaden erkennen lassen. Die meisten Anwesen liegen in wunderschönen Gärten, die an sonnigen Frühjahrstagen einen geradezu paradiesischen Eindruck machen. Fast alle Häuser sind in Privatbesitz und können deshalb nur von außen besichtigt werden. Vor rund dreißig Jahren machte der ganze Distrikt noch einen ziemlich abgewirtschafteten Eindruck, und zahlreiche Häuser standen zum Verkauf an. Das hat sich in den letzten fünfzehn Jahren geändert. Twickenham ist heute das vornehmste Stadtviertel mit den höchsten Immobilienpreisen.

Heimliche Pracht unter Palmen
Alabamas schönste Stadt Mobile und die Golfküste

Die Stadt *Mobile*, so behaupten ihre Einwohner gerne, sei Alabamas große alte Dame, die sich mit Charme, Grazie, Gastfreundschaft und Zivilisiertheit umgebe. Daß die Leute nicht unrecht haben, stellt sich bei einem Besuch schon sehr bald heraus. Sobald man das Zentrum erreicht, kommen einem die in der Bevölkerung so

123 Mobile im südlichen Alabama zählt zu den attraktivsten Städten innerhalb der Staatsgrenzen. Den Reiz verdankt sie vor allem ihren zahlreichen historischen Distrikten mit hauptsächlich viktorianischen Bauten aus dem ausgehenden 19. Jahrhundert. An der zentralen Government Street steht diese Kirche mit einer Fassade, deren Stil von den Einheimischen als »spanisches Barock« bezeichnet wird.

populären Selbstkomplimente rasch in Erinnerung.

Die Stadt geht auf eine 1702 von Jean Baptiste Le Moyne, Sieur de Bienville, gegründete Siedlung zurück. Der französische Sonnenkönig Louis XIV., der damals in Frankreich sein absolutistisches Regime auf die Spitze trieb, versuchte seinen Ruhm und Reichtum u.a. durch eine Ausweitung der kolonialen Territorien zu mehren. Deshalb beauftragte er seine französischen Untertanen in Quebec, an der Golfküste den englischen und spanischen Rivalen mit der Gründung einer Siedlung zuvorzukommen. Sieben Jahre lang, von 1711 bis 1718, konnte sich die Neusiedlung im Ruhm sonnen, Hauptstadt des riesigen französischen Einflußbereiches in der Neuen Welt zu sein, der vom Golf bis in die entfernten Rocky Mountains reichte, ehe New Orleans diese Funktion übernahm.

Mobile blieb trotzdem eine strategisch wichtige Meerespforte. Die Franzosen bauten zwischen 1724 und 1735 das *Fort Conde* auf, doch scheiterten mit dem Frieden von Paris im Jahr 1763 die Kolonialträume Frankreichs in Amerika. Im Fort zogen die Briten, dann die Spanier und schließlich die Amerikaner ein, als Alabama 1813 US-Territorium wurde. Zur Entwicklung der Stadt seit damals trug vor allem der Hafen bei, in dem zu Beginn des 19. Jahrhunderts noch Sklaven, später vor allem Baumwolle umgeschlagen wurde. Der Schiffbau spielte ebenfalls eine bedeutende Rolle.

In alte Zeiten versetzt fühlt man sich in den einzelnen historischen Stadtvierteln von Mobile. An der *Church Street East* etwa stehen zahlreiche historische Häuser, die im späten 19. Jahrhundert entstanden, nachdem zwei Großbrände in den Jahren 1827 und 1839 den größten Teil der originalen Bausubstanz vernichtet hatten. Auch im *Oakleigh Garden District* blieben viele über hundert Jahre alte Bauwerke in Stilen wie Queen Anne, Federal, Regency, Greek Revival, italienisch und viktorianisch erhalten. Das Quartier bekam seinen Namen vom feudalen *Oakleigh Mansion*, das 1833 für einen wohlhabenden Kaufmann errichtet wurde und in dem heute eine Gemäldegalerie zu sehen ist. Die Ziegel für das Gebäude stellten Sklaven vor Ort aus dem Aushub in mühevoller und zeitaufwendiger Handarbeit her. Natürlich wird die Küstenmetropole auch ihrem Ruf als Seafood-Kapitale gerecht. Das macht unter vielen Restaurants auch *Wintzell's Oysterhouse* deutlich. Von außen könnte man das Restaurant für die Fassade eines Immobilienbüros halten. Was auf kleinen und großen Zetteln in den Fenstern hängt, sind aber keine Haus- und Grundstücksangebote, sondern Sinnsprüche wie etwa »Wintzell's – wir sind für absolut gar nichts bekannt, doch das Geschäft läuft«, »Kommen Sie herein und geben Sie Ihr Geld aus, solange es noch etwas wert ist« oder »Um die Kochkunst Ihrer Frau zu schätzen, sollten Sie mal unsere probieren«. Im Innern gibt sich der Wirt nicht minder mitteilsam. An den Wänden ist kein Quadratmeter Fläche ausgelassen, auf dem man nicht etwa folgendes zu lesen bekommt: »Die Zubereitung schmackhafter Gerichte braucht Zeit – Ihr Essen ist in ein paar Sekunden fertig.« Daß es sich bei derlei Mitteilungen um gezieltes »Understatement« handelt, wird spätestens deutlich, wenn man die Speisen probiert. Das Restaurant ist vor allem durch seine Austern bekannt. Wer den Lokalrekord schlägt, braucht erstens nicht zu bezahlen und bekommt zweitens einen Preis in Höhe von 25 Dollar. Dennoch sollte man sich darauf nicht einlassen. Zu schlagen wären nämlich zwanzig Dutzend Austern, die ein Gast innerhalb einer Stunde an der Bar »verdrückte«, ohne einmal aufgestanden zu sein.

Die bekannteste Sehenswürdigkeit außerhalb von Mobile sind die *Bellingrath Gardens* südlich von Mobile bei der Ortschaft *Theodore*. Wo sich früher eine tropische Wildnis entlang der Mobile Bay ausdehnte, ließ der Industrielle Walter Bellingrath Gärten im Stil französischer und englischer Parks anlegen und schuf auf diese Weise ein Naturparadies, in dem ganze Heerscharen von professionellen Gärtnern Regie führen. 1937 ließ Bellingrath inmitten der Anlage einen von schmiedeeisernen Zäunen umgebenen vornehmen Ziegelbau errichten, in dem wertvolle Porzellanausstellungen und antike Möbel zu sehen sind.

Südlich von Bellingrath Gardens führt die Straße 193 durch kleine Orte, wo Shrimpkutter vor Anker liegen, nach *Dauphin Is-

124 Wintzell's Oyster House in Mobile ist nicht nur eine renommierte Austernbar, sondern gleichzeitig ein Museum der Seltsamkeiten. Das gesamte Lokal ist mit alten Fotos und mehr oder weniger sinnreichen, meist aber witzigen Sprüchen ausgestattet.

125 Rund um die Mobile Bay im südlichen Alabama verkaufen die Bauern des Umlandes die Früchte ihrer harten Arbeit direkt an den Verbraucher.

124 | 125

126 | 127

land. Französische Kolonisten bauten auf der schmalen Insel zu Beginn des 18. Jahrhunderts einen Posten namens »Massacre« auf, weil sie bei den Bauarbeiten auf zahlreiche menschliche Skelette stießen. Da sich von der Insel aus der Eingang zur Bucht von Mobile ideal kontrollieren ließ, entstand an der Inselspitze *Fort Gaines* genau gegenüber von *Fort Morgan* auf der östlichen Seite der Bucht. Wenn schlechtes Wetter die Überfahrt nicht unmöglich macht, pendeln zwischen den beiden Landzungen regelmäßig Autofähren.

Auf der östlichen Buchtseite betritt man bei Fort Morgan das *Eastern Shore*, Alabamas östliche Golfküste, die auf einem etwa 32 Meilen langen Abschnitt über wunderschöne Sandstrände verfügt. Weite Teile sind völlig naturbelassen, von den Badeorten *Gulf Shores* und *Orange Beach* einmal abgesehen, wo sich typische Strandhotels und Apartmentriesen an die Wasserkante vorgetastet haben. Daß kaum kleinere Ferienhäuser und Cottages zu sehen sind, ist dem Hurrikan »Frederic« zuzuschreiben, der am 13. September 1979 mit Brachialgewalt über den Küstenstreifen herfiel und viele Häuser dem Erdboden gleichmachte. Während im Sommer die Gegend zu einem recht lebhaften Ausflugs- und Badeziel wird, träumt das Hinterland von Eastern Shore ziemlich unberührt vom modernen Tourismus vor sich hin.

Dieser südöstliche Teil Alabamas besitzt zahlreiche versteckte Winkel, an denen die Errungenschaften des modernen Zeitalters mehr oder weniger spurlos vorübergegangen zu sein scheinen. Dazu zählen mit Sicherheit zwei Kneipen, die es zu regionaler Berühmtheit gebracht haben. *Judge Roy Bean* liegt am Old Highway 98 in der Ortschaft *Daphne* und fällt jedem, der an dieser Stelle vorbeikommt, wegen seiner filmreifen Westernfassade auf. Trüge der Bretterbau nicht ein unübersehbares Kneipenschild, könnte man ihn für einen ehemaligen Piratentreff halten, in dem heute wurmstichige Heringsfässer gelagert werden. Aber der Eindruck täuscht. Wenn Jack West am späten Nachmittag die quietschenden Pforten öffnet, strömt das Volk, vor allem sonntags, wenn Countrybands im Innenhof ihr Verständnis von fetziger Tanzmusik demonstrieren.

Die zweite Kneipe heißt *Florabama*, die mitten auf der Staatsgrenze zwischen Alabama und dem »Panhandle« von Florida liegt. Je nachdem, wie man sein Auto auf dem Parkplatz abstellt, befindet man sich diesseits oder jenseits der Grenze. Das waschechte Countrylokal direkt am Strand existiert erst seit 1962, obwohl es den Eindruck macht, als sei dort bereits Kolumbus mit seiner Crew Stammgast gewesen. Das ganze Anwesen ist aus groben Holzdielen zusammengenagelt. Die elektrischen Leitungen baumeln aufreizend von den Decken. Hie und da hängt das Konterfei einer Countrykoryphäe im Bilderrahmen oder ein Gruppenfoto von Gästen, die ihren »fortgeschrittenen Zustand« gerne der Nachwelt erhalten wollten.

Im Sommer kann man vor dem berühmtberüchtigten Lokal auf der Terrasse sitzen und sich die salzige Luft um die Nase wehen lassen. Jeweils Ende April findet der legendäre *Mullett-Toss*-Wettbewerb statt, bei dem sich die Wettbewerbsteilnehmer zur Gaudi der Schaulustigen im Weitwurf mit toten Fischen üben, die normalerweise paniert und in Fett ausgebacken auf den Gästetellern landen.

Alabamas Eastern Shore wird von vielen Besuchern auch als »Sprungbrett« benutzt, um eine kleine Stippvisite im benachbarten Florida zu machen. Der sogenannte *Panhandle* des Sonnenscheinstaates erstreckt sich wie ein schmaler Landstreifen in westlicher Richtung bis an die Alabamagrenze, wo nicht weit entfernt die Stadt *Pensacola* liegt. Ein beliebtes Reiseziel sind die der dortigen Küste vorgelagerten Barriereinseln mit ihren weißen Stränden, die zu den saubersten in den ganzen USA zählen.

126/127 Zweimal drei Grazien. Der amerikanische Süden gehört zu den Regionen des Landes mit dem größten Schwarzenanteil an der Gesamtbevölkerung. In Alabama beläuft er sich auf über 25 Prozent, in Mississippi sogar auf über 35 Prozent. Demgegenüber kommt die schwarze Minderheit etwa in Texas auf nicht einmal 11 Prozent.

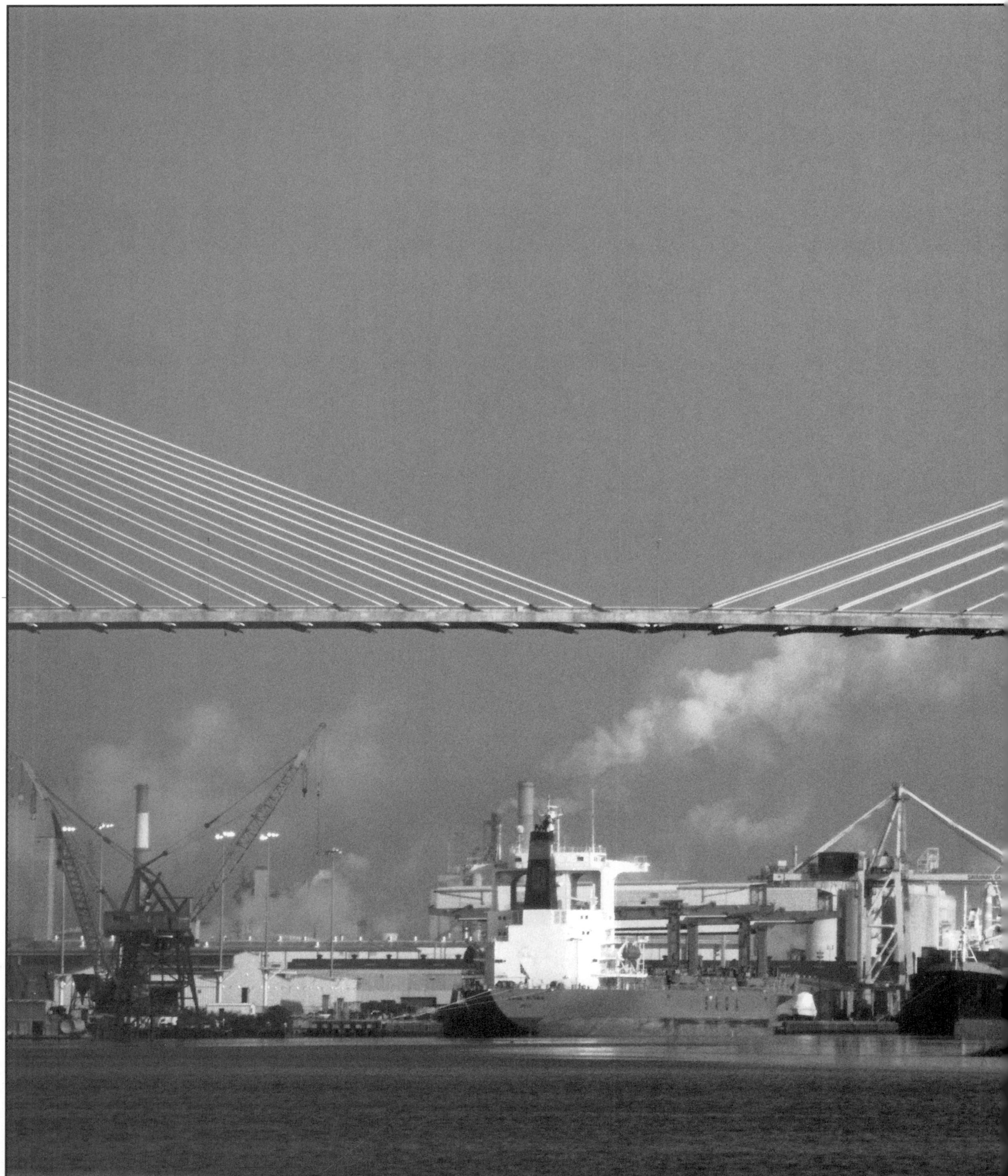

Aufsteiger mit olympischem Lorbeer
Georgia symbolisiert den »neuen« Süden

Wie der Phönix aus der Asche
Der unaufhaltsame Aufstieg der Metropole Atlanta

Der 18. September 1990 war kein Tag wie jeder andere, jedenfalls nicht für die Einwohner von Georgias Hauptstadt. An diesem Tag gab das Internationale Olympische Komitee in Tokio seine Entscheidung über den Austragungsort der Olympischen Sommerspiele 1996 bekannt: die Wahl fiel auf Atlanta. Die 394 000 Einwohner zählende Metropole stand an diesem Tag zwar nicht kopf, aber viele Hoteliers und Restaurantbesitzer, Taxifahrer und Tourismusmanager, Ladeninhaber und Bauunternehmer sahen am Horizont rosa Zeiten emporsteigen. »Das internationale Interesse und das Wachstum während der letzten Dekade haben Atlanta mit vielen hervorragenden Möglichkeiten ausgestattet, große Veranstaltungen auszurichten«, sagte der Präsident des örtlichen Konferenzzentrums, »aber als Austragungsort der Olympiade auserwählt worden zu sein, ist mit Abstand die größte Ehre für unsere Stadt.«

Dieser Kommentar wird im Grunde genommen erst verständlich, wenn man die Geschichte Atlantas und Georgias kennt. Innerhalb der heutigen Staatsgrenzen entstand 1733 in Savannah die erste britische Ansiedlung unter General Oglethorpe, gewissermaßen als Puffer zwischen der britischen Kolonie in den Carolinas im Norden und den aggressiven Spaniern weiter südlich in Florida.

Sowohl Alkohol als auch Sklavenarbeit war in den Augen der Neuankömmlinge eine Sünde und deshalb sozial geächtet. Erst unter dem Druck der großen Plantagenbesitzer änderten die Siedler ihre Meinung – zumindest was schwarze Zwangsarbeit anbelangte. Georgia verwandelte sich unter fleißigen Händen in eine riesige Farm, auf der Baumwolle die Hauptrolle spielte. Noch heute ist der Staat in erster Linie landwirtschaftlich geprägt, vom Großraum Atlanta einmal abgesehen.

Die Stadt wurde erst 1847 gegründet und zählt deshalb zu den vergleichsweise jungen Metropolen des Südens. Im Bürgerkrieg dem Erdboden gleichgemacht, entstand sie nach 1864 neu wie der Phönix aus der Asche, was offensichtlich auch weitreichende Folgen für ihre weitere Entwicklung hatte. Atlanta avancierte zum einzigen echten urbanen Ballungsraum in ganz Georgia, bewies beachtliche Ellenbogen und zog mit seiner Dynamik Industrielle und Politiker, Medienmogule und Banken in den Bann, die sich vorgenommen hatten, das neue Zentrum des Südens entstehen zu lassen.

Atlanta nennt sich gerne die größte Drehscheibe des Verkehrs und der modernen Kommunikation im gesamten Südosten der USA. Ein Blick auf die Karte bestätigt dies. Wo aus allen Himmelsrichtungen heraneilende mehrspurige Autobahnen einen gigantischen Knoten bilden, dehnt sich der urbane Ballungsraum mit insgesamt etwa zweieinhalb Millionen Einwohnern aus, von denen ein Fünftel innerhalb der eigentlichen Stadtgrenzen lebt. Südlich des hochaufgeschossenen Wolkenkratzerkerns verknüpfen sich auf dem riesigen *Hartsfield International Airport* die Fäden nationaler und internationaler Flugstrecken. Jeden Tag werden dort weit über 2000 Starts und Landungen gezählt, womit Hartsfield zu den größten Flughäfen der Welt gehört. Und auch die Eisenbahn trägt ihren Teil zur Bedeutung Atlantas als Verkehrsknotenpunkt bei. Nachts vernimmt man das entfernte Sirenengeheul der Züge, die nur noch Güter, aber keine Passagiere mehr befördern. Ein alter Spruch hieß früher: »Egal, ob die Reise in den Himmel oder zur Hölle geht, in Atlanta mußt du umsteigen.«

Atlantas offizieller Gründung 1847 folgte 1864 die Zerstörung der Stadt durch die Bürgerkriegstruppen von General Sherman. Nach 117tägiger Belagerung gab das Bollwerk der Konföderierten auf. Der General zwang sämtliche 10 000 Einwohner zur Evakuierung und setzte die Stadt danach in Brand. Margaret Mitchell machte die Zerstörung Atlantas zur Kulisse ihres zu Tränen rührenden Epos »Vom Winde verweht«. Die damaligen Ereignisse sind im *Cyclorama* dargestellt. Über ein Dutzend Künstler malten 1886 ein monumentales Gemälde auf eine 16×122 Meter große Leinwand, die in einem Rund angeordnet ist, um sie überhaupt unterbringen zu können. Eine Tonbildschau begleitet die Besucher durch das neun Tonnen schwere Geschichtswerk.

Vorhergehende Abbildung:
128 Wie ein glänzendes Geflecht aus Silber überspannt bei Savannah die Autobrücke den Savannah River, der die Grenze zwischen Georgia und South Carolina markiert. Schon die ersten Kolonisten unter General Oglethorpe nutzten den Fluß als Wasserweg vom Meer ins Landesinnere und bauten am Ufer die ersten Landeinrichtungen auf. Heute ist der Hafen Garant für die wirtschaftliche Stabilität von Savannah, wenngleich die großen Zeiten der Baumwollverschiffung längst vorüber sind.

129 Pures Gold deckt die Kuppel des State Capitol in Atlanta, der Hauptstadt des Bundesstaates Georgia. Was die Einwohner aber um so stolzer macht, ist die Tatsache, daß das Edelmetall von Fundstätten aus Georgia selbst stammt, wo in den dreißiger Jahren des 19. Jahrhunderts das erste Gold auf amerikanischem Boden gefunden wurde.

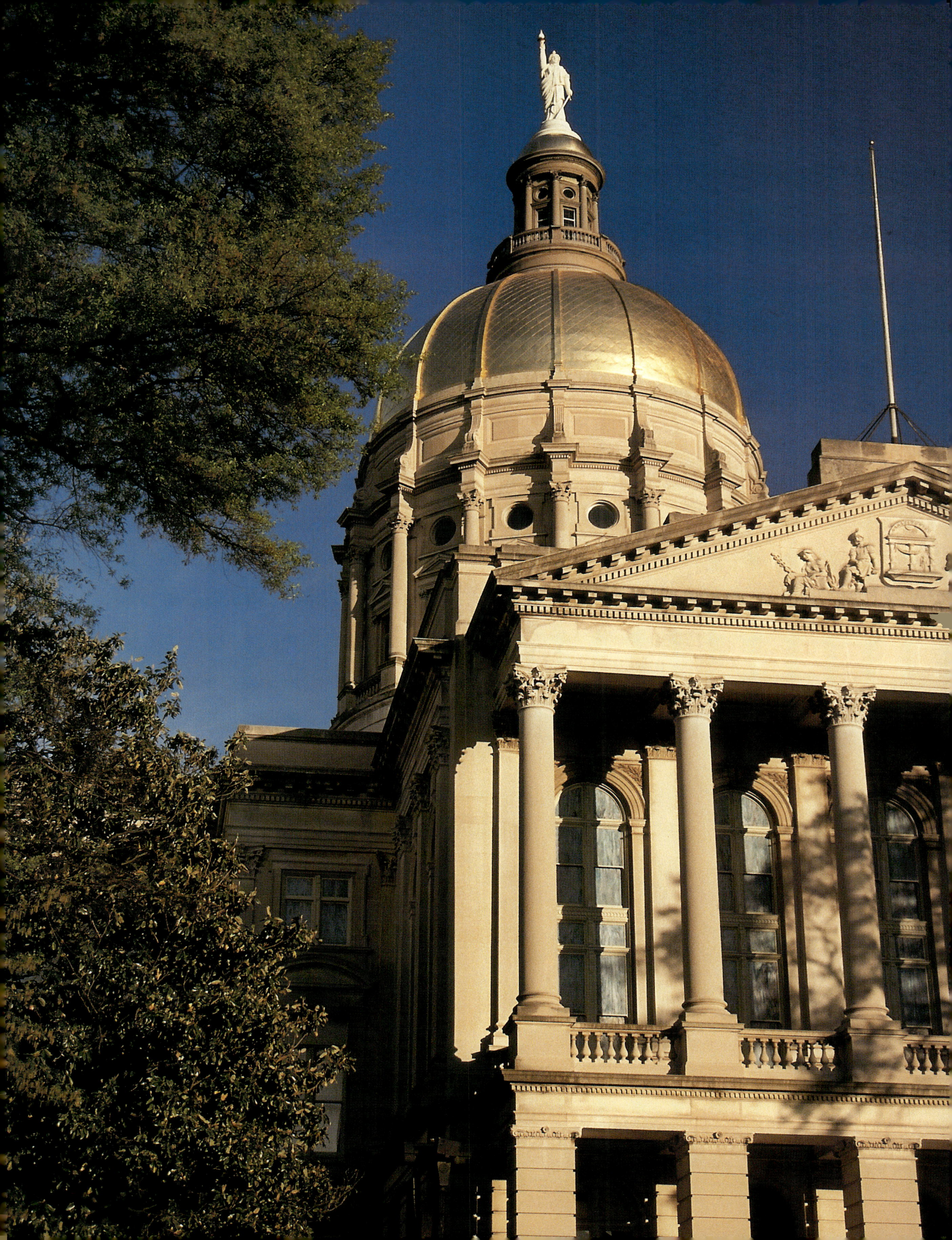

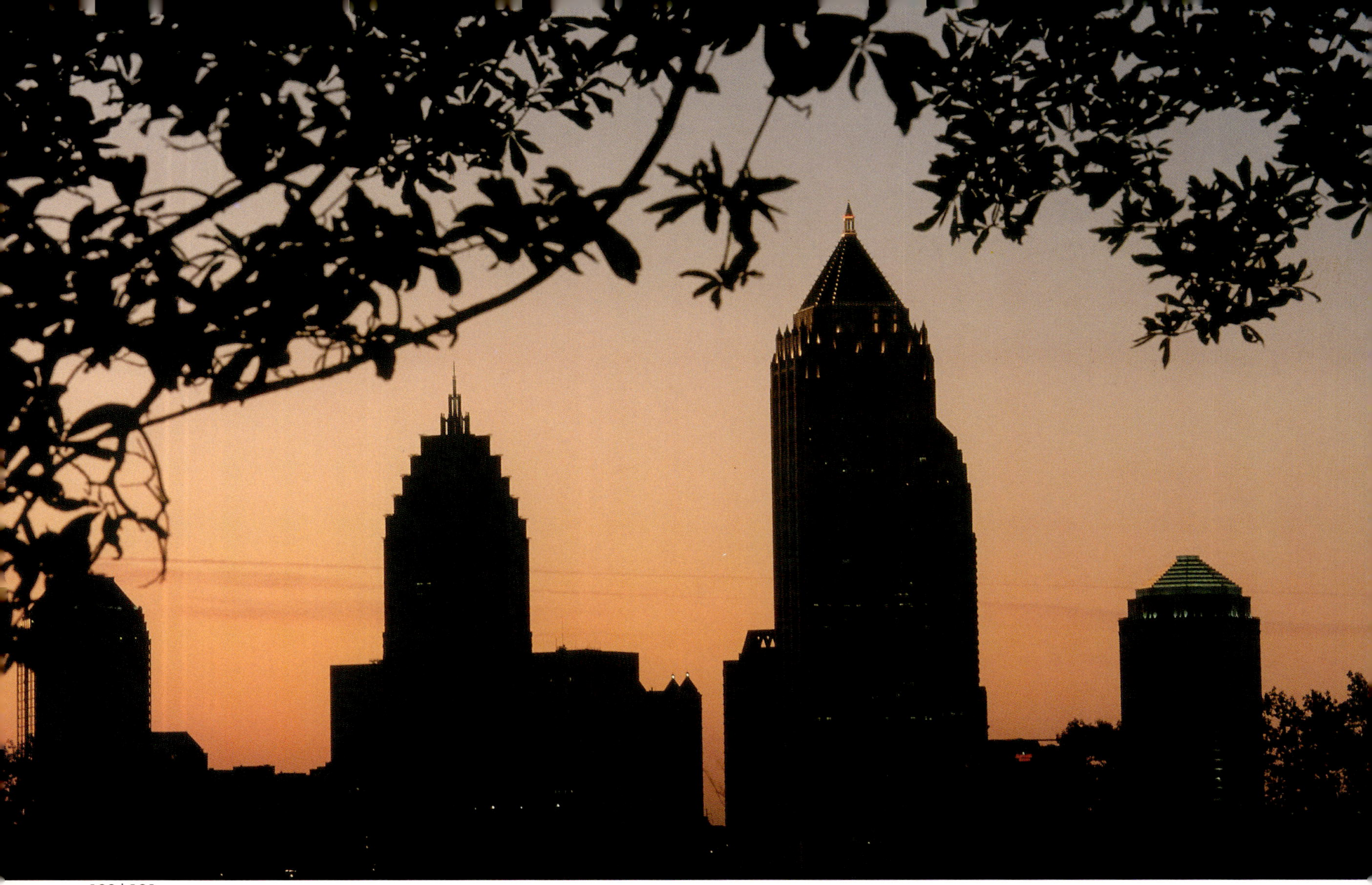

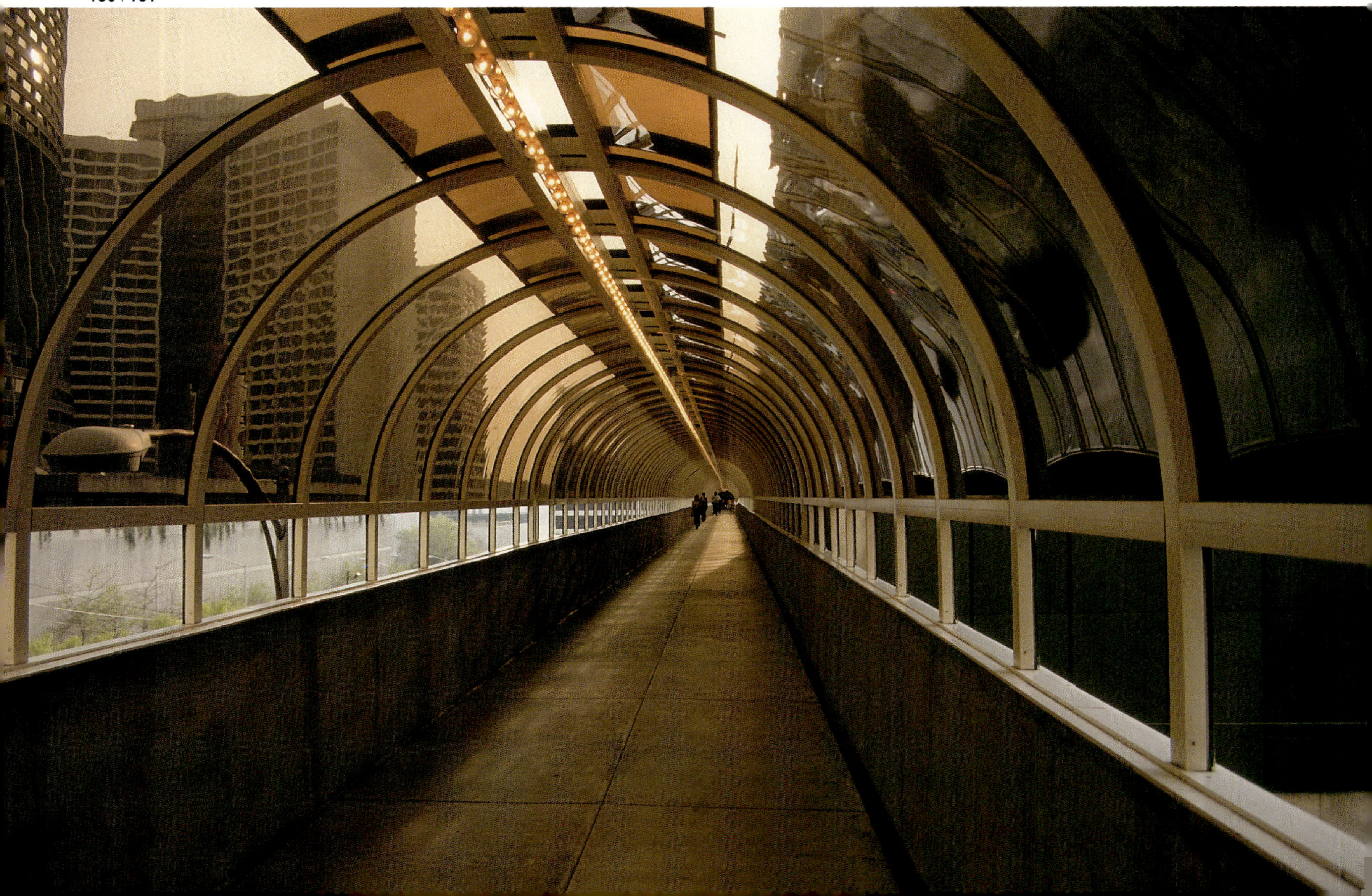

Heutzutage gibt es in Atlanta Leute, die den Brandstifter William T. Sherman sarkastisch »den ersten Stadterneuerer« nennen. Das ist bezeichnend für die zweck- und profitorientierte Mentalität der Stadt, die im Prinzip nicht viel Platz für nostalgische Südstaatenträume läßt. Ganz bewußt setzte die Geschäftswelt schon vor Jahren das Motto »To busy to hate« (zu beschäftigt, um zu hassen) in die Welt. Denn die weißen Reaktionen auf die schwarze Bürgerrechtsbewegung hatten in den fünfziger und sechziger Jahren im Süden dazu beigetragen, das Investitionsklima zu beeinträchtigen. Atlanta als der Inbegriff des neuen Südens versuchte, andere Akzente zu setzen. Wie sich längst herausstellte, hatte das in erster Linie nicht mit grundsätzlich veränderten Einstellungen in der Rassenfrage zu tun als vielmehr mit der Absicht, sich beim Geldverdienen nicht durch soziale Probleme stören zu lassen. Dieses Ziel machte sich jedoch nicht nur die weiße Geschäftswelt zu eigen, sondern es genoß offensichtlich auch in privilegierten schwarzen Kreisen hohe Priorität. Denn über lange Zeiträume ihrer jüngeren Vergangenheit wurde die Stadt von schwarzen Bürgermeistern und schwarzen Stadträten regiert. Das änderte nichts an der Tatsache, daß beinahe zwei Drittel der afro-amerikanischen Bevölkerung heute unter der offiziellen Armutsgrenze leben.

In den zurückliegenden zwei Jahrzehnten ist der Kern Atlantas Jahr um Jahr höher in den Himmel gewachsen. Um die zentrale *Peachtree Avenue* sammeln sich Banken und Versicherungen, Einkaufszentren und Bürotürme, als hätte man versucht, aus Downtown Atlanta ein kleines Manhattan zu machen. Manche Hochhäuser sind durch sogenannte »Skywalks« miteinander verbunden, klimatisierte Passagen, die dem Passanten nicht mehr zumuten, sich auf dem Weg ins Büro oder beim Einkaufsbummel der natürlichen Witterung auszusetzen.

Seit Ende der achtziger Jahre existiert mit *Underground Atlanta* ein Komplex, mit dessen Bau die Stadtväter viel zur Wiederbelebung des Stadtzentrums beitrugen. Unter der Straßenebene hatten sich bis dahin langgezogene Tunnels befunden, die früher einmal von der Eisenbahn genutzt worden waren, dann aber jahrzehntelang verfielen. Auf dieser tiefer liegenden Ebene entstand ein städtischer Marktplatz mit Restaurants, Läden und Boutiquen, auf dem eigentlich immer etwas los ist. In der Nachbarschaft liegt *The World of Coca Cola*, ein Museum, das einzig und allein der Lobpreisung des weltberühmten Süßgetränks dient, dessen Firmenzentrale sich in Atlanta befindet. Auf drei Stockwerken sind Tausende von Exponaten ausgestellt, die sich mit dem Coca-Cola-Zeichen schmücken, Werbeplakate aus vergangenen Zeiten und Dokumentationen über das weltumspannende Vertriebsnetz des Markenartikels.

Erfahrungsgemäß zieht die Coca-Cola-Welt ein vielfaches der Besucher an, die sich für das nur wenige Schritte entfernt gelegene *State Capitol* interessieren. Die mit Georgia-Gold gedeckte, 73 Meter hohe Kuppel des zwischen 1884 und 1889 erbauten Gebäudes weist schon von weitem den Weg in dieses historische Zentrum der politischen Entscheidung.

Besonders durch die Berichterstattung im Golfkrieg zu Beginn der neunziger Jahre machte der Fernsehsender CNN (Cable News Network), der im Besitz des Medienmoguls Ted Turner ist, international auf sich aufmerksam. Im Hauptquartier des TV-Schwergewichts, dem *CNN Center*, werden Studioführungen angeboten, bei denen man einen Blick hinter die Kulissen bekannter Nachrichtensendungen werfen kann. Auch das Gebäude selbst ist einen Besuch wert: ein riesiges Atrium mit Restaurants, Läden und einem Hotel.

Wie es sich für eine aufstrebende Großstadt gehört, besitzt Atlanta eine vielfältige Museumsszene. Das erst Anfang der neunziger Jahre eröffnete *Fernbank Science Center* wartet mit zahlreichen naturgeschichtlichen Ausstellungen auf, die hervorragend aufbereitet sind. Die Palette reicht von einer Raumkapsel bis zu naturgetreu nachgebildeten Sauriern samt ihrer Umwelt, in der sie bis vor etwa 60 Millionen Jahren lebten. Eine Attraktion für sich ist das Planetarium, eines der größten in den USA. Eher mit naturwissenschaftlichen Phänomenen beschäftigt sich das *Science and Technology Museum*. Viele technische Anordnungen laden zum Selbstprobieren ein. Die Kunst kommt im auch äußerlich ansprechenden *High Mu-*

130/131 Atlanta ist eine moderne Großstadt mit zwei hoch aufragenden Wolkenkratzerzentren in Downtown und Midtown, die etwa zwei Kilometer voneinander entfernt liegen. Manche Gebäudekomplexe sind durch verglaste Gänge miteinander verbunden, so daß man selbst bei schlechtem Wetter trockenen Fußes seine Einkäufe erledigen kann.

seum of Art sowie im *Robert W. Woodruff Arts Center* zu Wort.

Zahlreiche kosmetische Eingriffe mußte sich im Vorfeld der Olympischen Spiele der *Martin Luther King Jr. Historic District* gefallen lassen. Die Nationalparkverwaltung, der das Viertel untersteht, war eifrig darum bemüht, die baufälligen Holzhäuschen entlang der historischen Auburn Avenue zu restaurieren. Ansonsten hätten Besucher den Eindruck bekommen können, daß sich Atlanta nicht allzusehr um seinen bekanntesten schwarzen Sohn kümmert. In der Auburn Street Nr. 501 wurde nämlich in einem zweistöckigen Haus im Jahr 1929 Martin Luther King geboren, der während der Bürgerrechtsbewegung in den sechziger Jahren zum prominentesten Vorkämpfer für die Gleichberechtigung der schwarzen Amerikaner wurde. Einige Straßenzüge weiter stadteinwärts hält das *M. L. King Center for Nonviolent Social Change* die Erinnerung an den 1968 Ermordeten wach. Zahlreiche Ausstellungen befassen sich sowohl mit der Person Kings als auch mit der Geschichte und den Zielen der Bewegung. Sein Sarkophag inmitten eines Brunnens ist zur Wallfahrtsstätte vieler Afro-Amerikaner geworden. In jüngster Zeit geriet das M.-L.-King-Zentrum in die Schußlinie von Bürgerrechtlern, die der Witwe des Ermordeten vorwarfen, einer Kommerzialisierung der Gedenkstätte aus egoistischen Beweggründen kräftig Vorschub zu leisten.

Wer in Atlanta oder Umgebung nach *Tara*, dem Wohnsitz der Filmfamilie O'Hara aus dem Film »Vom Winde verweht« sucht, bemüht sich vergebens. David O. Selznick drehte das Rührstück 1939 nicht an Originalschauplätzen, sondern in der künstlichen Kulissenwelt von Hollywood. Auch von Margaret Mitchell, der Autorin des weltberühmten gleichnamigen Romans, sind in Georgias Hauptstadt nicht viele Spuren zu finden. Eine Stiftung nahm sich Anfang der neunziger Jahre der Aufgabe an, mit dem *Margaret Mitchell House* ihr Wohnhaus zu restaurieren, in dem sie zwischen 1925 und 1932 den größten Teil ihres Werkes schrieb. Ihre letzte Ruhestätte fand sie auf dem *Oakland Cemetery*, wo ein bescheidener Grabstein an die bekannteste Tochter der Stadt erinnert.

Augenblicke auf dem »Antebellum Trail« *Eine Reise durch die Vergangenheit*

Knapp siebzig Meilen östlich von Atlanta liegt Georgias »Classic City«, das hübsche Städtchen *Athens*. Den Beinamen bekam es durch seine zahlreichen historischen Bauten im Greek-Revival-Stil, der sich bei Architekten und Bauherren vor allem in den Jahrzehnten vor Beginn des amerikanischen Bürgerkriegs großer Beliebtheit erfreute. Stattliche Fassaden mit ionischen, dorischen oder korinthischen Säulen nahmen die antike griechische Bauweise in einer Zeit auf, als in den Plantagenregionen des Landes hauptsächlich mit Baumwolle riesige Vermögen erwirtschaftet wurden. Zu den schönsten Beispielen dieser »klassischen« Architektur gehört in Athens das *Taylor-Grady House* aus dem Jahr 1845. Die Front dieser herrschaftlichen Villa wird von dorischen Säulen dominiert, die symbolisch für die dreizehn US-Gründungsstaaten stehen.

Athens hat sich nicht nur mit seinen historischen Bauten einen Namen gemacht, sondern vor allem mit der *University of Georgia*, die 1785 gegründet wurde und 1801 ihren Lehrbetrieb mit den ersten zehn Studenten aufnahm. In den seit damals vergangenen Jahren wuchs die Stadt um den zentralen Campus herum und machte ihn sogar räumlich zum kulturellen Herzstück der Gemeinde. Sitzt man auf der Rasenfläche im Schatten der hohen Bäume zwischen den efeuumrankten Gebäuden, fühlt man sich wie in einem englischen College. Jenseits der Broad Street füllen sich die Straßen des kleinen Zentrums mit quirligem Leben, wenn sich die Studenten in den Straßencafés zu einer Mittagspause treffen. Selbst nach Sonnenuntergang verfällt Athens nicht in ländliche Schläfrigkeit.

In Athens beginnt eine Touristenstraße, die seit Mitte der achtziger Jahre existiert und unter dem Namen *Antebellum Trail* viel Interesse auf sich gezogen hat. Die Route führt durch ein halbes Dutzend kleiner Gemeinden, in denen man noch am ehesten die ländliche Atmosphäre der ersten Hälfte des 19. Jahrhunderts aufspüren kann. Margaret Mitchell soll hauptsächlich in dieser Gegend für »Vom Winde verweht« recherchiert ha-

132 Im Stone Mountain State Park außerhalb von Atlanta ist in einer glatten Granitwand das legendäre Bürgerkriegstrio Jefferson Davis, General Robert E. Lee und General Stonewall Jackson verewigt. Ganze Heerscharen von Handwerkern arbeiteten mit Unterbrechungen von 1924 bis 1970 an diesem riesigen Bildwerk, das in den USA nur noch von den vier Präsidentenköpfen am Mount Rushmore in South Dakota übertroffen wird.

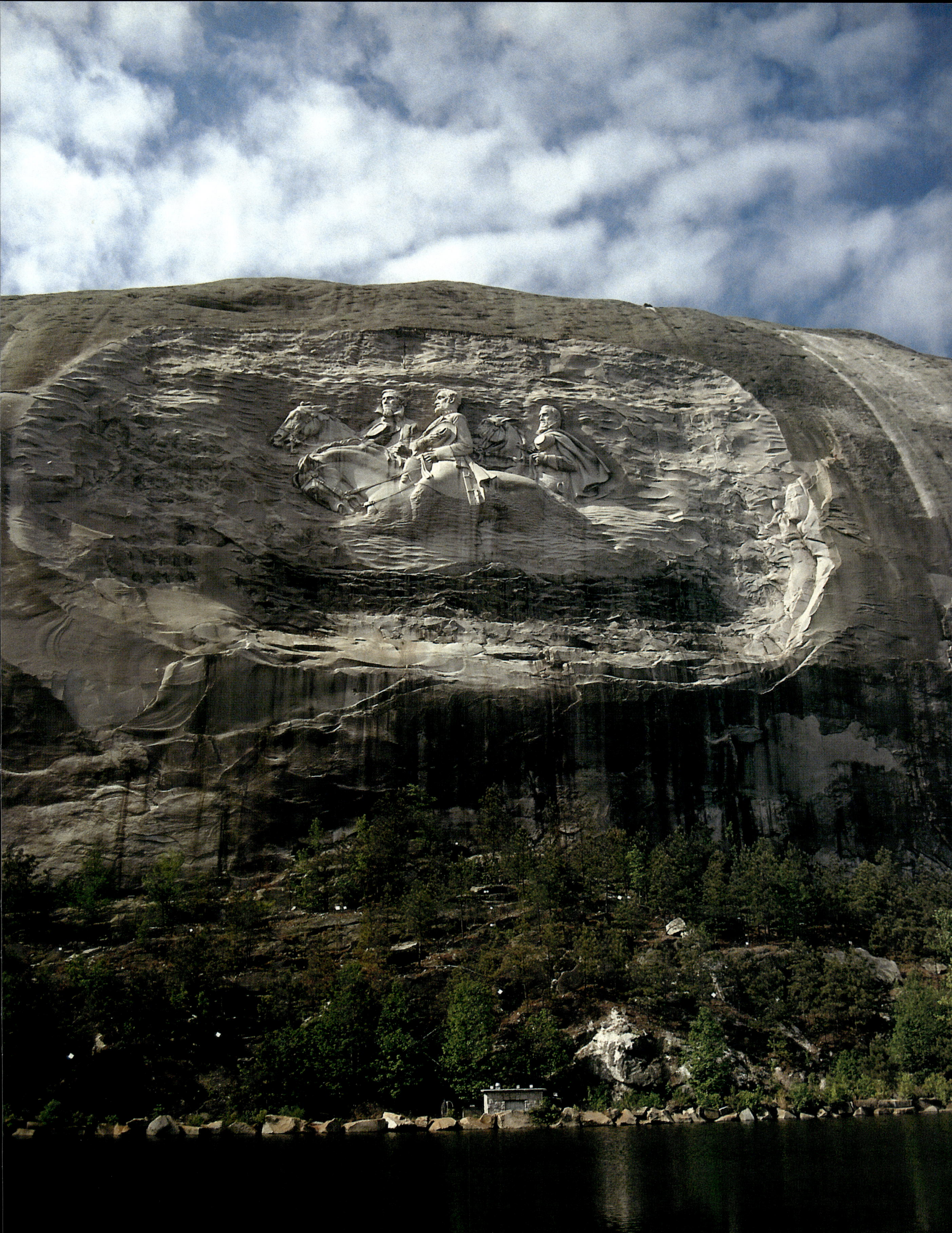

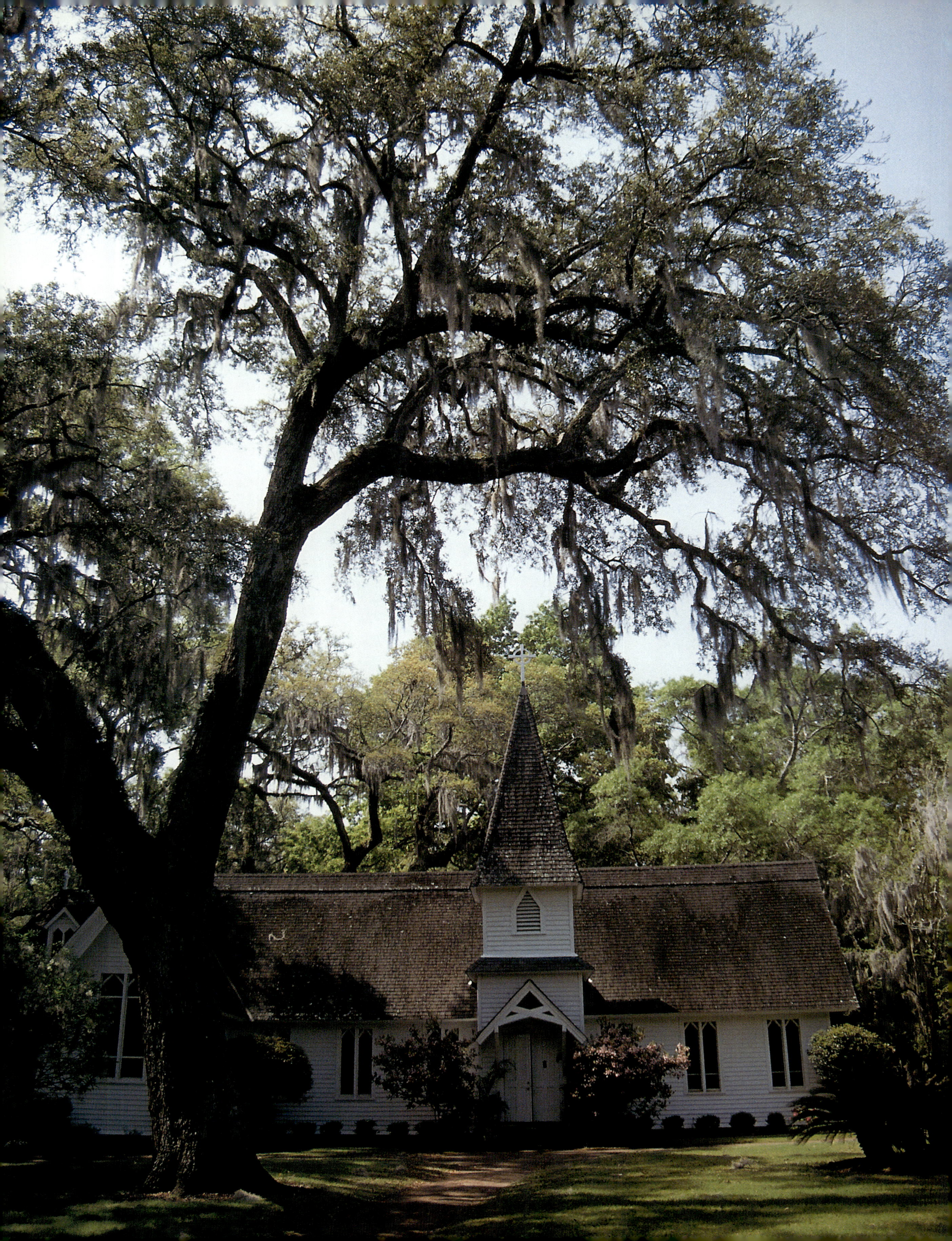

133 An der Nordspitze von St. Simons Island vor der südlichen Georgia-Küste steht eine kleine Holzkirche aus dem 19. Jahrhundert. Der Bau an sich ist nichts Besonderes, doch verleiht ihm die umgebende Vegetation mit bemoosten Bäumen und blühenden Sträuchern etwas Märchenhaftes.

134 Viele historische Anlagen und Museen im amerikanischen Süden werden von kostümierten Führern betreut. Man versucht dadurch, den entsprechenden Sehenswürdigkeiten noch etwas mehr Geschichtsträchtigkeit und Authentizität einzuhauchen. Das gilt auch für das Fort King George in Darien, das 1721 als erster Militärposten an der Küste von Georgia gegründet wurde.

135 | 136

ben, so daß im Roman zahlreiche Schauplätze beschrieben sind, die man unter Umständen auf der Antebellum-Tour wiederfindet.

Südlich von Athens liegt, eingebettet in die rollenden Hügel von Piedmont, die Ortschaft *Watkinsville* im früheren Clarke County (heute Oconee County), der Heimat von Margaret Mitchells Romanfamilie O'Hara und deren Landsitz Tara. Mit viel Mühe und großem finanziellem Aufwand restaurierten die Einwohner ihren historischen Distrikt mit etwa zwei Dutzend Gebäuden, unter denen die *Eagle Tavern* auf der Main Street das älteste ist. Die ehemalige Landschenke stammt vom Ende des 18. Jahrhunderts und dient heute als Besucherzentrum.

Wenn es entlang des Antebellum Trail ein ganz besonderes Schmuckstück gibt, so steht dieses Prädikat in erster Linie *Madison* zu. Abseits der Interstate 20 gelegen, scheint die kleine Ortschaft vor 150 Jahren in einen Dornröschenschlaf verfallen zu sein, aus dem sie erst kürzlich aufwachte. Madison lag damals inmitten des Reiches von »König Cotton«, und die reichen Plantagenbesitzer konnten es sich leisten, neben ihren feudalen Landsitzen auch in der Stadt noch Villen zu bauen, in denen sie die gepflegte Lebensart bei Bällen und Einladungen demonstrieren konnten. Vor allem der viktorianische Baustil, der entlang der Hauptstraße viele Anwesen prägt, gibt dem Ort ein unverwechselbares Flair. Man mag sich gar nicht ausdenken, wie sich Madison heute darstellen würde, hätte nicht im Jahr 1869 ein Großbrand fast alle Geschäftshäuser in Schutt und Asche gelegt.

Eatonton hat ungefähr 4700 Einwohner, unter denen mit Sicherheit keiner ist, der oder die nicht mit den populären »Uncle-Remus«-Geschichten vertraut wäre. Der Urheber dieser Märchen, der Schriftsteller Joel Chandler Harris, stammte nämlich aus Eatonton, wo ein kleines Museum am Rande des Turner Park an ihn erinnert. Zudem steht vor dem *Putnam County Courthouse* in der Ortsmitte die adrett gekleidete Hasenfigur des *Br'er Rabbit*, die in vielen Kindergeschichten von Harris auftaucht.

Am Lake Sinclair vorbei gelangt man nach *Milledgeville*, Georgias Hauptstadt von 1803 bis 1867. Das originale *State Capitol* existiert heute nicht mehr, doch wurde an der ehmaligen Stätte 1879 ein neogotischer Nachbau errichtet. An dieser Stelle trat am 16. Januar 1861 eine Abgeordnetenversammlung zusammen, die sich nach dreitägigen, teils hitzigen Debatten für die Trennung von den Nordstaaten entschied. Heute wird der Gebäudekomplex als Militärinstitut genutzt. *Old Governor's Mansion*, ein repräsentativer Bau mit einer Säulenfassade, war 1838 bezugsfertig. Dieses Anwesen war die fünfte und letzte Residenz, die von Georgia-Gouverneuren bewohnt war zu der Zeit, als Milledgeville als Hauptstadt diente. Der Bau gilt als eines der perfektesten Beispiele georgianischer Architektur in den USA und wurde von dem Architekten Charles B. Cluskey entworfen.

Macon, die »Hauptstadt« des Antebellum Trail, ist stolz auf den Beinamen »Kirschblütenkapitale der Welt«. Alljährlich im März, wenn das Kirschblütenfest gefeiert wird und Hunderte von rosafarbenen Bäumen die Straßen säumen, versuchen die 106000 Einwohner der Stadt, diesem Titel voll und ganz gerecht zu werden. Vor Ausbruch des Bürgerkriegs verschifften die Baumwollproduzenten in diesem wichtigen Binnenhafen ihre Ware mit flachen Booten, ehe das Eisenbahnzeitalter den Transport auf die Schiene verlagerte. Den Glanz vergangener Zeiten spiegelt *Hay House* wider. Der Palast im »italienischen Renaissancestil« entstand wenige Jahre vor dem Bürgerkrieg für einen lokalen Unternehmer. Das Interieur zeigt, was für einen luxuriösen Lebensstil die damalige High-Society des Südens pflegte. Nicht weit entfernt dient die typische Südstaatenvilla *Cannonball House* als Museum der Konföderation. Während das Haupthaus mit dem Originalmobiliar äußerst vornehm ausgestattet ist, sieht man im Anbau für die Bediensteten ehemalige Waffen, Uniformen und andere Erinnerungsstücke an die Südstaatenarmee.

Inseln wie Sand am Meer
Die Atlantikküste

An der Küste von Georgia hält man allen Anzeichen nach nichts von falscher Bescheidenheit. »Golden Isles« (Goldene Inseln) nennen sich vier von insgesamt dreizehn

135/136 Der Antebellum Trail von Athens nach Macon bekam seinen Namen von den kleinen Ortschaften, in denen viele vor 1860 errichtete Gebäude den amerikanischen Bürgerkrieg mehr oder weniger unbeschadet überlebten. Unter den Landhäuschen sind hie und da auch kleine Schmuckstücke, welche die Einheimischen wegen der hübschen, weißen Verzierungen um die Balkone Lebkuchenhäuser nennen.

Sandbänken, die der Küste in der Nähe der Stadt *Brunswick* vorgelagert sind: Jekyll Island, St. Simons Island, Sea Island und Little St. Simons Island. Mit goldgelben Sandstränden darf man auf der touristisch am besten erschlossenen Eilandgruppe nicht rechnen, eher schon mit betuchten Besuchern, die über ein ausreichendes Sortiment »goldener« Kreditkarten verfügen. Die braucht nämlich jeder, der in den meeresnahen Nobelhotels einen stilechten Urlaub verbringen will. Dafür bietet sich beispielsweise das mit fünf Sternen dekorierte *The Cloister* auf *Sea Island* an, wo vorzugsweise gekrönte Häupter und Präsidenten, Konzernbosse und Playboys absteigen. Die Mini-Insel ist nur über das größere *St. Simons Island* zu erreichen, das über die größte Fläche unter den »Edelmetallinseln« verfügt. An der Nordspitze gründete General Oglethorpe in einer idyllischen Landschaft im Jahr 1736 das *Fort Frederica*, von dem aus sich die britischen Truppen erfolgreich gegen spanische Angreifer wehrten. Nur noch Ruinen und ein paar ausgediente Kanonen sind aus der damaligen Zeit übriggeblieben.

Auch auf dem südlicher gelegenen *Jekyll Island* fühlen sich Erholungssuchende aus Industrie, Politik und Showbusiness zuweilen wohl. Das hat nicht nur mit der gesunden Seeluft, sondern auch mit den wunderschönen Golfanlagen zu tun, die wahrscheinlich mit Pinzette und Nagelschere in ihren supergepflegten Zustand versetzt werden. Prominentester VIP-Treffpunkt auf dem Eiland ist der exklusive *Jekyll Island Club* mit einem historischen Clubhaus aus dem Jahr 1887.

Unter den Küstenstädten ist außer Savannah *Brunswick* mit 16400 Einwohnern die größte. Im Grunde genommen unterscheidet sie sich nicht wesentlich von anderen Provinzflecken, von der großen Shrimpflotte, die dort vor Anker liegt, einmal abgesehen. Eine Besonderheit sind auch die märchenhaften Alleen von Eichen, deren mächtige Äste von Moos überzogen sind. Ein ganz besonderes Exemplar steht an der Ecke von Albany und Prince Street. *Lovers' Oak*, wie der Riesenbaum bei den Einheimischen heißt, soll über 900 Jahre alt sein. Auch mit einem Stammdurchmesser von rund vier Metern kann sich der gigantische Methusalem sehen lassen.

Die alte Hochburg von »King Cotton« *Die malerische Hafenstadt Savannah*

Die französische Zeitung »Le Monde« ließ sich zum Ausruf »Die schönste Stadt Nordamerikas« hinreißen, und die in Toronto erscheinende »Sunday Sun« jubelte: »Savannah trägt seine Vergangenheit wie einen wertvollen alten Umhang, drapiert mit südlicher Anmut, die Taschen voll von Schätzen einer reichen, stolzen Vergangenheit.« Georgias vielgerühmte Küstenschönheit ist es gewohnt, mit Komplimenten überhäuft zu werden. Trotzdem legt sie keine Arroganz an den Tag, sondern ist eine (fast) normale Stadt geblieben.

Als ihr Gründer, der britische General James E. Oglethorpe, am 12. Februar 1733 zusammen mit 144 seiner Landsleute den breiten Savannah River hinaufsegelte und im Namen seines Königs Georg II. die Kronkolonie Georgia gründete, muß ihn wohl die Gunst der geographischen Lage veranlaßt haben, die Stadt an ihren heutigen Standort zu setzen. Der General hatte offenbar nicht nur Augen für strategische Vorteile, sondern nahm sich vor, den Stadtkern zwar praktisch, aber auch so schön wie möglich anzulegen.

Etwa 1825 begann der Baumwollhandel auf volle Touren zu kommen. Ein wichtiger Faktor dabei war, daß das beginnende Eisenbahnzeitalter den Transport der Ware aus dem Landesinnern leichter machte. Um die prosperierende Stadt vor möglichen Angriffen zu schützen, entstand zwischen 1830 und 1845 das *Fort Pulaski* östlich der Stadt, an dem auch der junge Robert E. Lee, später General der Südstaatentruppen, mitbaute. Im Stadtzentrum wurde 1887 das rote Ziegelgebäude des *Savannah Cotton Exchange* fertiggestellt, als die Stadt zum wichtigsten atlantischen Baumwollhafen aufstieg und über zwei Millionen Ballen pro Jahr umschlug.

Die Cotton Exchange (Baumwollbörse) lag im Zentrum der Aktivitäten, die das wirtschaftliche Leben der Stadt beherrschten, bevor die Stadt zu einem führenden Industriehafen wurde. Der Entwurf für das Gebäude stammte von dem bekannten Bostoner Architekten William Gibbons Pre-

137 The Cloister auf Sea Island zählt zu den renommiertesten Luxusherbergen an der »Riviera« des Bundesstaates Georgia. In dem sehr gediegenen Hotel pflegen gekrönte Häupter, Präsidenten und Konzernbosse abzusteigen. Natürlich verfügt The Cloister über einen eigenen Meeresstrand mit Schwimmbad, in dem die kleinen Hotelgäste von speziell ausgebildetem Personal betreut werden.

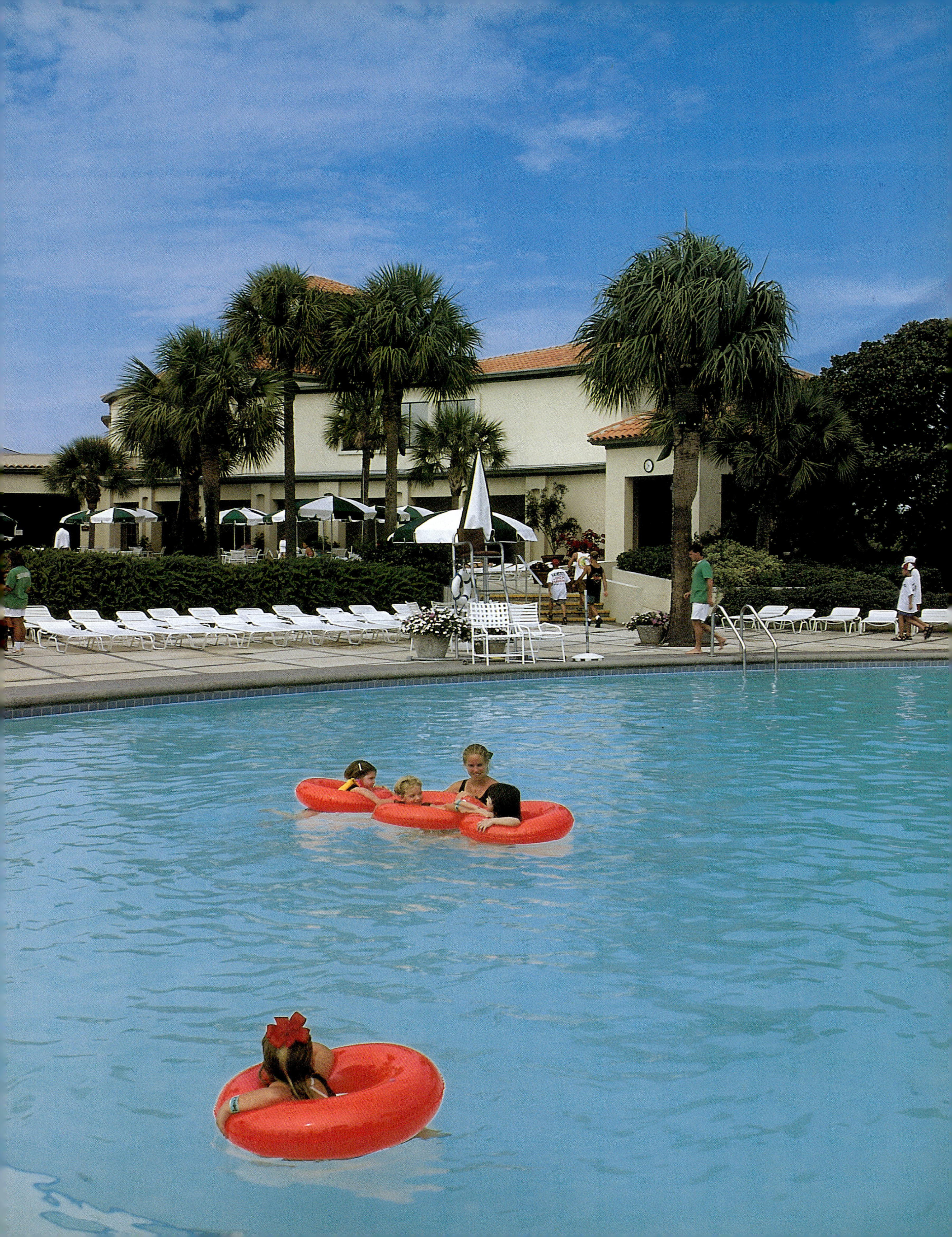

138 | 139

138 Dem Nordstaatengeneral William T. Sherman wird nachgesagt, er habe im amerikanischen Bürgerkrieg die Stadt Savannah für zu schön gehalten, um sie zu zerstören. Im Gegensatz etwa zu Atlanta blieb sie in der damaligen Auseinandersetzung zwischen Nord- und Südstaaten tatsächlich von schweren Schäden verschont. Zu den Überlebenden gehören auch die mannshohen Statuen vor dem Telfair Mansion, in dem ein Kunstmuseum eingerichtet ist.

139 Sehr stimmungsvoll präsentiert sich in Savannah die historische Riverfront am Savannah River. Die Flußpromenade gehört mit ihren kleinen Parkanlagen, vielen Restaurants und Geschäften zwar zum touristischen Epizentrum der Stadt, dennoch blieb der dem Fluß zugewandten Häuserfassade entlang der Riverfront eine kosmetische Verschönerung bis heute erspart. Glücklicherweise.

ston (1844–1910). Vor der Börse wurde in einer kleinen Parkanlage ein Löwenbrunnen angelegt, heute gewissermaßen das Wahrzeichen der Stadt. Den umgebenden schmiedeeisernen Zaun zieren Medaillons mit den Konterfeis bekannter Staatsmänner, Autoren und Poeten.

Westlich der Cotton Exchange erinnern die beiden *Washington Guns*, die unter einem Überdach aufbewahrt sind, an den amerikanischen Unabhängigkeitskampf. Sie wurden erbeutet, als der britische General Lord Cornwallis im Oktober 1782 in Yorktown vor den amerikanischen und französischen Truppen kapitulierte.

An der mit einer Kuppel geschmückten *City Hall* von 1905 beginnt die zentrale *Bull Street*, an der General Oglethorpe fünf Stadtplätze und am Ende einen größeren Park anlegen ließ. Heute sind diese Plätze mit ihren Denkmälern die unverrückbaren Meilensteine der Stadtgeschichte, die viel über die Vergangenheit Savannahs erzählen. Der *Johnson Square* wurde als erster 1733 gebaut. Auf dem *Wright Square* fand der Häuptling der zur Creeknation gehörenden Yamacraw-Indianer, Tomo-Chi-Chi, in Anwesenheit von Oglethorpe 1739 seine letzte Ruhestätte. Tomo-Chi-Chi gehörte zusammen mit dem britischen Offizier zu den Begründern Georgias, weil er den Europäern das Recht zugestand, an der Atlantikküste ihre Kolonie aufzubauen. Oglethorpes Denkmal mit einer lebensgroßen Bronzestatue wurde 1813 auf dem *Chippewa Square* errichtet. An der Seite des *Madison Square* fällt das 1853 erbaute *Green-Meldrim House* auf mit seinen Fenstererkern und den schönen schmiedeeisernen Gittern, die eine zum Garten führende offene Vorhalle stützen. Wie schon die anderen Plätze ist auch der *Monterey Square* von Stadthäusern umgeben, die mit ihren wunderschönen Fassaden und Palmen in den Vorgärten den Südstaatencharme Savannahs ausmachen. Die Bull Street endet im *Forsyth Park* mit einem figurengeschmückten Brunnen und einem Garten, der speziell für Blinde angelegt wurde, welche die Anlage mit der Nase »erschnuppern« können.

Unter den Museen ist zumindest äußerlich das *Telfair Mansion* von 1818 mit seiner herrschaftlichen Regency-Architektur das auffallendste. Die Fassade besitzt einen von vier Säulen gestützten vorgebauten Eingang mit den lebensgroßen Statuen von Rubens, Raffael, Phidias, Michelangelo und Rembrandt. 1885 eröffnete in diesem Haus das erste öffentliche Kunstmuseum im Südosten der USA.

Daß Savannah an einem ziemlich steilen Uferabschnitt des Savannah River liegt, wird durch die Gebäude entlang dem *Factors' Walk* verdeckt. Erst wenn man zu Fuß die unterschiedlichen Ebenen mit düsteren Passagen und Treppen zum *Riverwalk* hinabsteigt, bemerkt man den Höhenunterschied. Die Fahrstraßen ans Flußufer sind mit riesigen abgerundeten Steinen gepflastert, die im Bauch der ersten Segelschiffe als Ballast in die Neue Welt kamen. Die Flußfront wurde schon vor Jahren in eine Promenade mit kleinen Parkanlagen umgewandelt, doch blieben die alten Hausfassaden größtenteils erhalten und machen das besondere Flair des beliebten Flanierviertels aus. Den modernen Ansprüchen der Freizeitgesellschaft wurde dennoch entsprochen. Restaurants, Spezialitätengeschäfte und die unvermeidlichen Souvenirläden reihen sich zwar aneinander, wurden aber weniger auffällig als anderswo in der historischen Häuserzeile untergebracht.

Den Beginn einer neuen Ära erhofft sich Savannah im Jahre 1996 durch die Austragung der Olympischen Sommerspiele in Georgia, die gleichzeitig auch das 100. Jubiläum der modernen Olympiade markieren. Während als zentrale Austragungsstätte die Hauptstadt Atlanta in den Mittelpunkt des Weltsports rückt, wird auch das vergleichsweise kleine Savannah sein Stück vom lorbeerdekorierten Kuchen abbekommen, nämlich als Veranstalter der zahlreichen Segelregatten – keine schlechte Werbung für den ehemaligen Baumwollhafen.

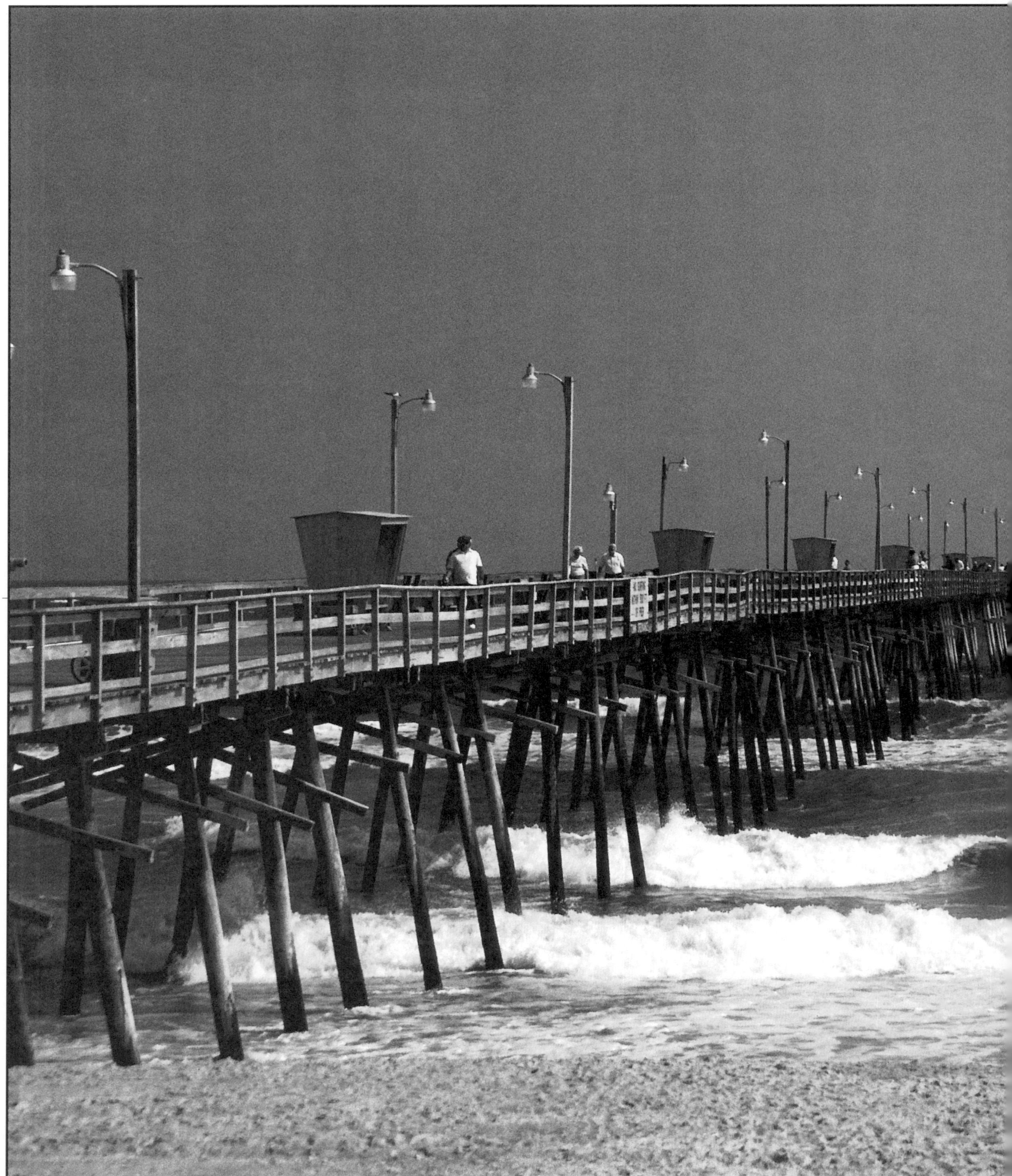

*Die ungleichen Zwillinge
North und South Carolina*

Heimliche Hauptstadt mit Charme und Eleganz *Das aristokratisch-vornehme Charleston*

Offensichtlich war unter eingeweihten Amerikanern niemand wirklich überrascht, als die Region um North Carolinas Hauptstadt Raleigh im Sommer 1994 bei der jährlichen Erhebung eines US-Magazins unter den amerikanischen Städten mit den besten Lebensbedingungen auf dem ersten Rang landete. Insider wußten allen Anzeichen nach schon lange, daß die Kriminalitätsrate und Luftverschmutzung niedrig und die Bildungsbedingungen sowie die Arbeitsmarktlage in dieser Metropole vergleichsweise günstig waren.

North Carolina mit einer Fläche etwa so groß wie Österreich und die Schweiz gehört zu den industriell am weitesten entwickelten Staaten des amerikanischen Südens. Der südliche »Zwilling« ist wirtschaftlich weit weniger diversifiziert und fortgeschritten. Noch heute gilt er als eine konservative Hochburg der Gesamtregion. South Carolina war der erste Staat, der im Jahre 1860 aus der Amerikanischen Union austrat und damit den Bürgerkrieg auf den Weg brachte. Ein bemerkenswertes Zeichen in Richtung einer neuen Phase der Industrialisierung setzte der Staat in den neunziger Jahren. Bei *Spartanburg* baute der deutsche Automobilhersteller BMW ein Zweigwerk auf und begann mit der Herstellung deutscher Qualitätsarbeit, die in den USA gerade auf dem Automobilsektor besonderes Ansehen genießt. Historisch gehörten die Carolinas bis 1729 zusammen, als aus ihnen durch Parlamentsbeschluß getrennte königliche Provinzen wurden.

Vieles in Charleston sieht aus wie in einer großen Puppenstube im Stil des 18. und 19. Jahrhunderts. Putzige, pastellfarbene Häuschen säumen enge Pflasterstraßen. Auf den überdachten Veranden vornehmer viktorianischer Villen hört man am Sonntagmorgen das Frühstücksporzellan klappern. Vom Nachbargrundstück recken blühende Rosenbüsche ihre Zweige über eine bemooste Steinmauer. Schlanke Palmen zaubern südlichen Charme in die Gärten von herrschaftlichen Residenzen und gemütlichen Holzhäusern, die einen an den Baustil in Neuengland erinnern. Im ganzen historischen Distrikt der 80 000-Seelen-Stadt könnte man meinen, die Zeit sei schon vor hundert oder zweihundert Jahren stehengeblieben, störten dieses Bild nicht die metallenen Finger der Fernsehantennen und die langen Reihen geparkter Autos.

Charleston ist mit Abstand die bekannteste und attraktivste Stadt der Carolinas. Nirgendwo sonst im Staatenduo präsentiert sich ein Stadtbild so fotogen, zeigt sich die Geschichte so stimmungsvoll südstaatlich und traditionsbewußt wie in dieser Küstenmetropole am Zusammenfluß von Ashley River und Cooper River, zwischen denen der historische Stadtkern auf einer Halbinsel liegt. Spaziert man an einem sonnigen Morgen auf der Hafenpromenade die berühmte *East Battery* entlang, begreift man, warum viele Amerikaner Charleston neben San Francisco und San Antonio zu den schönsten und unverwechselbaren Städten ihres Landes zählen. Eine Prachtresidenz reiht sich dort an die andere. Die Fassaden der noblen Villen sind mit Säulen im neugriechischen Stil geschmückt, die noch vor Ausbruch des amerikanischen Bürgerkriegs im Jahr 1861 das Nonplusultra der damaligen Architektur bedeuteten. An massiven, geschnitzten Holztüren glänzen kunstvoll gearbeitete Messingbeschläge. Über schmiedeeiserne Zäune werfen Palmen und exotische Sträucher ihre Schatten, so daß man meinen könnte, durch ein alt und sympathisch gebliebenes Tropenparadies zu flanieren.

Die *Battery* am südlichen Ende der East Battery bekam ihren Namen von Kanonenbatterien, welche die Stadt samt Hafen schützten. Der *White Point Garden*, eine Parkanlage, erinnert an riesige Berge weißer Austernschalen, die früher an dieser Stelle lagerten, ehe sie zerstampft als Straßenbelag verwendet wurden. Vom Park reicht der Blick hinaus in die Bucht mit dem historischen *Fort Sumter*. Dort fiel am 12. April 1861 der erste Schuß des amerikanischen Bürgerkriegs – ein Ereignis mit beträchtlichem Echo, wenn man an die blutigen Konsequenzen der bis 1865 andauernden Auseinandersetzung zwischen Nord- und Südstaaten denkt. Auf einem Schiffsausflug kann man die historische Stätte besichtigen.

Vorhergehende Abbildung:
140 Die Küste von North und South Carolina scheint in Anbetracht der vielen Inseln enger mit dem Atlantik verbunden zu sein als die Meeresabschnitte anderer amerikanischer Staaten an der Ostküste. Ohne Probleme finden sich selbst in der sommerlichen Hochsaison Strände, an denen man auf Spaziergängen mit dem Wind und den Seemöwen meist allein ist. So wie auf Ocean Island die Bogue Inlet Pier führen an vielen Stellen Bootsstege ins Wasser, die vor allem von Anglern genutzt werden.

141/142 Unter den schönsten Städten Amerikas hat sich Charleston in South Carolina einen festen Platz erobert. Der Hafen an der Mündung der beiden Flüsse Ashley und Cooper River ins Meer strotzt geradezu vor malerischen Häusern aus dem 18. und 19. Jahrhundert, ganz zu schweigen von den phantastischen Gärten, die sich hinter mancher Mauer und manchem Zaun verstecken. Das milde Klima läßt ein Straßenleben mit kleinen Restaurants und Cafés zu, das an Kleinstädte des Mittelmeerraumes erinnert.

141 | 142

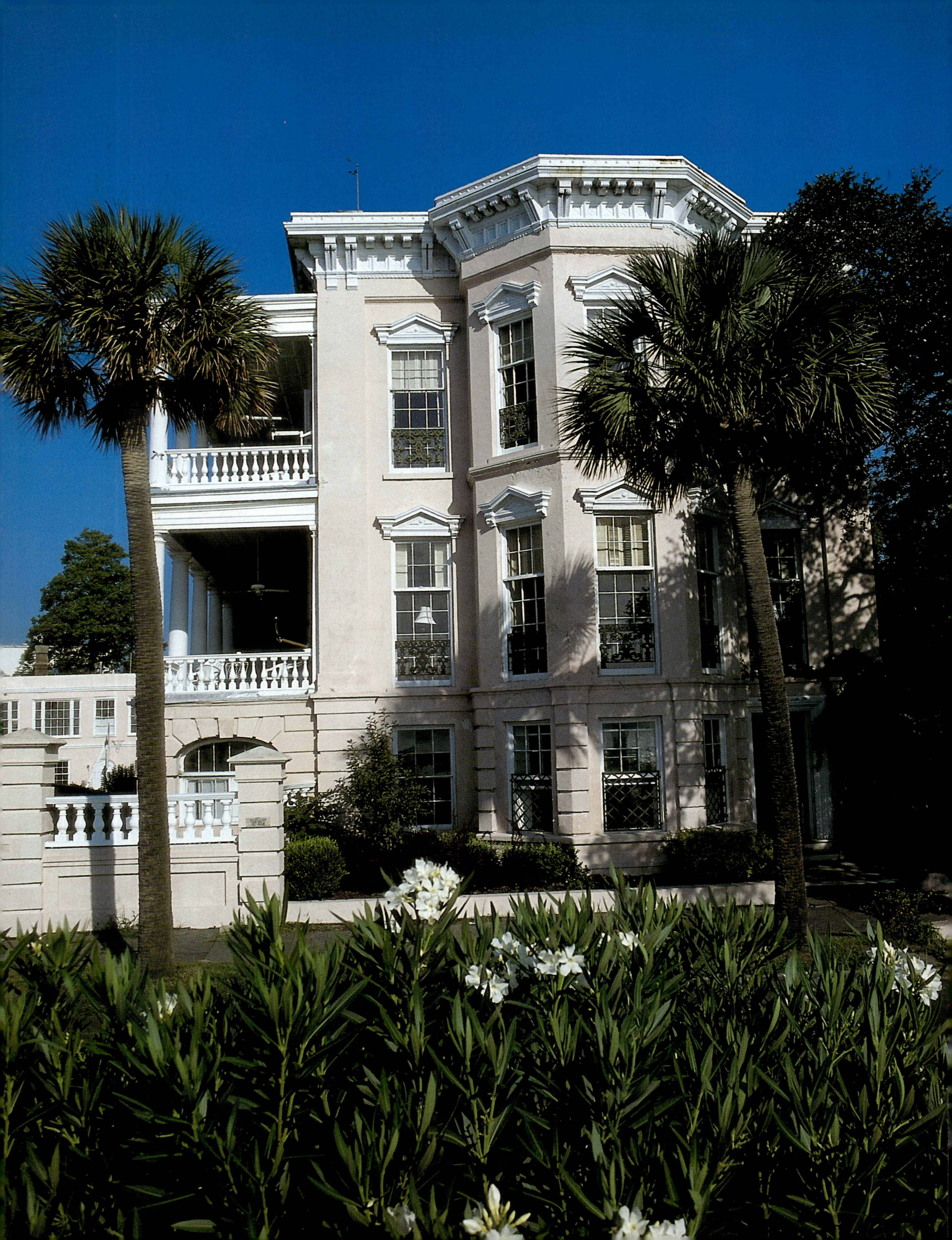

Die Geschichte von Charleston beginnt in der zweiten Hälfte des 18. Jahrhunderts. Im Jahre 1670 ließ sich eine erste Gruppe englischer Auswanderer bei *Albemarle Point* nieder, ehe die Siedler den Standort ihres Dorfes dorthin verlagerten, wo heute das Stadtzentrum steht. Die Halbinsel ist auf drei Seiten von Wasser umgeben und bot deshalb natürlichen Schutz gegen Angriffe von Indianern, Piraten und spanischen Seefahrern. Zu Ehren von König Charles II. nannten die Pioniere ihre neue Heimat Charles Town. Religiöse Streitigkeiten waren gesetzlich verboten. Auch räumte die junge Kolonie nicht bestimmten Religionsgruppen, wie das anderswo der Fall war, bestimmte Vorrechte ein. Vielmehr sollte die Stadt ein Hort religiöser Toleranz sein und allen Religionsgruppen offenstehen. Die Konsequenzen der damaligen Denkweise sind heute noch erkennbar: in Charleston gibt es 136 Kirchen für die Gläubigen mehrerer Dutzend unterschiedlicher Bekenntnisse.

Schon unmittelbar nach Ausbruch des Bürgerkriegs erlitt die Stadt große Zerstörungen, nicht durch den bewaffneten Konflikt, sondern durch einen Großbrand im Jahre 1861. Schäden an der alten Bausubstanz hatte auch das Anrücken der Nordstaatentruppen im Februar 1865 zur Folge. Noch viel destruktivere Auswirkungen brachte aber der Zusammenbruch der Plantagenwirtschaft, der nach Kriegsende mit einem Verfall der Weltmarktpreise für Baumwolle einherging, ganz abgesehen von einem katastrophalen Erdbeben 1886. Es dauerte bis zum Zweiten Weltkrieg, ehe Charleston als Marinebasis wirtschaftlich wieder Fuß fassen konnte. Seit damals unternahmen die Bürger große und teils kostspielige Anstrengungen, ihrer Heimatstadt den heutigen Glanz zu verschaffen. Vor allem im Frühjahr strömen die Besucher in Massen zur *Pilgrimage*, wenn ähnlich wie im Staate Mississippi viele Privathäuser und -gärten zur Besichtigung geöffnet werden.

Vom Zentrum Charlestons einmal abgesehen, hat sich die Vergangenheit auch in der Umgebung der Stadt einige »Bastionen« erhalten. Nördlich von Downtown haben am Ufer des Ashley River einige Plantagen als historische Sehenswürdigkeiten überlebt wie etwa *Magnolia Plantation* mit einer wunderschönen Parkanlage, in der mehr als 900 unterschiedliche Kamelienarten gedeihen. Eine malerische Allee mit 88 mächtigen Eichen führt zur *Boone Hall Plantation*, deren Herrenhaus als Modell für den fiktiven Landsitz »Tara« im Hollywoodfilm »Vom Winde verweht« diente. Auf dieser ehemaligen Baumwollplantage kann man neben dem herrschaftlichen Pflanzersitz auch die in der Nähe stehenden neun Sklavenunterkünfte besichtigen. Neben Baumwolle war die Plantage im 19. Jahrhundert auf Pecannüsse spezialisiert und besaß zu Beginn des 20. Jahrhunderts die größten Pecankulturen der Welt.

Zentrum im Zentrum
South Carolinas Hauptstadt Columbia und Umgebung

Fast im geographischen Zentrum von South Carolina liegt *Columbia*, die sich seit 1786 mit den Würden einer Staatskapitale schmückt. Knapp 100 000 Einwohner groß, gehört sie zu den kleineren Verwaltungssitzen im Lande. Am Ufer des *Congaree River* entstand im ausgehenden 18. Jahrhundert eine der ersten am Reißbrett geplanten Städte Amerikas, über deren Namen sich die Stadtväter heiße Diskussionen lieferten, ehe sie sich auf »Columbia« einigten. In den nachfolgenden Jahrzehnten wuchs das Gemeinwesen schnell heran, weil investitionswillige Bürger mit lukrativen Bauplatzangeboten gelockt wurden. Columbia hatte sich zu einer lebhaften Stadt entwickelt, als General Sherman Anfang 1865 mit seinen Unionstruppen einmarschierte und viele Häuserzeilen in Schutt und Asche legte. Den damaligen Angriff überstanden einige Bauten, die heute zu den historischen Kleinoden der Stadt zählen wie etwa das *Robert Mills House* aus dem Jahr 1823 oder das um 1850 erbaute *Mann-Simons Cottage*.

Das *State Capitol* war zu Shermans Zeiten noch im Bau. Die Fertigstellung wurde nach dem Bürgerkrieg noch über Jahrzehnte hin verschleppt, so daß der Komplex erst zu Beginn des 20. Jahrhunderts in allen Teilen vollendet war. Die Westfassade aus blaugrauem Granit zeigt Spuren des Angriffes der Nordstaatentruppen. An sechs Stellen,

143 Ein Laufsteg der architektonischen Eitelkeiten ist die East Battery Street in Charleston, die parallel zum Cooper River verläuft. Reiche und angesehene Bürger der Stadt ließen sich dort im 19. Jahrhundert ihre strahlenden Paläste und Residenzen errichten, die inmitten der grünen Palmen und der exotischen Vegetation ein paradiesisches Flair verbreiten.

an denen Kanonenkugeln in das Mauerwerk schlugen, ließen die Bürger von South Carolina bronzene Dekorationssterne anbringen, um die »sechs besten Treffer« von Shermans Artillerie im Bürgerkrieg kenntlich zu machen.

Vom Haupteingang des Kapitols blickt man über den Vorplatz in die zentrale *Main Street*, in welcher der Bürgerkrieg nichts von der historischen Bausubstanz übrigließ. Zu den ältesten Gebäuden zählt das *Brennan Building* aus dem Jahr 1871, dessen Fassade mit Elementen aus Gußeisen dekoriert wurde. Im Block zwischen Lady und Washington Street fällt das *Consolidated Building* von 1912 mit seinem glasierten Terrakottaschmuck auf, während das nebenan befindliche *Barringer Building* im Jahre 1903 der erste Wolkenkratzer der Stadt war – mit bescheidenen zwölf Stockwerken. Eine architektonische Besonderheit ist auch *Sylvan's Jewelry*, das einzige Gebäude der Stadt im Stil des Second Empire, 1871 als Bank erbaut. Um die Main Street dehnt sich das im typisch amerikanischen Schachbrettmuster angelegte Stadtzentrum aus. Es fällt auf, daß viele Straßen sehr breit sind. Das war von den Stadtplanern so gewollt, weil sie glaubten, auf diese Weise der Ausbreitung der Malaria entgegenwirken zu können, die damals eine große Gefahr darstellte. Auch Pockenepidemien bedrohten die Bevölkerung. So verließen im Dezember 1860 die Abgeordneten des Ersten Sezessionskonvents ihren Tagungsort in der *First Baptist Church* aus Angst vor der grassierenden Krankheit und zogen nach Charleston um, wo sie sich zum Austritt aus der Amerikanischen Union entschieden.

Viele interessante Exponate und Dokumente sind im *South Carolina State Museum* über die anschließende Zeit des Bürgerkriegs sowie über andere historische Zeitabschnitte ausgestellt. Besonders umfangreich und erhellend ist das Plantagensystem und die Zeit der Sklavenhaltung erklärt, die in South Carolina von außerordentlicher Bedeutung war.

Außerhalb von Columbia liegen zwei Naherholungsgebiete. Im Westen der Stadt dehnt sich der künstlich aufgestaute *Lake Murray* aus, der mit seinen vielen Buchten auf eine Uferlänge von 830 Kilometern kommt. Die Hauptstädter verschaffen sich dort in den heißen Sommern die notwendige Abkühlung beim Baden, Angeln oder Wandern. Ein Flecken für Naturliebhaber ist das *Congaree Swamp National Monument* etwa zwanzig Meilen südöstlich der Stadt. Am Ufer des Congaree River blieb ein unverdorbenes Stück Natur mit Beständen von Primärwald erhalten. Sowohl zu Land als auch zu Wasser läßt sich dieses Paradies erkunden.

Auf Indianerpfaden durch die Appalachen
Der Blue Ridge Parkway

Sie zählen zu den ältesten Gebirgen des Planeten Erde. Ihre höchsten Gipfel ragen zwar kaum über 2000 Meter hinaus, aber trotzdem haben sich die *Appalachen*, von denen hier die Rede ist, im Bewußtsein der Menschen, in der regionalen Geschichte, in der Musik, Literatur und Malerei einen unverrückbaren Platz reserviert. Keine Werbeschilder »zieren« den Straßenrand, keine Schnellimbißkette lädt zur Rast ein, keine Schwerlaster bewegen Waren von einem Ort zum anderen – und dennoch handelt es sich um eine typisch amerikanische Überlandstraße: den legendären *Blue Ridge Parkway*. Diese Panoramaroute beginnt im Norden im *Shenandoah National Park* im Bundesstaat Virginia und endet nach 470 Meilen an der Grenze zwischen Tennessee und North Carolina im *Great Smoky Mountains National Park*. Die Bergwelt zu beiden Seiten der gut ausgebauten Asphaltstraße ist nicht mit den europäischen Alpen vergleichbar. Die Bergrücken der Appalachen sind in der Regel abgerundet und von dichten Wäldern bedeckt. Das macht eine Fahrt vor allem im Oktober zu einem unvergeßlichen Erlebnis, wenn sich die vielen unterschiedlichen Laubbäume verfärben. Im Frühjahr dekoriert sich die Straße mit Azaleen, Rhododendren und anderen Wildpflanzen.

Der Parkway entstand in den dreißiger Jahren unter dem Eindruck der Weltwirtschaftskrise. Damals initiierte die Rooseveltadministration ein Arbeitsbeschaffungsprogramm, das vielen Arbeitslosen eine sinnvolle, bezahlte Tätigkeit bot. Entlang der

144 Im äußersten Westen steigt das Staatsgebiet von South Carolina auf die bewaldeten Höhenzüge der mächtigen Appalachen an. Vom Caesar's Head State Park etwa reicht der Blick weit über die grüne Landschaft, in der keine Stadt und keine Industrieansiedlung das idyllische Bild stört.

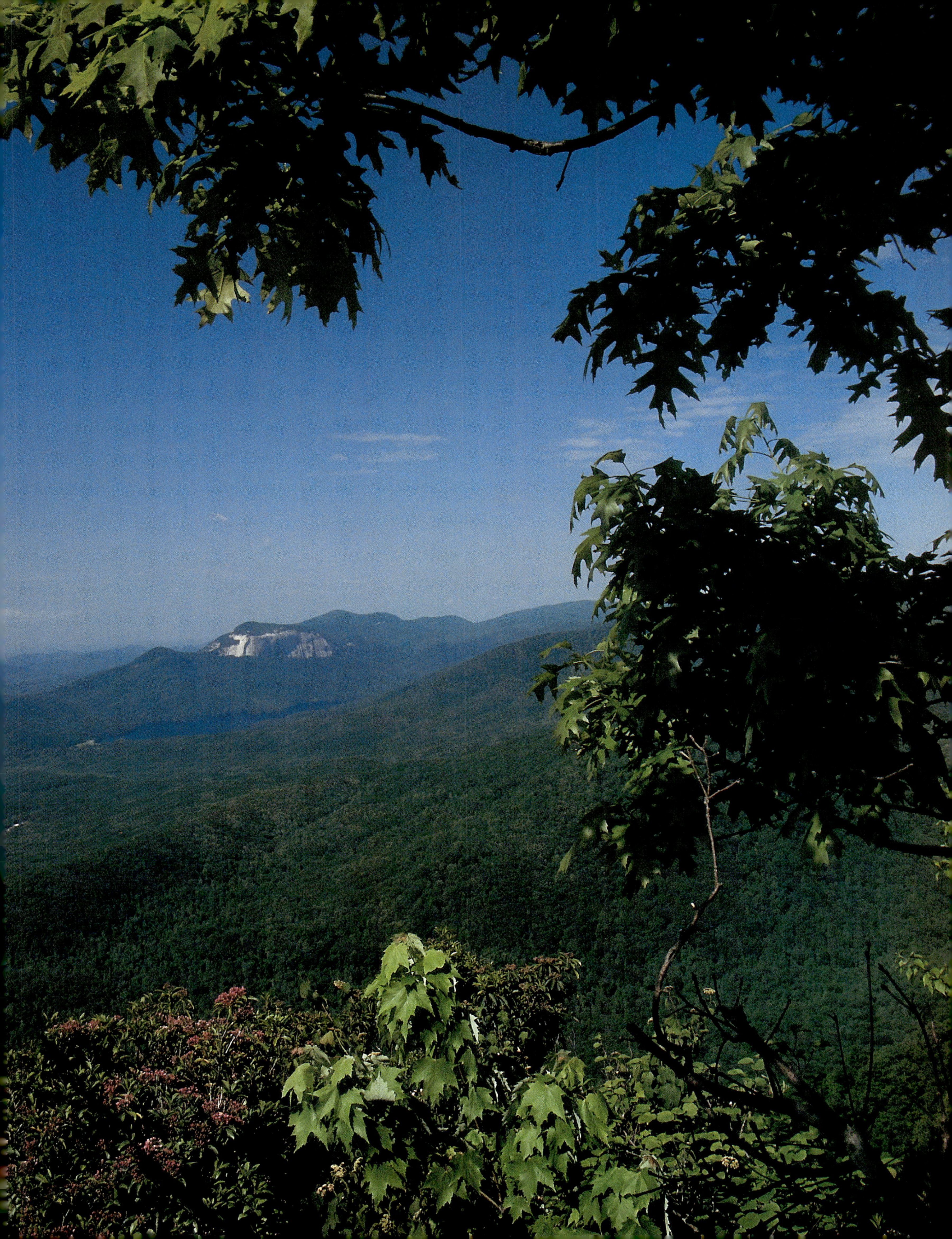

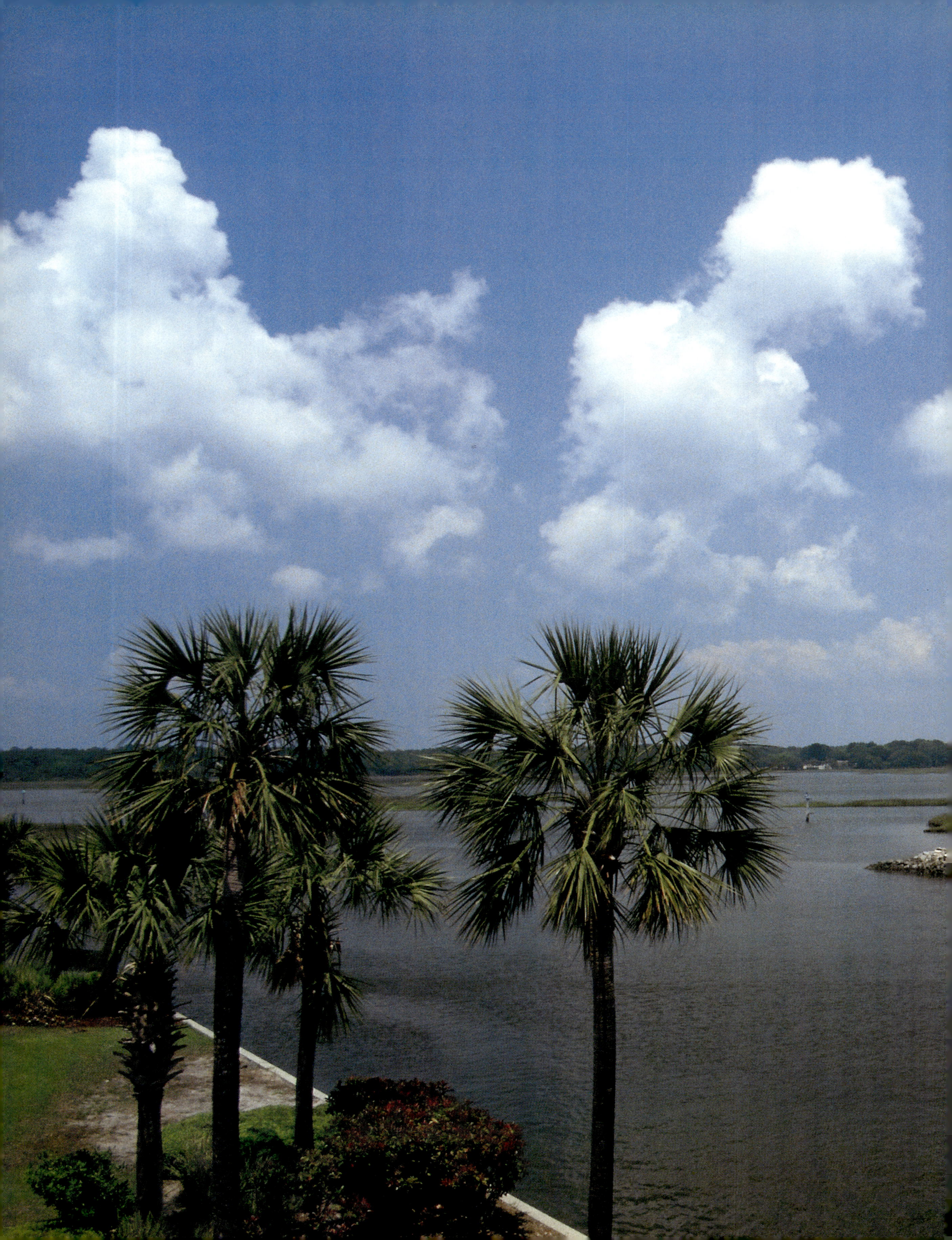

145 Unter den renommierten Küstenzielen in den Carolinas nimmt Hilton Head Island eine Sonderstellung ein. Seit die Insel in den fünfziger Jahren mit dem Festland verbunden wurde, bildete sich dort eine touristische Enklave für hohe Ansprüche und dicke Brieftaschen heraus.

146/147 Amerika hat zweifellos eine Schwäche für ausgefallene Bauten. Was hierzulande in jeder Baubehörde nacktes Entsetzen auslösen würde, ist etwa im Bade-Mekka Myrtle Beach in South Carolina kein Problem. Ein Gastwirt baute dort sein Restaurant zum Leuchtturm aus, in dem ein weißer Hai gleich zweifach eine dekorative Rolle spielt.

146–147

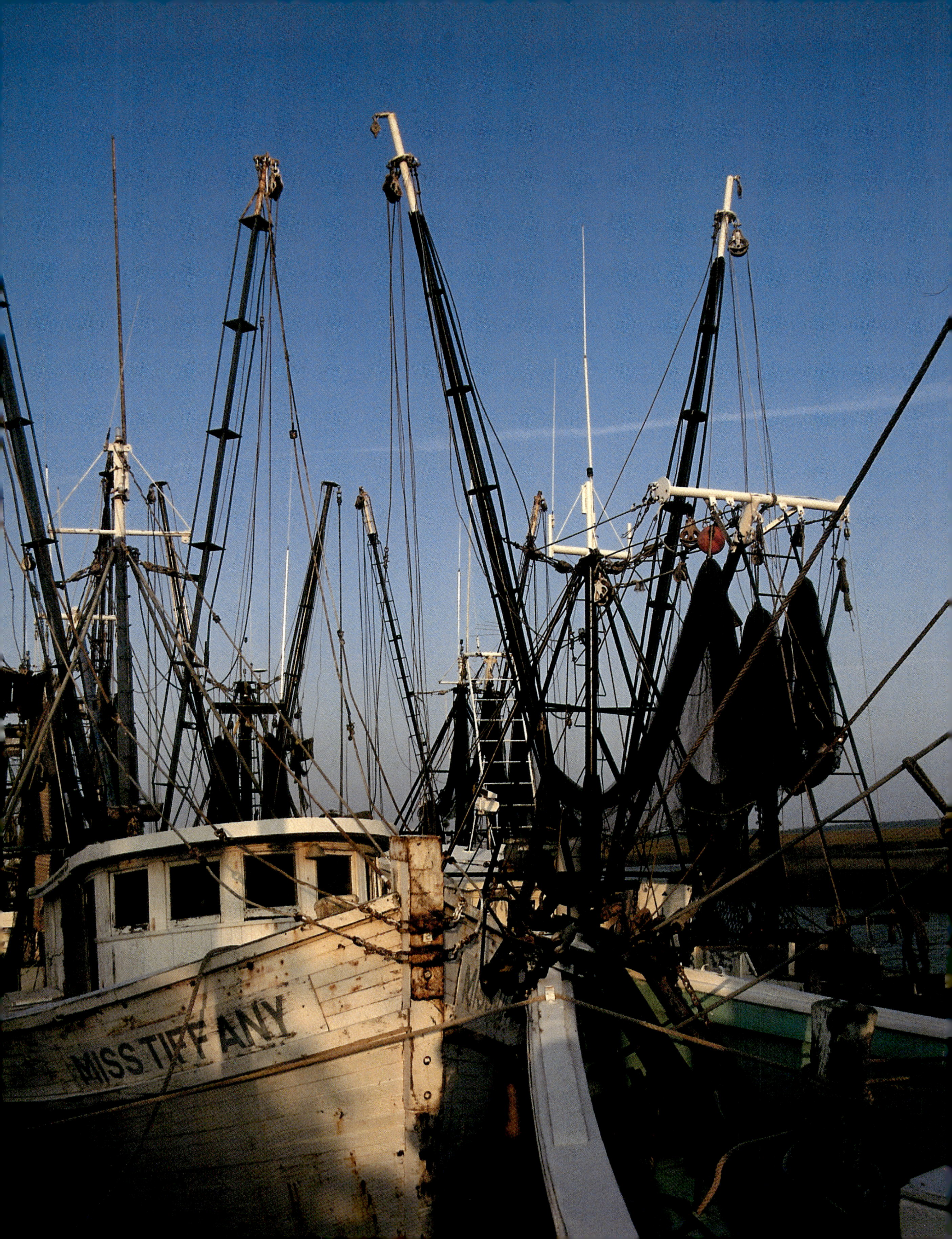
MISS TIFFANY

470 Meilen langen Route wurden 262 Aussichtspunkte angelegt, von denen sich teilweise spektakuläre Ausblicke auf die umgebende Landschaft bieten. Innerhalb der Staatsgrenzen von North Carolina ist der Parkway 251 Meilen lang. Auf diesem Streckenabschnitt liegen die *Linville Falls*, eine Reihe kleinerer Kaskaden, zu denen bei Meile 316 eine Seitenstraße abbiegt. An den Flanken des kleinen Canyons gedeihen Laub- und Nadelbäume, die dem Flecken ein malerisches Aussehen verleihen. Auf dem Weg nach Süden führt die Straße am *Mount Mitchell* vorbei, dem mit 2037 Metern höchsten Punkt in den Appalachen.

Von dort sind es nur wenige Meilen in die abseits gelegene Stadt *Asheville*, wo man dem Geburtshaus des Dichters Thomas Wolfe oder dem Grab des Kurzgeschichtenerzählers O. Henry einen Besuch abstatten kann. Bei weitem bekannteste Sehenswürdigkeit ist aber das *Biltmore Estate* an der Straße 25. Inmitten einer riesigen Parkanlage liegt das imponierende »Renaissance«-Schloß mit 255 Räumen, von denen siebzig besichtigt werden können. Nicht ganz zu Unrecht trägt der fürstliche Sitz den Beinamen »das Versailles Amerikas«. Diese größte jemals auf US-Boden errichtete Privatresidenz ließ sich zwischen 1890 und 1895 der Milliardär George M. Vanderbilt nach Plänen des Stararchitekten Richard Morris Hunt bauen. Von der Küste wurde eigens ein Schienenweg in die Appalachen verlegt, um das Baumaterial, vor allem hellen Kalkstein aus Indiana, und die Innenausstattungen, die in der ganzen Welt zusammengesammelt worden waren, heranzuschaffen.

Im Süden endet der Blue Ridge Parkway am Eingang zum *Great Smoky Mountains National Park*, der zu den meistbesuchten Nationalparks der USA zählt, weil in seinem weiteren Einzugsgebiet zahlreiche urbane Ballungsräume mit einer großen Anzahl von Einwohnern liegen. Das relativ warme Klima fördert in den »Smokies« eine überaus reiche Vegetation. Zudem handelt es sich bei vielen Waldgebieten noch um sehr alte Wälder, die in zurückliegenden Jahrhunderten nie im dem Maße wie etwa im Shenandoah Park wirtschaftlich genutzt wurden. An der Parkgrenze liegt mit der *Qualla Reservation* der letzte Rest des Stammesgebietes der Cherokee-Indianer. In den zwanziger und dreißiger Jahren des 19. Jahrhunderts wurden deren Vorfahren unter unmenschlichen Bedingungen aus ihrer Heimat vertrieben. Während der damaligen Deportation ließen etwa 4000 Indianer auf dem »Marsch der Tränen« ins Exil nach Oklahoma ihr Leben. Die heutigen Cherokees haben sich mit dem modernen Tourismus – wie etwa in der Ortschaft *Cherokee* unschwer festzustellen ist – weitgehend arrangiert, wenngleich sie andererseits versuchen, ihre alten Traditionen aufrechtzuerhalten.

Als »Ersatz« für den Blue Ridge Parkway, der nicht nach South Carolina hinüberreicht, wurde in den dortigen Appalachen der *Cherokee Foothills Scenic Highway* gebaut. Die Panoramastraße zieht sich an der östlichen Flanke der Bergkette entlang und kann es, was den landschaftlichen Reiz anbelangt, streckenweise mit dem Blue Ridge Parkway durchaus aufnehmen. Das gilt etwa für den *Caesar's Head Mountain* nordwestlich von Greenville, einen von insgesamt zehn State Parks entlang der Route. Von der Bergspitze hat man einen wunderschönen Blick über die Appalachenausläufer und die rollenden Hügel von Piedmont. Die nach den Cherokee-Indianern benannte Aussichtsstraße beginnt im Norden bei *Gaffney* an der Interstate 85 und zieht sich der Bergflanke entlang über 135 Meilen bis fast an die Grenze zwischen South Carolina und Georgia.

Salziges Gras und sandige Strände
Abenteuer Atlantikküste

Vor Jahrhunderten noch heimliche Piratenverstecke, haben sich die Buchten und Inseln vor der Atlantikküste der Carolinas schon lange in Ferienparadiese und Schlupfwinkel für Urlauber verwandelt, die ungestört surfen und sonnenbaden wollen. Der Rhythmus zwischen Ebbe und Flut stattet den Meeressaum auf großen Abschnitten nicht nur mit flachen Sandstränden aus, die von der Brandung geglättet werden, sondern auch mit Salzmarschen, in denen man auf biologische Entdeckungsreisen gehen kann.

Die Inselwelt der Carolinas beginnt im

148 In Flußmündungen, Marschen und kleinen Wasserläufen gehören wind- und wettererprobte Fischkutter zum gewohnten Bild. Vor allem die Shrimp-Fischerei spielt vielerorts an der Atlantikküste heute noch eine wichtige Rolle, zählen die kleinen Schalentiere doch auf den Speisezetteln der Restaurants im Süden zu den beliebtesten Leckerbissen.

Süden unmittelbar an der Grenze Georgias. Zu internationaler Berühmtheit brachte es schon vor Jahren *Hilton Head Island*, wo Investoren, Stadtplaner und Landschaftsarchitekten in den vergangenen drei bis vier Dekaden eine Ferienlandschaft nach ihrem eigenen Gutdünken schufen, in der über allem Kommerzdenken der Natur noch einige Rückzugsgebiete erhalten wurden. Aber die dortigen Tourismusstrategen haben es weniger auf Hobbyornithologen und Sandstrandfreaks abgesehen als vielmehr auf die internationale Schickeria, die an Bord von Luxusjachten gekühlten Champagner genießt, um sich vom Zuschauerstreß bei einem der jährlich stattfindenden internationalen Tennisturniere zu erholen oder sich für eine bevorstehende Golfpartie auf einer der kosmetisch gepflegten Golfanlagen zu stärken.

Einen viel natürlicheren Eindruck als Hilton Head macht die Welt der Inseln und Buchten um das hübsche Städtchen *Beaufort*, das fern von allen Schnellverbindungen nur über Nebenstraßen erreichbar inmitten einer naturbelassenen Marschlandschaft liegt. Mag sein, daß sich der Küstenort unter anderem durch diese geographische Isolation seinen dornröschenhaften Charme erhalten hat. Die Abgelegenheit spürt man kaum irgendwo an der amerikanischen Atlantikküste so deutlich wie auf *St. Helena Island*, einer östlich der Ortschaft gelegenen Insel. An Sommerwochenenden pilgern Sonnenanbeter und Strandläufer gerne in den dort liegenden *Hunting Island State Park*, der mit einem wunderbaren Sandstrand ausgestattet ist und sich bestens für einen erholsamen Badetag eignet. Auf der der Bucht zugewandten Seite der Insel gibt es unweit des Parks einen in die Marsch hineingebauten Holzsteg, der zu einer kleinen Insel führt, auf der man sich wie in einem entrückten Naturparadies fühlt.

Amerikas Antwort auf Torremolinos und Rimini findet der Reisende auf den letzten etwa fünfzig Meilen Atlantikküste South Carolinas vor der Grenze nach North Carolina. *Grand Strand* ist ein flacher, zum Baden einladender Sandstrand, der seit Jahrzehnten zu jenen Abschnitten der amerikanischen Ostküste zählt, die offenbar am konsequentesten auf den breiten Publikumsgeschmack zugeschnitten wurden. Im Zentrum des Grand Strand liegt *Myrtle Beach*, eine langgezogene, urbane Ansammlung von Bettenburgen, Vergnügungsparks, Minigolfanlagen, Sportgeschäften und Imbißketten, die alljährlich zwischen Frühjahr und Herbst von Hunderttausenden von Urlaubern »heimgesucht« wird, die wild entschlossen zu sein scheinen, ihren Urlaubskosten auch einen entsprechenden Unterhaltungswert abzutrotzen. Von den Unmengen an Hotels und Motels sind es meist nur ein paar Schritte an die Wasserkante, an der sich eine Promenade entlangzieht, die wohl über die größte Dichte an T-Shirt-Shops und Sonnenbrillenläden auf dem amerikanischen Kontinent verfügt.

Südlich des Grand Strand besteht die Möglichkeit, in einen Badeurlaub ein kleines Besichtigungsprogramm mit kulturellem Hintergrund einzustreuen. In den *Brookgreen Gardens* sind nicht nur 2000 unterschiedliche Pflanzenarten zu sehen, die ausgedehnte Parkanlage hat auch durch mehr als 500 Skulpturen und Skulpturengruppen auf sich aufmerksam gemacht. Bevor sich dieses landschaftlich reizvolle Gelände in ein Freiluftmuseum verwandelte, wurde der Besitz als Reis- und Indigoplantage bewirtschaftet. Seine heutige Gestalt bekam der Park Anfang der dreißiger Jahre durch das Philantropenehepaar Archer und Anna Huntington. Er hatte es im Eisenbahngeschäft zu einem riesigen Vermögen gebracht; sie arbeitete als Bildhauerin und trug einige Kunstwerke zu den Brookgreen Gardens bei.

Das Städtchen *Georgetown* ist vom Grand Strand weiter entfernt, als es die relativ kurze geographische Distanz vermuten läßt. Der Ort hat mit Badeferien so gut wie gar nichts zu tun, sondern bietet seinen Besuchern neben einer hübschen Wasserfront und einigen historischen Häusern ein kleines *Rice Museum* an, in dem auf die Geschichte der ehemaligen Reisplantagen eingegangen wird, die längst in exklusive Ferienanlagen oder Golfplätze verwandelt wurden. Zu den wenigen noch existierenden Plantagen zählt die *Hopsewee Plantation*, die Thomas Lynch, einem der Unterzeichner der amerikanischen Unabhängigkeitserklärung, gehörte. Das ehemalige Herrenhaus liegt in einem parkähnlichen Gelände dekorativ von riesigen, moosbehangenen

149 Amerikaner sind bekanntlich glühende Patrioten. Ob sie schwarz oder weiß, klein oder groß sind, spielt dabei keine Rolle. Mancher macht aus seiner Heimatliebe auch gar keinen Hehl, sondern trägt sie deutlich sichtbar auf dem T-Shirt spazieren.

Folgende Abbildung:

150 Wie eine exponierte Felskanzel ragt Chimney Rock über die Ausläufer der Appalachen in North Carolina hinaus. Den aus Granit bestehenden Monolithen kann man über eine Treppe besteigen oder man läßt sich vom elektrischen Aufzug in die luftige Höhe transportieren.

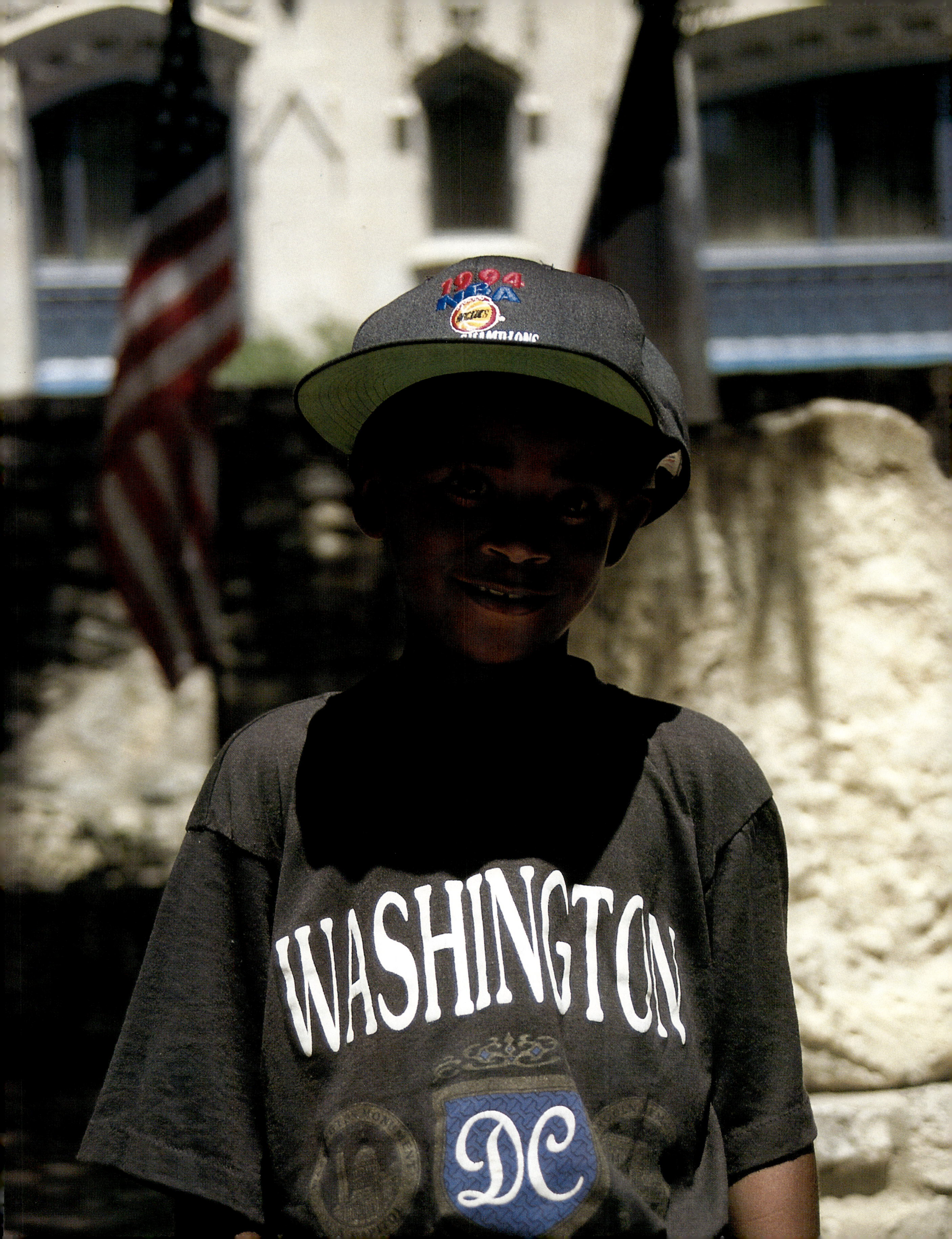
1994
NBA
WASHINGTON
DC

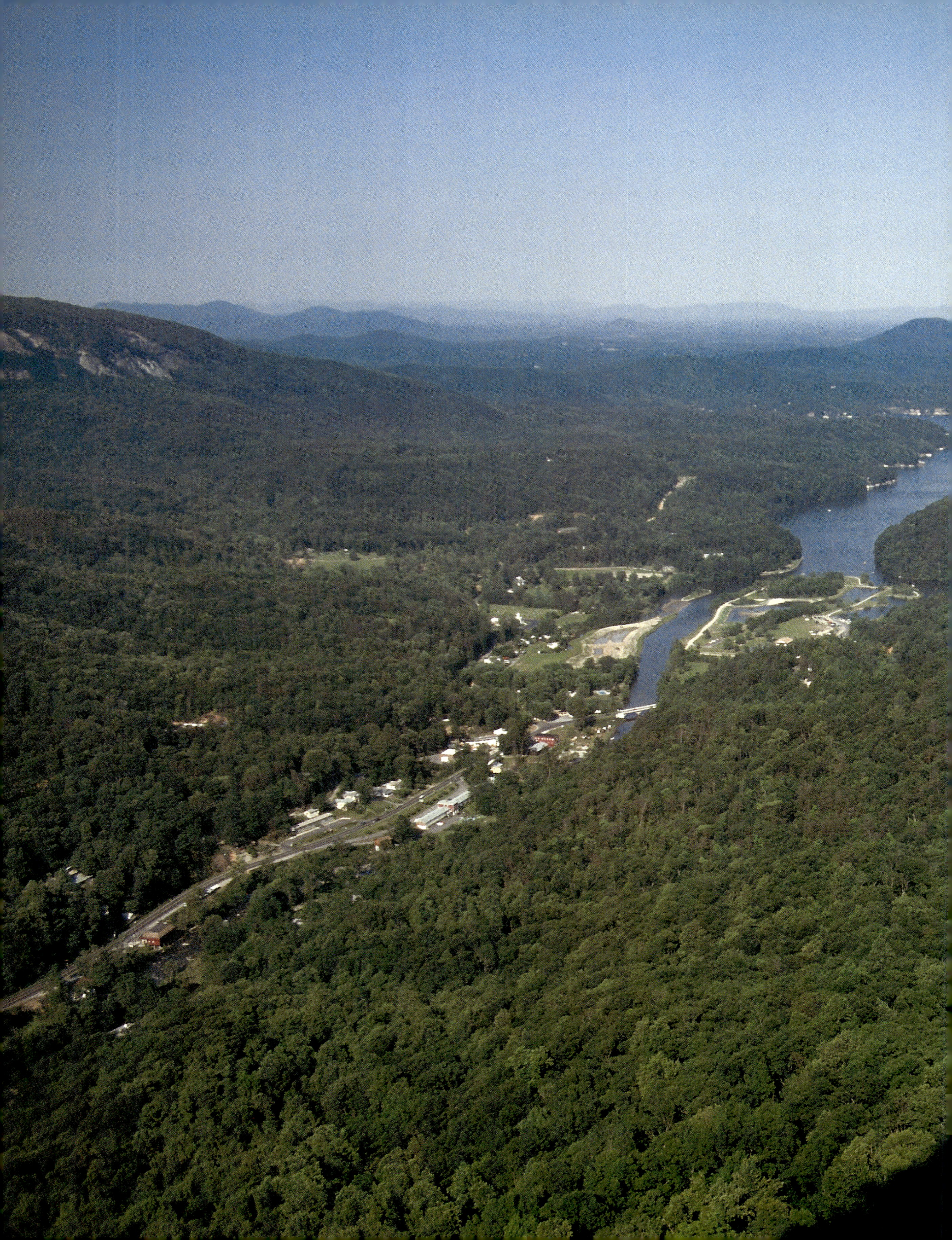

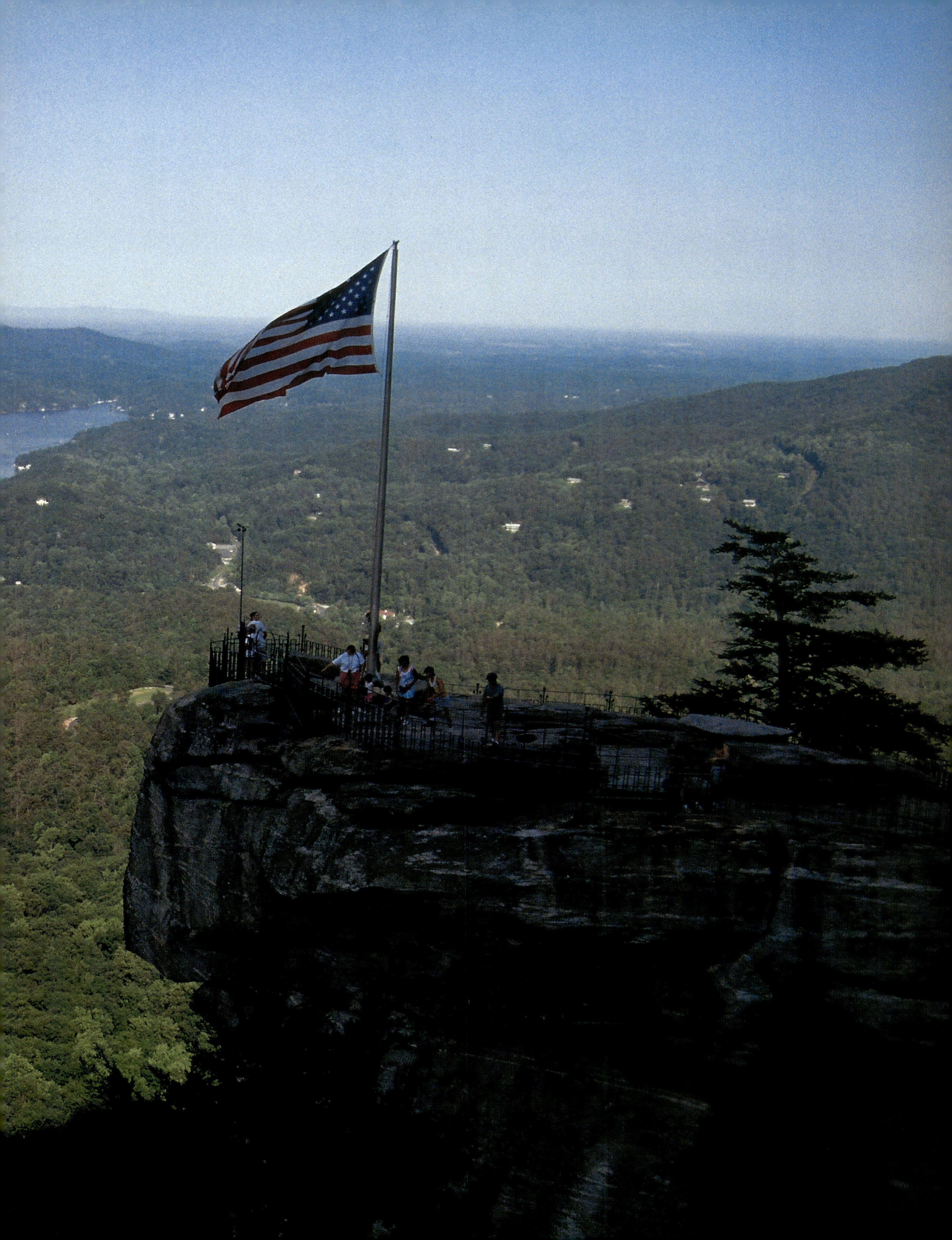

151 | 152

Bäumen umgeben und ist noch in gutem Zustand.

North Carolinas Atlantikküste beginnt nördlich des *Grand Strand* mit zwei kleineren Barriereinseln und »biegt sich« dann um *Cape Fear*, wo der Cape Fear River an einem Landvorsprung ins Meer mündet. Landeinwärts liegt mit *Wilmington* der einzige bedeutendere Tiefwasserhafen auf dem Staatsgebiet. Neben Erdöl- und Holzprodukten, Kunstdünger und Melasse schlug dieser Hafen bis ins zwanzigste Jahrhundert hinein vor allem Baumwolle um und brachte es mit dieser »weichen Ware« zu Wohlstand. An der Front Street steht als Relikt dieser Vergangenheit die alte *Cotton Exchange*, ein Gebäudekomplex aus rotem Ziegelstein, in dem nach dem Bürgerkrieg hauptsächlich Baumwolle gehandelt wurde, seit Jahren aber ein Einkaufszentrum mit gemütlichen Restaurants untergebracht ist. Bevor im Stadtzentrum zu Beginn der achtziger Jahre die ersten Hausfassaden und Häuserzeilen renoviert wurden, muß Downtown Wilmington ein recht trauriges Bild abgegeben haben. Heute rühmt sich der Stadtkern zu Recht seiner mit Fingerspitzengefühl vorangetriebenen Revitalisierung. Am Flußufer wurde eine mit Parkflächen aufgelockerte Promenade angelegt, an der man zu Ausflügen an Bord eines historischen Dampfers gehen kann. Die modernere Geschichte der Nautik verkörpert die *USS North Carolina* am gegenüberliegenden Flußufer. Das Schlachtschiff war während des Zweiten Weltkriegs im Pazifik in viele Auseinandersetzungen auf See verwickelt und kann heute als Museumsschiff besichtigt werden.

Auf der Höhe von Wilmington beginnen sich zahlreiche schmale Barriereinseln der Atlantikküste bis nach *Cape Lookout* entlangzuziehen. Zwischen diesen Inseln und dem eigentlichen Festland verläuft der *Intracoastal Waterway*, ein geschützter Schiffahrtsweg, der unter Zuhilfenahme bereits existierender natürlicher Wasserwege angelegt wurde. Bei *Morehead City* und *Beaufort* reicht das Festland ähnlich wie bei Cape Fear in den Atlantik hinaus und ist in viele Buchten, Halbinseln und Inseln zergliedert. Nach seiner Gründung im Jahre 1710 entwickelte sich vor allem Beaufort zu einem bedeutenden Hafen, nachdem in North Carolina eine besonders ertragreiche Baumwollsorte eingeführt worden war. Das fabelhafte Geschäft schlug sich in zahlreichen feudalen Villen und schmucken Landhäusern nieder, die in dem knapp 4000-Seelen-Städtchen entstanden. Nimmt man von Beaufort die Straße 70 in nördlicher Richtung, gelangt man durch eine dünn besiedelte, eindrucksvolle Marschlandschaft schließlich nach *Cedar Island*, von wo Autofähren die Verbindung zu den südlichen *Outer Banks* herstellen.

Dieses Inselreich der *Outer Banks* besteht aus einer Kette aneinandergereihter, schmaler Sandbankinseln, die auf einer Länge von rund 170 Kilometern die Küste North Carolinas säumen – vom Festland teilweise so weit entfernt, daß sie mit dem *Pamlico Sound* und dem *Albemarle Sound* gewissermaßen zwei riesige, zusammenhängende »Seen« umschließen. Erste Europäer an dieser entrückten Küste waren die Spanier, denen zu Beginn des 18. Jahrhunderts die Engländer folgten. Die Gewässer um die Outer Banks waren schon diesen frühen Seefahrern als besonders trügerisch bekannt. Kleine und große Passagen zwischen den Barriereinseln verändern sich durch die normale Meeresströmung und Stürme häufig, so daß sich die christliche Seefahrt besonderen Herausforderungen gegenübersah. Der Meeresabschnitt war seinerzeit das bevorzugte Revier des berühmt-berüchtigten Piratenkapitäns Blackbeard, der auf die Jagd nach Handelsschiffen ging. Heute sind höchstens noch Windsurfer den besten Wellen hinterher oder gehen Familien auf die Suche nach hübschen Muscheln, die von der Brandung angeschwemmt werden.

Noch dramatischer als die Piratenstories um Kapitän Blackbeard ist die Geschichte der *Lost Colony*, die sich auf *Roanoke Island* nördlich des Städtchens Manteo abspielte. Im Jahre 1584 ließ sich dort eine von Walter Raleigh zusammengestellte Siedlergruppe nieder. Sie war aus England gekommen, um Amerika für ihren König zu kolonisieren. Bei der heutigen *Fort Raleigh National Historic Site* liegen in einer bewaldeten Gegend die Überreste von Wällen, welche die damaligen Pioniere zum Schutz gegen Indianer anlegten. Der Führer der Siedler, John White, segelte 1587 nach England

151/152 George W. Vanderbilt ließ sich im Stil der französischen Renaissance im ausgehenden 19. Jahrhundert Biltmore Estate in der Nähe von Asheville erbauen. Das Schloß mit 250 Räumen ist die größte Privatresidenz in den ganzen USA. Eine Sehenswürdigkeit für sich ist der sie umgebende Park, der zu Lebzeiten des Hausherrn noch um ein vielfaches größer war.

zurück, um Nachschub für seine Landsleute zu organisieren. Als er verspätet im August 1590 zurückkehrte, war die Kolonie verschwunden. Das einzige Lebenszeichen, das gefunden wurde, war das in einen Baum geritzte Wort »Croatoan«, das bis heute nicht entschlüsselt werden konnte. In einem offenen Amphitheater wird auf dem Gelände jedes Jahr das Drama »The Lost Colony« nachgespielt, welches das mysteriöse Verschwinden der Siedler zum Thema hat. Wäre das Unternehmen damals erfolgreich verlaufen, hätte sich daraus die heute älteste britische Ansiedlung auf dem Gebiet der USA entwickelt.

Nicht weit von der »Lost Colony« entfernt schrieben zu Beginn des 20. Jahrhunderts die Gebrüder Wilbur und Orville Wright Luftfahrtgeschichte. Am Vormittag des 17. Dezember 1903 legte Orville zum ersten Mal in der Geschichte der Menschheit in einem motorisierten Flugapparat innerhalb von zwölf Sekunden eine Strecke von 39 Metern in der Luft zurück. Diesem einmaligen Pionierflug bei *Kill Devil Hill* auf den Outer Banks folgten am selben Tag noch drei weitere Flüge. Beim letzten blieb Orville Wright über eine beachtliche Distanz von 260 Metern in der Luft. Den beiden Vätern der motorisierten Fliegerei wurde auf einem Hügel ein Denkmal gesetzt, das an das denkwürdige Ereignis erinnert. In einem in der Nähe gelegenen Besucherzentrum ist die Geschichte der Luftfahrt mit vielen Dokumenten und Ausstellungsgegenständen anschaulich erklärt. Außerhalb des Zentrums existiert noch die historische Flugbahn, auf der Orville Wrights bahnbrechende »Luftsprünge« abgesteckt sind.

Wettlauf der Großstädte
Raleigh, Durham, Winston-Salem und Charlotte

Handelt es sich beim atlantischen Küstenstreifen North Carolinas um eine größtenteils dünnbesiedelte Landschaft, so zeichnet sich das Landesinnere durch einige größere Städte aus, in deren Einzugsbereich ein Großteil der 6,6 Millionen Staatsbürger lebt.

Sitz der zentralen Staatsverwaltung ist Raleigh, das im Jahre 1792 gegründet und nach dem englischen Seefahrer Sir Walter Raleigh benannt wurde. Schon lange zuvor, nämlich im Jahre 1540, hatte mit dem spanischen Entdecker Hernando de Soto der wohl erste Europäer North Carolina betreten. Als es in den Bergen des Landes wider Erwarten kein Gold zu entdecken gab, zog Hernando de Soto mit seiner Expedition unverrichteter Dinge ab. Sir Walter Raleigh ließ das Staatsgebiet im Jahre 1584 von zwei Kapitänen näher in Augenschein nehmen, ehe er ein Jahr später auf Roanoke Island an der Küste die berühmt-berüchtigte *Lost Colony* ins Leben rief.

Als die heutige Hauptstadt Raleigh gegründet wurde und dort 1794 erstmals die staatliche Legislative zusammentrat, war North Carolina – seit 1778 Mitglied der amerikanischen Union – bereits ein ansehnliches Staatswesen mit rund 150 000 Einwohnern. Im Bürgerkrieg zwischen 1861 und 1865 verlor North Carolina mehr Soldaten als jeder andere amerikanische Staat, und auch die nachfolgende Phase der sogenannten *Reconstruction* (Wiederaufbau) war für das Land eher eine Ära des Niedergangs und der Tragödie. Heute gehört North Carolina zu den wirtschaftlichen Schwergewichten im Süden der USA.

Die Hauptstadt *Raleigh* ist in den vergangenen Jahrzehnten zu einem beachtlichen urbanen Zentrum mit etwa 208 000 Einwohnern herangewachsen. Dennoch hat diese Metropole nur wenig von ihrem ländlichen Flair eingebüßt, das sich trotz eines hochaufgeschossenen Stadtkerns auf vielen Straßen und Plätzen erhalten hat. Am deutlichsten wird dies im *Mordecai Historic Park*. In unmittelbarer Nähe des Stadtzentrums hat dort ein kleines, parkähnliches Areal die Modernisierung und Kommerzialisierung der Hauptstadt überlebt. Ein besonderes Schmuckstück ist eine Pflanzervilla, deren älteste Teile auf das Jahr 1785 zurückgehen. Nostalgische Gefühle weckt vor allem der sie umgebende Garten mit seinen Blumen- und Gemüsebeeten, der zeigt, daß die Menschen des 18. und 19. Jahrhunderts noch eine durchaus naturverbundene Lebensart bevorzugten. Nur ein paar Schritte entfernt hat das Häuschen seinen Platz, in dem der spätere 17. Präsident der USA, Andrew Johnson, am 29. Dezember 1808 geboren wurde. Er machte sich dadurch einen

153/154 Verspielte Hausfassaden machen den Fourth Ward District in Charlotte zu einem freundlichen Touristenziel ganz in der Nähe des Wolkenkratzerkerns der Großstadt. Die meisten Häuser des Viertels stammen vom Ende des 19. Jahrhunderts.

Folgende Abbildungen:

155–157 Fast wie eine futuristische Raumstation schwebt die Spitze dieses modernen Wolkenkratzers in Charlotte über den blattlosen Baumästen. Die Stadt hat sich seit langem einen Namen als Industriestandort gemacht. Gleichzeitig legten die Stadtväter aber Wert darauf, in den Straßenzügen des Zentrums auch die Kunst nicht zu kurz kommen zu lassen.

153 | 154

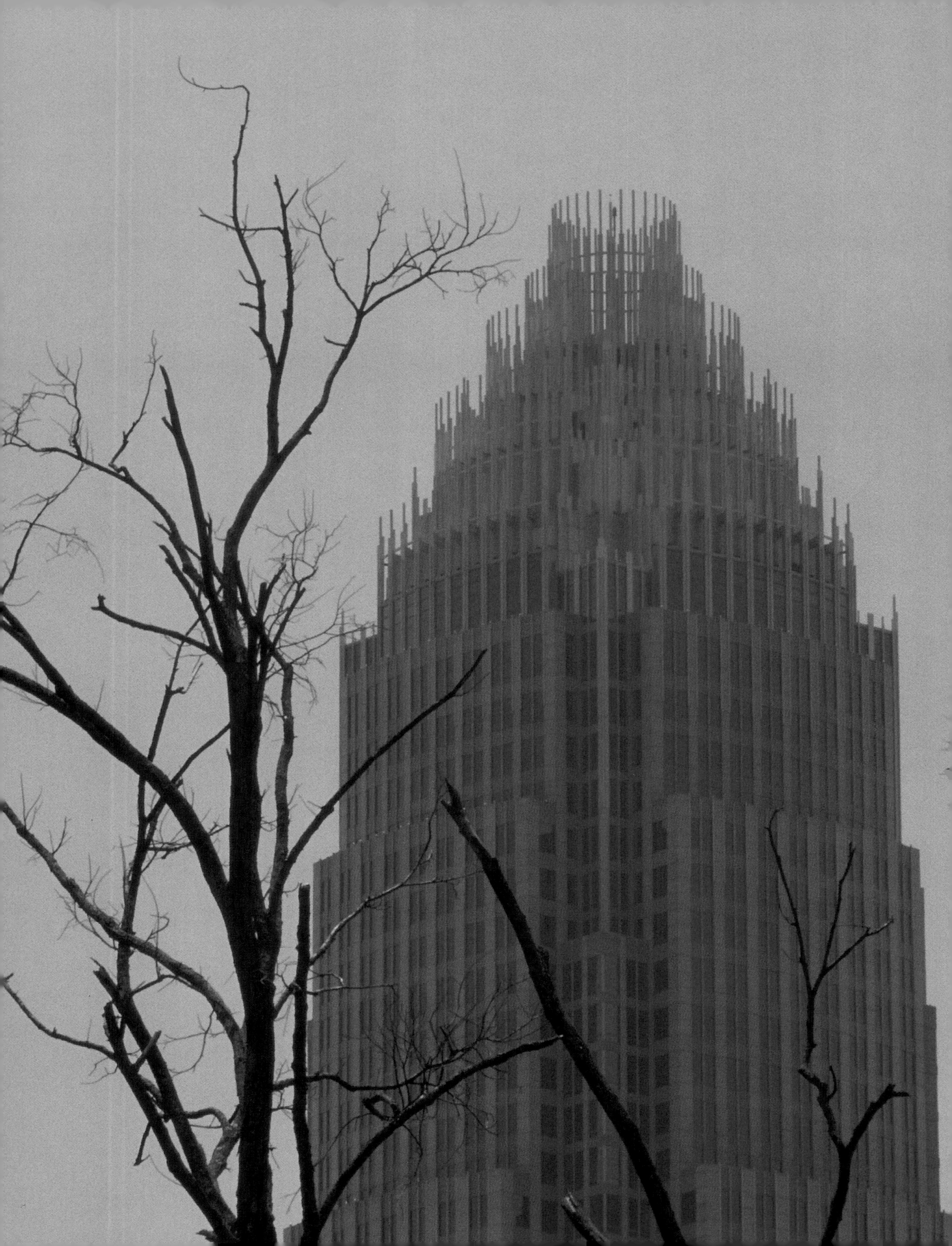

155–157

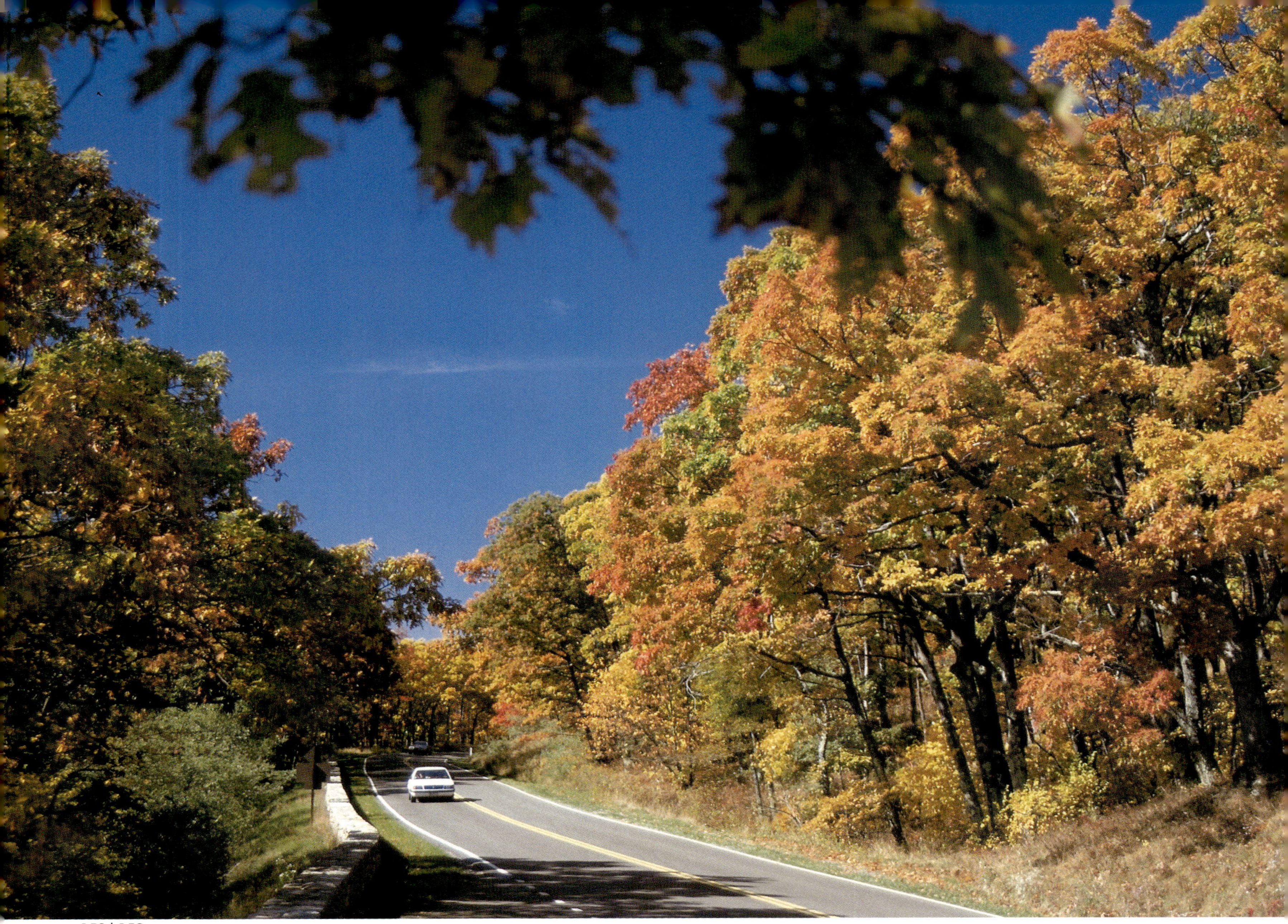

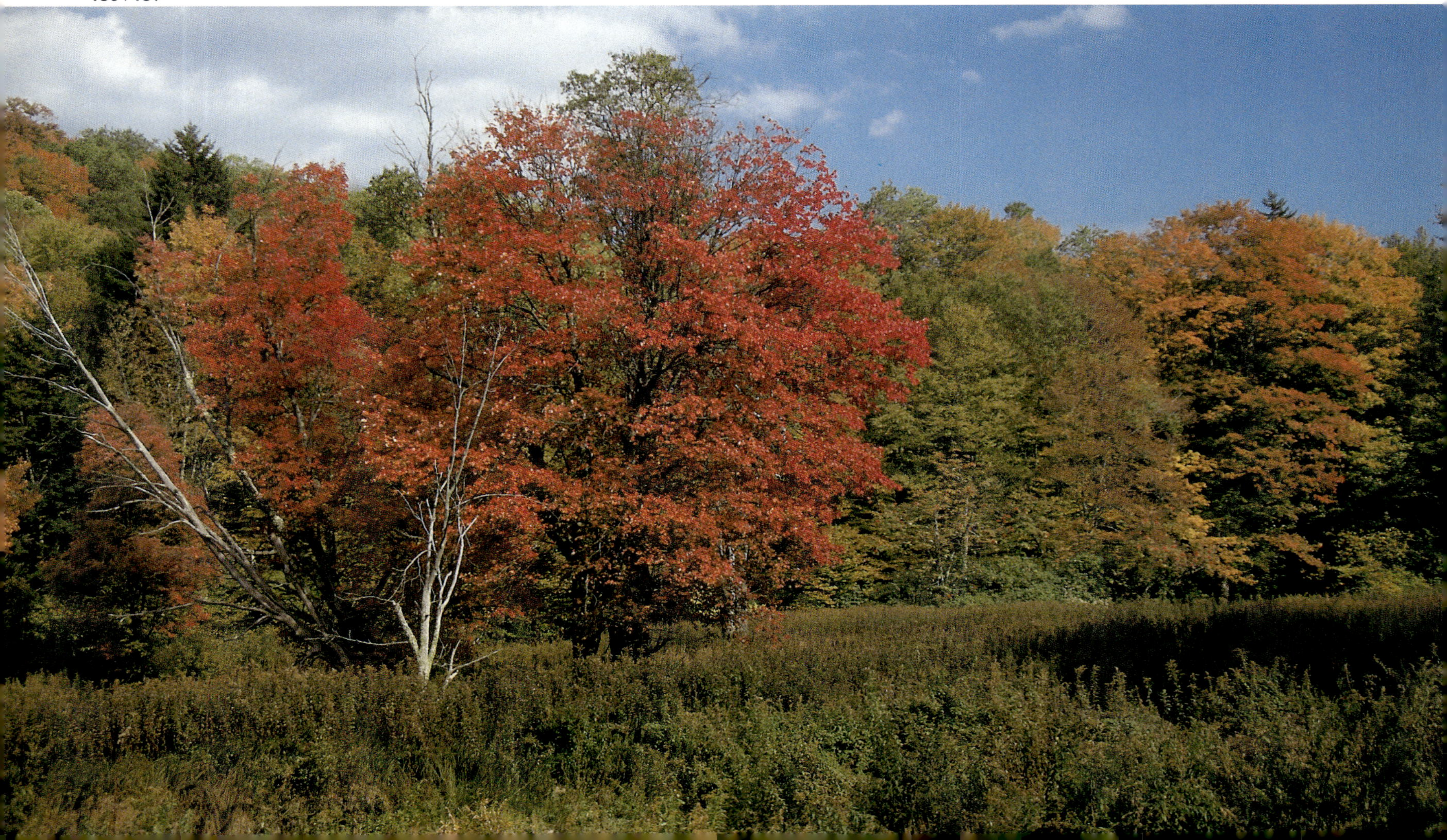

Namen, daß er 1861 als einziger Senator der gesamten Südstaaten in der Frage des Austritts aus der Amerikanischen Union Partei für die Position der Nordstaaten ergriff.

Westlich von Raleigh liegt *Durham* mit 137000 Einwohnern, das bedeutendste Bildungs- und Kulturzentrum innerhalb der Staatsgrenzen. Der Tabakindustrielle James B. Duke brachte 1924 einen Teil seines immensen Vermögens in eine Stiftung ein, mit deren Geld zwölf Jahre später die *Duke University* gegründet wurde. Die Lehranstalt besteht aus zwei räumlich getrennten Anlagen. Wahrzeichen der Universität ist die neogotische *Duke Chapel* auf dem Hauptcampus mit einem fast vierzig Meter hohen Turm, der von Collegegebäuden und Arkadengängen im typisch englischen Stil umgeben ist.

Noch um etwa 10000 Einwohner größer als Durham ist die Doppelstadt *Winston-Salem*, einer der bedeutendsten Industriestandorte im Süden der USA. Seit 1875 besteht in Winston die *R. J. Reynolds Tobacco Company*, wo mehr Zigaretten hergestellt werden als in jeder anderen Fabrik der Welt. Durch die massiven Anti-Raucher-Kampagnen in den USA ging die Produktion in den vergangenen Jahren merklich zurück. Eine große Brauerei und die Telefongesellschaft AT & T haben ebenfalls am Ort ihre Hauptsitze. Eine ganz andere Struktur besitzt Salem, das sich aus einer Siedlung der Mährischen Kirche im Jahre 1766 entwickelte. *Historic Old Salem* hat sich viel von seinem alten Charakter bewahrt. Manche Häuser stehen der Öffentlichkeit offen.

Größte Stadt der Carolinas ist mit knapp 400000 Einwohnern *Charlotte*, das sich auf den ersten Blick ausgesprochen modern darstellt. Schon weit vor der Stadtgrenze sieht man die Skyline der Glas- und Stahlbetonriesen aus der flachen Landschaft in den Himmel wachsen, so als wolle die City ihre Fortschrittlichkeit beweisen. In Geschäftskreisen hat sie solche Profilierungsversuche nicht mehr nötig. Längst hat sie sich als bedeutender Standort der Textilindustrie, als Verteilungszentrum sowie als regionale Finanzhochburg etabliert. In den Häuserschluchten von Downtown schmückt hie und da eine moderne Skulptur oder ein architektonisch ausgeklügelter Brunnen das Straßenbild, womit die City gleichzeitig ihren Anspruch auf städtische Kultiviertheit unterstreicht. Das zeigen auch zahlreiche Museen und Kunstzentren. So ganz ohne Vergangenheit will aber auch Charlotte nicht auskommen. Nur wenige Schritte vom Wolkenkratzerkern entfernt dehnt sich mit *Fourth Ward* ein historischer Distrikt aus. Das Wohnviertel könnte genausogut zu einem malerischen Landstädtchen gehören mit seinen meist viktorianischen Schönheiten inmitten wuchernder Gärten und kleiner Parkanlagen.

158/159 Die schönste Jahreszeit in den Appalachen der Carolinas ist ohne Zweifel der Herbst. Die kühleren Nächte verzaubern die Waldlandschaften in eine fast unglaubliche Farbenvielfalt, die unter dem Namen »Indian Summer« alljährlich zum großen Touristen- und Medienereignis wird.

Anhang

Chronik des Südens

Um 1000 v.Chr. Im Süden beginnt die Zeit der indianischen Grabhügelkultur. Für Bestattungen werden künstliche Hügel aufgeschüttet

Um 700 n.Chr. Die Indianer beginnen Tempelhügel für bestimmte Zeremonien und Rituale anzulegen

1492 Erste Entdeckungsreise von Christoph Kolumbus nach Amerika

1519 Der spanische Seefahrer Alonso de Pineda entdeckt die Mündung des Mississippi River

1584 Auf Betreiben von Sir Walter Raleigh wird auf Roanoke Island/North Carolina eine englische Kolonie (»Lost Colony«) gegründet, die drei Jahre später auf geheimnisvolle Weise verschwunden ist

1607 Bei Jamestown an der Küste Virginias entsteht die erste permanente englische Kolonie

1682 Der französische Entdecker Robert Cavalier, Sieur de La Salle, beansprucht das Mississippi-Becken als Eigentum Frankreichs

1718 Der Franzose Jean Baptiste Le Moyne, Sieur de Bienville, gründet die Stadt New Orleans

1733 Der englische General James E. Oglethorpe gründet die Stadt Savannah und die Kronkolonie Georgia

1763 Nach der Niederlage im Siebenjährigen Krieg (French and Indian Wars) verliert Frankreich seine Gebiete westlich der Alleghenies bis zum Mississippi an England. Die 13 englischen Kolonien zeigen beginnenden Widerstand gegen die englische Neuordnung des amerikanischen Ostens und Südostens

1775 Ausbruch des amerikanischen Unabhängigkeitskrieges gegen England

1776 Die USA erklären sich vom ehemaligen Mutterland England unabhängig

1783 England anerkennt die amerikanische Unabhängigkeit. Das Territorium der USA reicht bis zum Mississippi

1793 Die Erfindung der Baumwoll-Entkernungsmaschine durch Eli Whitney macht Cotton zum dominierenden Agrarprodukt im Süden

1803 USA kaufen Frankreich das »Louisiana Territorium« zwischen Mississippi und Rocky Mountains für 15 Millionen Dollar ab

1812 Louisiana wird 18. Bundesstaat der USA

1821–36 Texas ist Teil der Republik Mexiko

1836 Amerikanische Siedler rufen die unabhängige Republik Texas aus, die bis 1845 Bestand hat

1845 Die USA annektieren Texas und gliedern es als 28. Bundesstaat in die Union ein

1860 Als erster Südstaat tritt North Carolina aus der Union aus

1861–65 Amerikanischer Bürgerkrieg zwischen Nord- und Südstaaten

1863 US-Präsident Abraham Lincoln schafft die Sklaverei ab

1864 Zerstörung Atlantas durch den Unionsgeneral William T. Sherman

1900 In New Orleans kommt der Jazzmusiker Louis Armstrong zur Welt; in Atlanta erblickt die spätere Schriftstellerin Margaret Mitchell das Licht der Welt

1903 Die Gebrüder Wright machen auf den Outer Banks/North Carolina mit ihrem ersten motorisierten Flug Luftfahrtgeschichte

1929 Beginn der Weltwirtschaftskrise durch den New Yorker Börsenkrach

1939 David O. Selznick dreht in Hollywood den Leinwanderfolg »Vom Winde verweht« mit Vivien Leigh und Clark Gable

1950 Der deutsche Raketenspezialist Wernher von Braun gründet in Huntsville/Alabama das dortige Raketenzentrum

1957 Erstes Gesetz im 20. Jahrhundert zur Gleichstellung rassischer Minderheiten wird verabschiedet

1960 Beginn des Protestes von Studenten in den Südstaaten gegen die fortwährende Rassendiskriminierung

1963 Schwarze Demonstrationen in Birmingham/Alabama werden von der Polizei und Bundestruppen blutig niedergeschlagen. Im August organisiert die Bürgerrechtsbewegung einen Marsch nach Washington. Am 22. November fällt Präsident John F. Kennedy in Dallas einem Attentat zum Opfer.

1964 Die *Civil Rights Acts* schreiben die Gleichstellung rassischer Minderheiten fest. Martin Luther King wird mit dem Friedensnobelpreis geehrt

1968 Der Führer der schwarzen Bürgerrechtsbewegung, Martin Luther King, wird in Memphis/Tennessee ermordet

1977 Der aus Georgia stammende Jimmy Carter wird Präsident der USA. In Memphis/Tennessee erliegt der »König des Rock 'n' Roll«, Elvis Presley, einem Herzinfarkt

1992 Schwere Schäden durch den Hurrikan »Andrew« in mehreren Südstaaten

1996 In Atlanta/Georgia finden die 26. Olympischen Sommerspiele statt, mit denen gleichzeitig das 100. Jubiläum der ersten Olympiade gefeiert wird

Der Süden auf einen Blick

Fläche und Bevölkerung

Der amerikanische Süden setzt sich aus sieben Bundesstaaten zusammen mit einer Fläche von insgesamt rund 1,44 Millionen Quadratkilometern, was etwa den Staatsflächen von Deutschland, Frankreich, Großbritannien und Italien zusammen entspricht. Die Einzelstaaten sind: Texas (692 400 km^2), Louisiana (125 670 km^2), Mississippi (123 580 km^2), Alabama (133 670 km^2), Georgia (152 480 km^2), South Carolina (80 400 km^2) und North Carolina (136 190 km^2). Die Gesamtbevölkerung beläuft sich auf knapp 100 Millionen Einwohner.

Hauptstädte

Texas = Austin (498 000 Einwohner)
Louisiana = Baton Rouge
(219 500 Einwohner)
Mississippi = Jackson (196 600 Einwohner)
Alabama = Montgomery
(187 100 Einwohner)
Georgia = Atlanta (394 000 Einwohner)
South Carolina = Columbia
(98 100 Einwohner)
North Carolina = Raleigh
(208 000 Einwohner)

Klima

Große Teile des Südens liegen im klimatischen Einzugsbereich des warmen Golfstromes, dessen Einflüsse im Sommer bis nach North Carolina hinauf zu spüren sind. In den Anliegerstaaten des Golfes von Mexiko überwiegen zwischen Juni und September teils weit über 30 Grad C. liegende Temperaturen, die sich durch hohe Luftfeuchtigkeit in schwüle Hitze verwandeln können. Ideale Jahreszeiten für Reisen etwa nach Texas, Louisiana sowie den Süden der Staaten Mississippi und Alabama sind das Frühjahr und der Herbst. Inselliebhaber, die ihren Urlaub an der Atlantikküste verbringen wollen, können im Hochsommer auf das beste Wetter hoffen.

Praktische Hinweise

Texas

Texas allgemein Texas Department of Commerce, Tourism Division, P.O. Box 12728, Austin, TX 78711, Tel. 512/462- 9191, Fax 512/320-9456.
Galveston Galveston Island Convention and Visitors Bureau, 2106 Seawall Blvd., Galveston, TX 77550, Tel. 409/763-4311 oder 1-800/351-4237, Fax 409/765-8611; Strand Visitor Center, 2016 Strand, Tel. 409/765-7834.
Corpus Christi . Corpus Christi Convention & Visitors Bureau, 1201 N. Shoreline, P.O. Box 2664, Corpus Christi, TX 78403, Tel. 512/882-5603, Fax 512/882-4256.
San Antonio San Antonio Convention & Visitors Bureau, P.O. Box 2277, San Antonio, TX 78298, Tel. 210/270-8700, Fax 210/270-8782.
Fort Worth Fort Worth Convention & Visitors Bureau, 415 Throckmorton St., Fort Worth, TX 76102, Tel. 817/336-8791, Fax 817/336-3282.
Dallas Dallas Convention & Visitors Bureau, 1201 Elm St., Suite 2000, Dallas, TX 75270, Tel. 214/746-6677, Fax 214/746-6688.

Louisiana

Louisiana allgemein Louisiana Office of Tourism, Dept. of Culture, Recreation & Tourism, P.O. Box 94291, Baton Rouge, LA 70804, Tel. 504/342-8100, Fax 504/342-8390.
New Orleans Wiechmann Tourism Services, Scheidswaldstr. 73, 60385 Frankfurt, Tel. 069/44 60 02, Fax 069/43 96 31.
Lafayette Convention and Visitors Commission, P.O. Box 52066, Lafayette, LA 70505, Tel. 318/232-3737, Fax 318/232- 0161.

Mississippi

Mississippi allgemein Mississippi Department of Economic Development, Tourism Division, P.O. Box 849, Jackson, MS 39205, Tel. 601/359-3297, Fax 601/359-2832.
Biloxi Biloxi Visitor Center, 710 Beach Blvd., Biloxi, MS 39530, Tel. 601/374-3105, Fax 601/435-6129 (City Hall).
Natchez Adams County Welcome Center, 370 Seargent S. Prentiss Drive, Natchez, MS 39120, Tel. 601/442-5849.

Alabama

Alabama allgemein Alabama Bureau of Tourism and Travel, 401 Adams Ave., Suite 126, P.O. Box 4309, Montgomery, AL 36103, Tel. 205/242-4169, Fax 205/242-4554.
Birmingham Greater Birmingham Convention and Visitors Bureau, 2200 Ninth Ave. North, Birmingham, AL 35203, Tel. 205/252-9825, Fax 205/254-1649.
Huntsville Huntsville Convention & Visitors Bureau, 700 Monroe St., Huntsville, AL 35801, Tel. 205/551-2230, Fax 205/551-2324.

Georgia

Georgia allgemein Georgia Department of Industry, Trade & Tourism, 285 Peachtree Center Ave., Marquis Tower Two, 19. Stock, Atlanta, GA 30301, Tel. 404/656-3553, Fax 404/651-9063.
Atlanta Atlanta Convention & Visitors Bureau, 233 Peachtree St., Atlanta, Suite 2000, GA 30043, Tel. 404/521-6600, Fax 404/584-6331.
Savannah Savannah Convention & Visitors Bureau, 222 W. Oglethorpe Ave., Savannah, GA 31401, Tel. 912/944-0456, Fax 912/944-0468.

South Carolina

South Carolina allgemein Fremdenverkehrsamt South Carolina, Ginnheimer Landstr. 1, 60457 Frankfurt, Tel. und Fax 069/70 40 13.
Charleston Charleston Visitor Center, 375 Meeting St., Charleston, SC 29401, Tel. 803/853-8000.
Columbia Greater Columbia Convention & Visitors Bureau, P.O. Box 15, Gervais St., Columbia, SC 29202, Tel. 803/254- 0479, Fax 803/799-6529.

North Carolina

North Carolina allgemein North Carolina Department of Commerce, Travel & Tourism Division, 430 N. Salisbury St., Raleigh, NC 27611, Tel. 919/733-4171, Fax 919/733-8582.
Charlotte Charlotte Convention & Visitors Bureau, 122 E. Stonewall St., Charlotte, NC 28202, Tel. 704/334-2282.
Blue Ridge Parkway Superintendent, 200 BB & T Building, One Pack Square, Asheville, NC 28801, Tel. 704/259-0701.

Besondere Hotels

Texas

Tremont House, 2300 Ship's Merchanic Row, Galveston, Tel. 409/763-0300, Fax 409/763-1539 – historisches Drei-Sterne-Hotel mitten im Zentrum.
Holiday Inn, North Padre Island, 15202 Windward Drive, Corpus Christi, Tel. 512/949-8041, Fax 512/949-9139 – Badehotel direkt am Sandstrand der Golfküste mit leichtem Zugang zum Padre Island National Seashore.
Bahia Mar Resort, 6300 Padre Boulevard, South Padre Island, Tel. 210/761-1243, Fax 210/761-6287 – schön gelegenes Resorthotel an der Küste.
Menger Hotel, 204 Alamo Plaza, San Antonio, Tel. 210/223- 4361, Fax 210/228-0022 – traditionsreichstes Hotel aus dem Jahr 1887 mitten im Zentrum.
La Quinta Capitol Inn, 300 E. 11th St., Austin, Tel. 512/476-1166, Fax 512/476-6044 – preisgünstiges, sehr zentral gelegenes Hotel neben dem State Capitol.
Radisson Plaza Hotel, 815 Main St., Fort Worth, Tel. 817/870-2100 – in diesem Hotel verbrachte Präsident John F. Kennedy seine letzte Nacht vor dem Attentat 1963.
Fairmont Hotel, 1717 N. Akard St., Dallas, Tel. 214/720-2020 – sehr vornehme Herberge mit gediegenem Service im Stadtzentrum.

Louisiana

Lafitte Guest House, 1003 Bourbon St., New Orleans, Tel. und Fax 504/581-2678 – freundliche und typische Unterkunft mit Flair.
Soniat House, 1133 Chartres St., New Orleans, Tel. 504/522- 0570, Fax 504/522-7208 – in einem historischen Gebäude von etwa 1830 im French Quarter.
Best Western The Inn on Bourbon Street, 541 Bourbon St., New Orleans, Tel. 504/524-7611, Fax 504/568-9427 – im »Epizentrum« des French Quarter gelegen.

Mississippi

Biloxi Belle Casino Resort, 911 Beach Blvd.,

Biloxi, Tel. 601/432-5611, Fax 601/436-4936 – in der Nachbarschaft eines Spielkasinos an der Küste des Golfes von Mexiko.
Monmouth Plantation, 36 Melrose Ave., Natchez, Tel. 601/442- 5852, Fax 601/446-7762 – romantische Antebellum-Villa, die zum Dutzend der schönsten Inns in den USA zählt.
The Briars, 31 Irving Lane, Natchez, Tel. 601/446-9654, Fax 601/445-6037 – historisches Bed & Breakfast mit antik ausgestatteten Räumen am Ufer des Mississippi River.

Alabama

Radisson Suite Hotel, 6000 Memorial Pkwy, Huntsville, Tel. 205/882-9400, Fax 205/882-9684 – praktisches und für den gehobenen Standard preiswertes Hotel, sehr sauber.
Sheraton Civic Center Hotel, 2101 Civic Center Blvd., Birmingham, Tel. 205/324-5000, Fax 205/307-3045 – großes Luxushotel mit allen Annehmlichkeiten.
Vincent-Doan Home, 1664 Springhill Ave., Mobile, Tel. 205/433-7121 – B & B im ältesten Haus der Stadt von ca. 1827 mit einem offenen Kamin in jedem Zimmer.

Georgia

Shellmont B & B Lodge, 821 Piedmont NE, Atlanta, Tel. 404/872-9290 – stimmungsvolles Bed & Breakfast aus dem Jahr 1891 mit romantischem Ambiente.
Berverly Hills Inn, 65 Sheridan Drive NE, Atlanta, Tel. 404/233-8520 – Räume sind mit Möbeln vom Beginn des 20. Jahrhunderts ausgestattet.
The Carriage Stop Inn, 1129 Georgia Ave., Macon, Tel. 912/743-9740 – hinter einer Fassade mit dorischen Säulen versteckt sich ein Idyll aus dem 19. Jahrhundert.

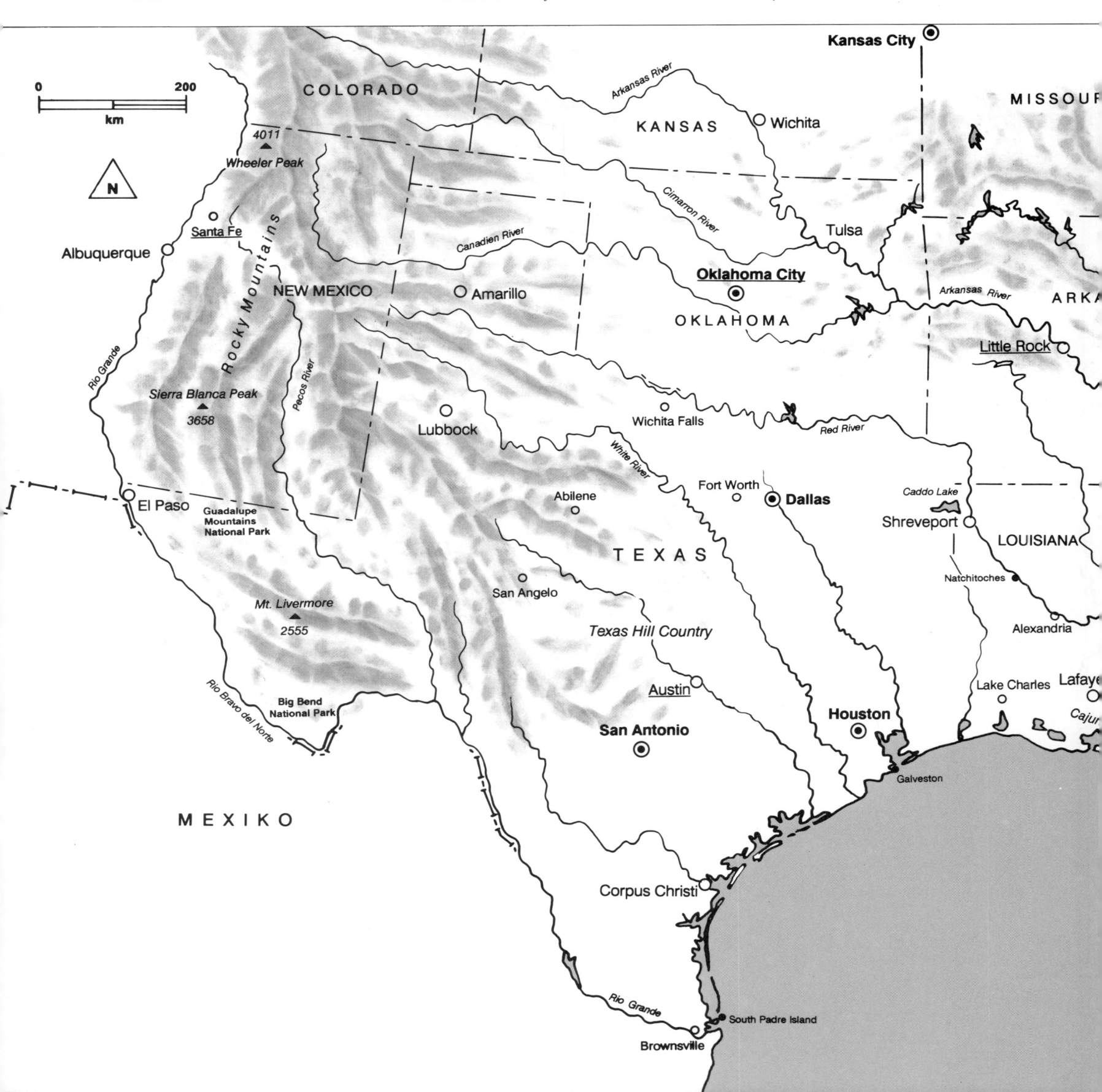

Magnolia Place Inn, 503 Whitaker St., Savannah, Tel. 912/236-7674 – geradezu märchenhaftes Bed & Breakfast in einem tropischen Garten.

South Carolina

The Kitchen House, 126 Tradd St., Charleston, Tel. 803/577- 6362 – das Haupthaus stammt aus dem Jahr 1732, die Gästezimmer sind im separaten »Küchenhaus« eingerichtet.
John Rutledge House Inn, 116 Broad St. Charleston, Tel. 803/723-7999 – in diesem Haus von 1763 arbeitete der erste Gouverneur von South Carolina an seinem Entwurf für eine amerikanische Verfassung.
The Rhett House Inn, 1009 Craven St., Beaufort, Tel. 803/524-9030 – urgemütliches Holzhaus aus der Zeit um 1820 in einem hübschen Garten.
Two Suns Inn, 1705 Bay St., Beaufort, Tel. und Fax 803/522-1122 – sehr gemütlich ausgestattetes Bed & Breakfast in der Nähe des Hafens.
Richland Street B & B, 1425 Richland St., Columbia, Tel. 803/779-7001 – originalgetreu rekonstruierte viktorianische Villa mit sehr freundlichen Wirtsleuten.

North Carolina

Cedar Crest Victorian Inn, 674 Biltmore Ave., Asheville, Tel. 704/252-1389 – eines der schönsten und größten Anwesen in Asheville im Queen-Anne-Stil aus der letzten Dekade des 19. Jahrhunderts.
The Tranquil House Inn, Queen Elizabeth St., Manteo, Tel. 919/473-1404 – Bed & Breakfast an der Wasserfront mit Aussicht auf die Shallowbag-Bucht.

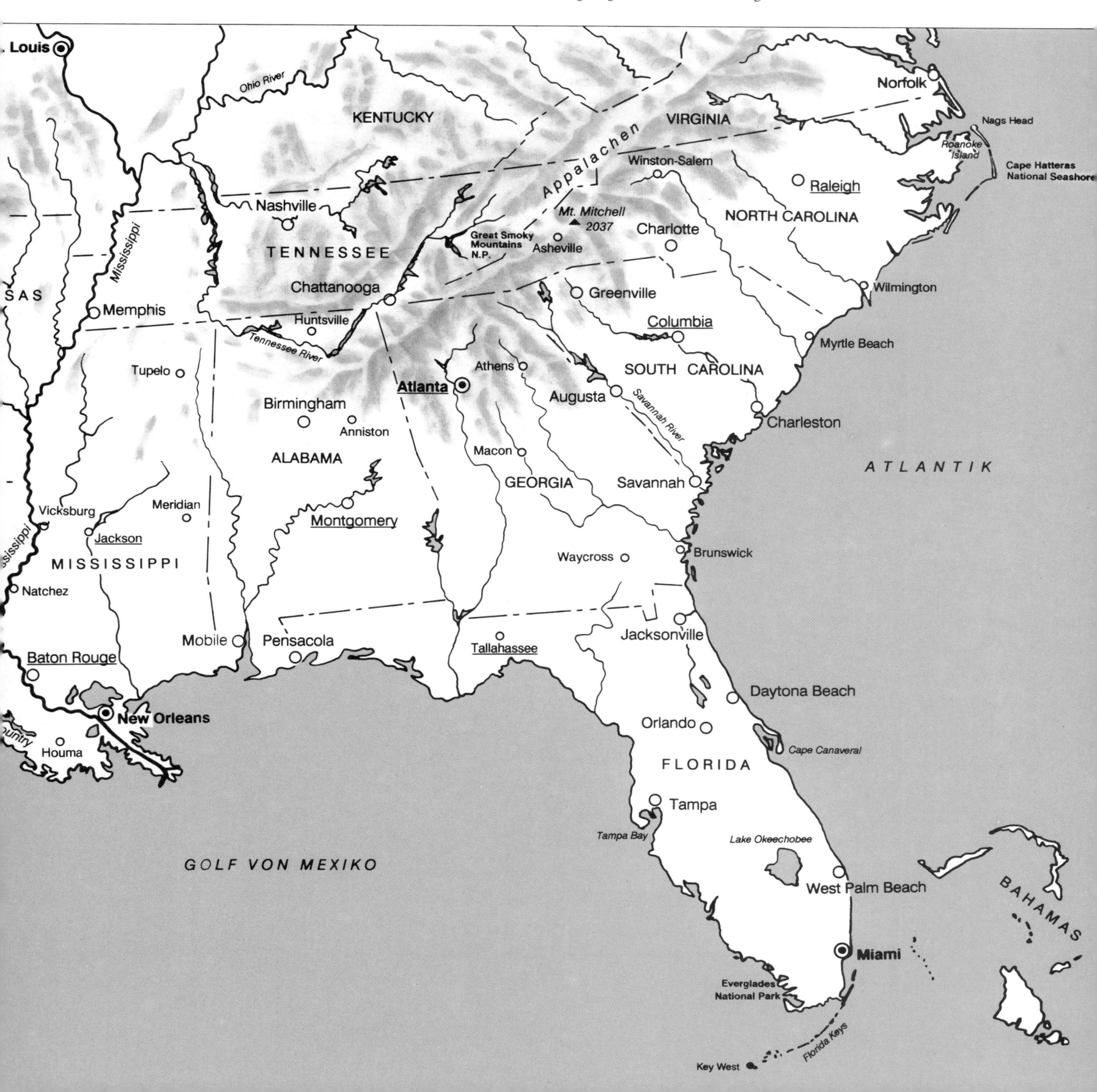

Register

Die geraden Ziffern beziehen sich auf die Textseiten, die *kursiven* auf die Bildseiten.

Anniston 134
Appalachen 16, 170, 175
Asheville 22, *151–152*, 175
Atchafalaya Basin *71*, 105–106
Athens 154
Atlanta *10*, 16, *129–131*, 150, 153–154
Austin 36, *43–44, 47–49*, 96, 53–61
Avery Island 99

Baton Rouge 89–90, *93–94*, 96, 106
Bayou Lafourche *91–92*, 99
Beaufort 176, 181
Big Bend NP 41
Biloxi *106–110, 126*, 112
Birmingham 15, 28, 139
Blue Ridge Mts. 16
Breaux Bridge 105
Brownsville 83
Brunswick 160

Caddo Lake *12, 67–69, 81–82*
Caesar's Head SP *144*, 175
Cajun Country 21, 96–106
Charleston (SC) 7, *141–143*, 166, 169
Charlotte *154–157*, 187
Cherokee *21*
Chimney Rock *150*
Columbia (SC) 169–170
Corpus Christi *4*, 83

Dallas *11*, 41, *50–52*, 61–62
Daphne 147
Darien *134*

Dauphine Island 144, 147
DeSoto Caverns 134
Durham 187

El Paso 36
Emerals Mound 121

Fort Worth 7, *8*, 23, 26, 27, *45–46, 53, 55*, 61–62
French Quarter 15, 95

Galveston *1*, 21, *58–60, 63–66*
Georgetown 176
Golden Isles 21, 159–160
Grand Isle 99
Great Smoky Mts. NP 21, 175
Guadalupe Mts. NP 41

Henderson 105
Hilton Head Island *145*, 176
Holly Beach *92*, 100
Houma 106
Houston 28, 29, *30–33*, 41–47
Houston, Sam 41
Huntsville 22, *119–122*, 143

Indianer *33*

Jackson 122
Jekyll Island 160

Kill Devil Hill 182
King, Martin L. 28, 33

Lafayette *19, 86–88*, 100
Lake Charles 100
Lake Lure *3*

Macon 159
Madison (GA) *135–136*, 159
Memphis 33, 127

Mississippe River *2*, 86, 105, 114
Mobile 27, *123–125*, 143–144
Montgomery 28, 89, *114*, 140, 143
Morgan City 99
Mount Mitchell 16
Myrtle Beach *146–147*

Natchez *101, 104, 111*, 117–118
Natchez Trace Pkwy 118, 121–122
New Iberia 99
New Orleans *9*, 15, *17*, 72–75, 77–80, 86–96, *91, 92*
Nottoway Plantation 106, 111

Oak Alley Plant. *5*, 111
Ocean Isle *140*
Outer Banks 181–182
Oxford 122, 127

Pascagoula 128
Pass Christian 97
Pineda, A. de 36
Port Gibson *20*, 98–100, *102–103*
Port Arthur 75
Port Ysabel *56*, 83

Raleigh 182
Roanoke Island 181

San Antonio *6*, 25, 35, 36/37, *36–42*, 47–53, *49, 50–51*
Santa Ana, A. L. 36
Savannah *128, 138–139*, 160, 163
Sea Island *137*, 160
Sherman, W. T. 27, 150
Ship Island 128
South Padre Island *57, 70*, 83
St. Francisville *95*, 111

St. Martinsville *83–85*, 99–100
St. Simons Island *133*, 160
Stone Mountain Park *132*

Tescuco Plantation 111
Texas Hill Country 69–70
Tupelo 127

Vicksburg 121–122

Waco 22
Wilmington 181
Winston-Salem 187

Young, Andrew 16

Fotonachweis

Bildagentur Mauritius, Nakamura: Titelbild

Die Übersichtskarte auf den Seiten 190/191 zeichnete Eugen E. Hüsler, Dietramszell